对外经济贸易大学应用金融系列研究报告

财富裂变

——私募股权基金运作解剖

郭 敏 任 健 主编

对外经济贸易大学出版社
中国·北京

图书在版编目（CIP）数据

财富裂变：私募股权基金运作解剖／郭敏，任健主编. —北京：对外经济贸易大学出版社，2011
（对外经济贸易大学应用金融系列研究报告）
ISBN 978-7-5663-0171-0

Ⅰ.①财… Ⅱ.①郭… ②任… Ⅲ.①股份有限公司-融资-研究②基金-投资-研究 Ⅳ.①F276.6②F830.91

中国版本图书馆 CIP 数据核字（2011）第 201763 号

财富裂变
——私募股权基金运作解剖

郭 敏 任 健 **主编**

责任编辑： 史伟明

对外经济贸易大学出版社
北京市朝阳区惠新东街 10 号　　邮政编码：100029
邮购电话：010-64492338　　发行部电话：010-64492342
网址：http://www.uibep.com　　E-mail：uibep@126.com

唐山市润丰印务有限公司印装　　新华书店北京发行所发行
成品尺寸：170mm×230mm　　20.5 印张　　332 千字
2011 年 10 月北京第 1 版　　2011 年 10 月第 1 次印刷

ISBN 978-7-5663-0171-0
印数：0 001-2 000 册　　定价：40.00 元

本研究报告是对外经济贸易大学“211 工程”三期重大课题“后危机时代的中国金融市场发展”的系列研究报告的部分研究成果：

课　题　名　称：后危机时代的中国金融市场发展

课题总负责人：吴卫星　郭　敏

课题组核心专家（按姓氏拼音排序）：

边江泽　陈　涛　杜冬云　冯建芬　冯晓琦

郭　敏　何丽芬　贺炎林　刘立新　潘慧峰

宋国良　粟　勤　田秀娟　陶利斌　王茂斌

吴　军　吴卫星　肖欣荣　俞鸿琳　余　湄

张海云　张　颖

本书项目组

主编

郭　敏（对外经贸大学金融学院教授）

任　健（麻省理工《科技创业》杂志总编辑）

特约顾问

王方剑（长银资本合伙人）

作者团队（按文章排版先后次序）

杨　桄　张　盈　杜　睿　徐　林　徐　娟　乔　琰

陈　诚　张　娜　王文玲　史述华　章　沁　王方剑

杨莲晓　董温婧　黄伊涵　张　岚　王索菲　李　劼

蔡　智　何　飞　陈轶闻　宋　琛　郭　敏　赵雪露

李　婧　王　怡　何　野　汤　喆　黄欣婷　胡　婕

姜大伟　陈　琪　刘　冰　杨　琛　李晓蹊　胡北施

依马木江　姚润禾

序

私募股权投资，也称之为风险投资（VC），是起源与国外的一种股权投资模式，在中国兴起于2000年。当时，中国的资本市场由于还没有退出机制而一度成为外资投资公司统领的市场，仅有少数的内资投资公司坚守其中。

随着中国资本市场的不断发展壮大，资本市场中小板和创业板的相继推出，极大的激发了中国私募股权行业的蓬勃发展。此前，一枝独秀的外资风险投资统领的市场，一夜之间变为百花齐放，到2011年6月底，已经注册的中国私募股权性质的企业就有近3 000家，所占市场份额也由5年前的10%，迅速提升到45%。

虽然，随着深创投以及达晨创投等内资风险投资公司陆续进入收获期，屡屡有投资的企业股权在资本市场变现退出并获得不菲的投资收益，但是，更多新成立的投资公司还处于摸着石头过河的阶段——如何投资，参照什么标准投资，如何计算股权，如何参与企业的投资后管理，如何计算投资回报等等现实问题让每一位新入行的投资人，仅知其一。这都是由于行业的快速发展所导致相应的矛盾的出现——如何将理论与实际相结合，如何参考既往投资经验而昭示未来，一切都无章可循，甚至没有一套完整的投资行业人才培训的教材。

本书就是在这样的背景下产生的。我们通过研究国外的风险投资理论与实务，结合中国已出现丰富的投资案例，从客观的角度出发，仔细解剖每一个经典的案例，力求找出其中规律性的法则，以期探寻和研究我国风险投资和私募股权资本市场的特质，并为相关政策规范和制度构建提供具有价值的又有操作性的理论支持，以期让读者更加全面的了解和认知风险投资的每一个环节，窥一斑而知其全豹已。

本书的文章通过论文述评的形式（被述评的文章主要源自以下几个西文数据库：http：//www. jstor. com，http：//www. ssrn. com，http：//ideas. repec. org 和

http：//www. elsevier. com)，介绍有关公司成立到 IPO 过程中公司成长与资本市场关系的重要学术观点和研究方法，主要包括以下一些问题：IPO 前非公众公司怎样从资本市场融资；风险投资与私募股权投资契约；风险投资资本与私募股权资本的退出方式；风险投资资本与私募股权资本在公司 IPO 及 IPO 定价中的作用；公司成长与公司 IPO 的关系；IPO 定价及 IPO 抑价之谜；风险投资基金和私募股权基金的组织机制与治理；风险投资、私募股权资本与资本市场发展和金融制度演进的关系；与风险投资和私募股权基金相关的各类基金类型等。

目　录

第一幕

撩开资本新贵的神秘面纱——私募股权基金究竟是如何运作的

投“人”VS投“事”的美国实证研究

从VC（风险投资）诞生的那一天起，这个市场就从来没有缺少过硝烟。无论是昔日KKR，凯雷，红杉这些外资江湖大佬们的华山论剑，抑或是今天深创投、达晨创投等内资新贵的如日中天，投“人”还是投“项目”的争论，就如同赛马场上选马还是选驯马师的争论一般屡屡碰撞在叱咤风云的“野蛮人”中间。显然，困扰VC实务界的难题，也必将成为理论界学术大师们关注的焦点，史蒂芬·卡普兰（Steven N. Kaplan）教授算是其中的一位。在他2006年的研究文章《什么是企业？从早期商业计划书到公众公司》（What are Firms? Evolution from Early Business Plans to Public Companies）里，这位芝加哥大学商学院的金融学教授，一扫大多数经济学家惯有的暧昧姿态，旗帜鲜明的站在了支持选“马”的一方：VC们选择投资对象的时候应该把被一直被奉若神明的创业者才能（Founder's Management）请下神坛，而把关注的中心放到目标企业的业务（Line of Business）上去。卡普兰教授自从1988年获得哈佛大学商业经济学的博士学位后，主要研究领域即为风险投资、公司治理、杠杆收购、企业购并、电子商务、公司金融等。那么，现在我们就和这位声名显赫的教授一起，看看学者们是如何利用自己的专业知识，来试图对VC实务界的这一热点争议提出自己创造性地见解。

《什么是企业？从早期商业计划书到公众公司》（What are Firms? Evolution from Early Business Plans to Public Companies）是卡夫曼基金资助下的一个研究项目，意在研究什么因素应该成为风险投资选择投资对象时的关键。当然，为保证学术研究必不可少的概括性，卡普兰教授的研究也需要建立在一定的假设前提之下。幸而金融学的教授毕竟与经济学教授不同，后者似乎更偏好于建立一个“鲁滨逊荒岛”式的理想国；而卡普兰教授不过是对自己研究的样本公司做出了些合情合理的甄选。卡普兰教授只分析了有 VC 背景的公司，样本是美国 50 家由 VC 投资最终上市的公司，其中有 30 家的资料来自于他之前和斯通博格（Per. Stormberg，本文的另一位合著者，瑞典金融研究所教授）2003 年的一项研究工作，而剩下 20 家的资料则来自于与卡普兰教授有密切联系的 VC 机构。由于样本采集集中在 20 世纪 90 年代末，所以大部分样本公司都是在科技繁荣时期成立的。卡普兰教授承认自己的样本选择有一定的偏性，却也明确的对之所以如此选择做出了解释：之所以只分析有 VC 背景支持的公司，显然是出于该研究的目的；之所以从有密切联系的 VC 机构处获取数据，是因为这样才能保证数据的必要和详细；在选择的过程中，由于数据的难以收集以及其他一些原因，作者排除了倒闭，被收购以及最终没有上市的企业；样本企业的行业分布很多集中在了生物技术及医疗方面，占所有样本的 44%，因此需要将结论分成生物技术企业以及非生物技术企业来论述。

卡普兰教授的研究思路是在自己的研究中把企业的成长划分为三个阶段，即初创阶段，IPO 阶段和上市之后的经营阶段，在对上述 50 家公司的研究过程中卡普兰教授发现：虽然目标公司在整个研究周期中大部分都经历了从初创时期到最终上市的高速成长，然而值得注意的是，在这一成长过程中目标公司始终不变的不是作为创立企业的创业团队，而是在商业计划书上就已经确立的公司的业务以及与之对应的非人力财富，比如技术，产品，潜在市场规模，知识产权等等。表 1.1 和表 1.2 可以反映出这种趋势：

表 1.1　　样本公司主营业务变化数据

	初创到 IPO	IPO 到公开上市后	初创到公开上市后
主营业务变化公司占比（%）	2	0	0
样本数	50	31	31

主营业务范围状态（%）	初创到 IPO	IPO 到公开上市后	初创到公开上市后
保持不变	43	45	32
扩展	45	48	55
收缩	12	6	13
样本数	49	31	31

从表 1.1 中的数据可见，所有样本公司中只有 2% 在初创阶段到 IPO 之前改变过主营业务，而 IPO 之后没有出现改变主营业务的公司。而主营业务范围在公司发展的三个阶段中保持不变的在 40% 左右，扩展主营业务的有 40% ~50%。可见绝大多数样本公司的主营业务在创业之初一经确立，就不太容易发生改变。

表 1.2　　样本公司高层管理人员变动情况

	初始期到 IPO	IPO 到公开上市后	初创到公开上市后
首席执行官保持不变公司占比（%）	84	58	46
样本数	43	31	28
前任首席执行官仍在公司任职占比（%）	29	23	13
样本数	7	13	15
其他 4 位高管保持不变的公司占比（%）	54	37	25
样本数	50	31	31
前任其他 4 位高管仍在公司任职占比（%）	26	8	6
样本数	42	31	31

从表 1.2 中可见，所有样本公司中首席执行官保持不变的比例在创业之初到 IPO 之前为 72%，而在 IPO 之后骤降到了 58%，从创业之初到上市，这个比例只有区区 42%。显然，在整个企业的发展之中，高层管理人员的变动是相当大的。

由此卡普兰教授得出了自己的结论，即作为 VC 选择投资的标准，既然专业化人力资本在企业成长之中并非能够一直起核心作用，那么风险投资家们自然就因该把视野放到能够在整个企业生命周期中支撑其发展的不变因素—业务上来。

之所以能够得出以上结论，卡普兰教授是基于如下分析：

首先从财务状况来看，50 家样本公司在创立之初，平均收入不过区区 550 万美元，到了 IPO 之前，也就 4 千 200 多万，而上市之后却实现了一个飞跃：2 亿 4 千多万！资产平均值从 580 万跳升至 3 亿 5200 多万，员工人数也从平均 91 人激增至 1 592 人。

其次是业务，在经历着如此高速的成长过程中，50 家公司里只有两家改变了自己的主营业务，并且在提及使自己的企业能够差异于其他企业的卖点时，提及产品和客户服务的公司在企业成长的三个阶段中比例都很高，而提及管理和员工队伍专业化的公司的比例却逐渐下降。

第三是企业的发展战略，几乎卡普兰教授的所有调查中，样本公司都异口同声地表示企业的发展主要是得苦练“内功”，比如研发新产品，扩大市场份额等。另一方面，在企业高增长的同时，企业创立者和管理人员的影响却在逐渐下降。在始创时期，有 66% 样本公司的创始人担任了首席执行官，有 92% 的创始人进入了董事会。而到了 IPO 阶段，只有 55% 的首席执行官还由创始人担任，此时只有 94% 的样本公司的核心管理人员有创始人的身影。到了公司上市以后，创始人担任首席执行官的公司比例已经下降到了 39%，其担任公司核心管理人员的公司比例下降到了 68%。在 IPO 阶段，只有 72% 的公司创始人是首席执行官，在上市以后，这一比例下降到了 42%。在企业的所有权方面，企业创始人在初创阶段对企业的持股比例平均高达 31.7%，而到上市之后，这个比例降到了可怜的 3.2%。这样看来，既然所选择的都是由 VC 投资最终成功实现上市的公司，而这些公司在成长过程中几乎主营业务以及相关的非人力资本都没有明显变动，而企业人力资本的代表——高层管理人员却更替明显，那么可以断定：促使一个企业成功成长的主要因素是它的业务，即它所处的行业、面对的市场、拥有的技术产品这些非人力方面，而不是勇于挑战的创业者、精通管理和技术的专业人才等人力方面。那么风险投资家们要想投资成功，固然要考虑创业者，但更需要把关注的焦点放在公司实际业务情况的考察中去，并以此作为投资的根本依据。作为一位严谨的学者，卡普兰教授也深知基于 50 家公司的情况做出判断有可能存在统计上的偏误，所以在文章最后又重新挑选挑了 106 家在 2004 年 IPO 的非金融风投背景的公司数据进行了相似的分析，包括对该样本企业的经营行业，高级管理人员以及股权结构方面。显然，这批数据同样支持了卡普兰教授的观点。于是乎卡普曼教授的研究成果《什么是企业？从早期商业计划书到公众公司》（What are Firms? Evolution from Early Business Plans to Public Companies）就呈现在了我们眼前。

作为学术研究，卡普兰教授利用统计方法以小见大，确实为我们考虑投人还是投钱的问题提供了一个独特的角度。但是正是作为学术研究，卡普兰教授的研究也并非是十全十美。拜读完毕后我们自然而然会觉得卡普兰教授的研究至少也存在以下几个值得探讨的问题：

其一，卡普兰教授的研究是基于一组满足特定条件的样本数据，尽管样本容量很大，并且卡普曼教授也在文章最后采取了补救，但这样做出的结论恐怕作为一个具有广泛意义的观点仍稍显无力。也许有的经济学者会为卡普曼教授辩解，经济学家可以使用现代经济研究中的利器——计量经济学来从样本数据推断总体特征，并且在统计意义上获得令人满意的答案。遗憾的是，使用计量经济学方法对于数据的采集和使用有一系列严格的前提标准，如果违背这些前提滥用计量方法，很可能得出错误甚至有害的结论。在这篇研究卡普兰教授很少使用计量经济学方法，可能就是基于此种考虑。所以对于数据的分析大多采取横向比较，纵向推导的方法。这样做的好处是显而易见的，如果卡普兰教授坚持使用计量经济学方法分析数据，就不单需要回归分析这样的常规武器来估计参数，甚至要动用协整理论等等计量核武器来对付数据选择中出现的各种趋势性，非平稳性……那么很快教授自己就会陷入数据处理的泥潭中难以自拔。但是失去了计量武器，作为学术研究的严谨性就难免要打折扣，所做出的结论自然就难脱主观的嫌疑了。

其二，卡普兰教授通过数据比较，推断出了一个公司的成功关键在于优良的业务，而非专业化人力资本的命题，但证明的工具仅仅是一个个数据图表之间的比对，对于一些逻辑性的推导卡普曼教授在研究中却没有给出十分清晰的思路。例如研究认为由于样本公司创始人团队在公司成长过程中持股比例以及担任公司高管人数都呈逐渐降低趋势，并且在IPO前后下降的尤其之大，卡普兰教授才得出了自己的结论：既然专业化人力资本的代表—创业者和公司高管在公司成长的过程中日渐式微，且式微的速度和公司成长的速度呈反比，那么好的创业家所带来的积极作用就不应该是企业保持成功发展的核心元素。为此卡普兰教授的猜想是：创业家的核心才能在于创业，随着企业的不断建立完善，这种才能在企业中发挥的作用只会越来越小，所以创业家只能在不断创立新企业的过程中才能发挥出自己的最大价值，套用经济学术语即是企业家才能在企业成长中是边际效用递减的，所以风险投资家们如果押宝企业家，无疑押宝的一项不断贬值的标的。但仔细想来如此推论的逻辑恐怕有失公允。假设卡普兰教授的推理成立，即创业家才能在企业成长过程中呈边际效用递减的特性，那么无可否认的就是创业家在企业创始之初应该是发挥着自己最大效用的，而风险投资家们又都往往是在企业初创时期投资，那么风险投资家们如果真如卡普兰教授所建议的，抛弃以“人”的标准，很有可能风险投资家们就会忽视了创业家在企业创立之初所展示的最大潜力，这显然是不符合风险投资家们价值增值最大化要求的。何况仅仅从创业者在企业中的持股比例变化以及一些其他的相关数据就判断创业者在企业中的作用边际递减，一个潜在的含义就是创业者是因为自己对企业的成长无法发挥出作用才失去了自己对企业的控制权和领导权的。卡普兰教授做出如此论断的同时可能忽视了造成创业家在企业中地位丧失的各种实际情况。实际上作为融资者的创业家和作为投资者的风投家，在直到风险投资完全退出之前，对于索取企业利益的博弈都不曾停止过，对于企业实现飞跃，也是风险投资实现成功退出的 IPO 一役，创业者和风险投资家之间的明枪暗箭更是达到了顶峰。创业者对企业控制权的追求和投资人对所投资本增值最大化的要求之间，向来不是完全保持一致的。卡普兰教授简单的用在企业中占有的权益以及高层管理者的人事变动作为间接指标衡量创业者对企业价值增加的贡献，也是有待商榷的。

所有的这些，相信高明的金融学教授卡普兰是不会想不到的，但此类问题之所以在世界顶级金融学教授的研究中依然存在，很大程度上是因为经济学最初作为一门社会学科，在经过了200年的发展之后成为了今天高度数理化的一门“科学”，要求研究者运用当今最复杂最严谨的自然科学方法来研究社会经济现象。然而，数学模型和数理方法固有其最大的优点——严谨，但在面对当代经济学苛刻的要求时，自然科学的研究方法同样会显得力不从心。这样的力不从心不是来源于自然科学知识本身，而是来源于应用使用这些知识的人。经济学者在利用数学模型模拟现实的过程中，为了绕开错综复杂的现实问题，最直接的办法就是建立各式各样抽象的假设，并以此为基础得出一个高度概括的结论。在实证检验自己结论的过程中，由于结论的高度概括和抽象性，实证数据却往往不能和研究所得出的结论完美结合。作为学术研究，不存在完美的方法，自然不会也不应该有完美的结论。

换个角度出发，对当今 VC 实务界每天都在发生的一个个鲜活案例进行贴近现实的考察，可能现实提供的答案并不与教授提供的答案一致，有时甚至有截然相反的例证。记得红杉资本选择投资的标准中首先提到的即是“创业的基础”，指的就是作为创业家应该拥有的特质，因为“拥有这些特质，意味着能够获得商业上的成功，建立不朽的事业”，其次才是“商业计划书的格式”，即描述目标公司业务的方面。看来，在 VC 实务界，“人”的因素即使不占据绝对的重要地位，至少也是一个值得和目标公司商业模式同等考量的要素。显然，若沈南鹏们都遵循卡普兰教授的谆谆教诲，重庆小天鹅光凭火锅的香气是无论如何也吸引不到红杉和海纳亚洲 2 500 万美元投资的。理论工作者在从事实务工作时的屡屡失策，更增添了实务界和理论界的鸿沟，“教得好的做不好”，这样的评价值得学术圈内人士反思。

但并非学术研究就完全失去了实用价值。回到卡普兰教授和他的研究上来，假若卡教授给出的是“创业者才能和企业拥有的业务同等重要”的结论，可能更贴近实务界的现实。但是这种“中庸”式的答案却不能体现出学术的特质，即深刻地挖掘一个问题的内涵和外延。虽说公司价值 = 管理团队 + 商业模式这一等式，早已在股权投资市场上深入人心，但作为研究，势必要求研究者通过大量严谨的工作来发掘出普通大众未能发现的思考角度，关注芸芸众生忽略的问题。卡普兰教授的研究虽然并非十全十美，但却体现了这一学术研究的特质。作为审慎的读者，从中汲取的不单是“投项目比投人更重要”这样简单的结论，更应该读出卡普兰教授的研究思想、分析特征。一方面卡普兰教授着力推崇关注公司所拥有的业务，即商业模式，所处行业，产品技术，知识产权，客户群等等非人力的方面的思想，其实已经在 VC 实务界有广泛基础。据 China Venture 提供的 2007 年第三季度中国创投市场行业研究报告提供的资料，互联网和 IT 行业仍然是 VC 投资的宠儿，融资额分别占到了三季度融资总额的 13.8% 和 13.6%，而携程，如家，新东方，橡果国际……大都是缘于企业在新消费邻域独特的商业模式才能被铸造为 VC 传奇。可见 VC 投资人们在实际操作过程中确实非常重视“业务”对公司的影响，而且“业务”的好坏也确实决定了一个新兴企业未来的成长。但同样很难想像，如果阿里巴巴没有马云，分众没有江南春……在互联网和传媒业“战火纷飞”的年代，一个企业想要从默默无名成长为行业巨头，离开了富有传奇色彩的创业者和创业团队无疑是不可想像的。可以理解的是，VC 们在选择自己的投资对象时依然倾向于将钱投向最易于增值的行业中去，但 VC 们更看重的也许是执行这种增值的“人”。俗话说“巧妇难为无米之炊”，不过 VC 们要挑选的不是烧家常菜的村姑，而是能化腐朽为神奇的大厨。如果作为读者不能同时体会到这两方面的重要性，而简单的把卡普兰教授的研究理解为“投项目比投人好”，那么学术理论只会为人带来费解的答案。文中卡普兰教授援引了巴菲特的话“When a management team with a reputation for brilliance tackles a business with a reputation for bad economics, it is the reputation of the business that remain intact”。不过相信卡普兰教授也没有忘记，巴菲特投资的神奇之处，正是由于他能够正确地发掘和估量出管理团队对企业价值的贡献。

投人还是投项目，诸如此类的争论永远也不可能有一个放之四海皆准的答案。即使是卡普兰这样的顶级教授，带给我们最有意义的，恐怕也不是问题最终的答案，而是如何研究，如何思考的过程。确实，作为学者来说，比拿出一个确切答案更重要的是建立正确的研究方法和研究态度；而对于在实务界的搏杀的投资人、创业家来说，拥有一双明辨真伪的慧眼，才能从海量的学术成果中取其精华。

案例：联想投资“事为先，人为重”的投资哲学

联想投资是联想控股旗下专事风险投资业务的子公司，于 2001 年 4 月成立，总部在北京，2003 年设立上海办事处。目前管理的基金规模接近 3 亿美元，重点投资于运作主体在中国及市场与中国相关的具有高成长潜力的中小创业企业。联想投资以大 IT 领域投资为主，关注创业期和扩展早期；兼顾非 IT 领域的机会。大 IT 领域重点投资互联网应用与服务、无线应用与服务、外包、数字媒体、芯片设计及关键元器件，以领投和联合领投为主。已成功上市或退出的有卓越（被亚马逊收购）、中讯（香港主板上市，股票代码 299）、林洋新能源（纳斯达克上市，股票代码 SOLF）、展讯通信（纳斯达克上市，股票代码 SPRD）、中国阳光纸业（香港主板上市，股票代码 2002）、文思信息（纽约证券交易所上市，股票代码 VIT）、宇阳科技（香港主板上市，股票代码 0117）、科大讯飞（深圳中小板，股票代码 002230）等。

在投资圈中有两个流派：“投人派”和“投事派”。

“投人派”认为，投资就是“投人”，先有人后有事，没有这个人就没有这个事，事在人为，人，尤其是创业管理团队，是项目中最革命性、最活跃、最关键的因素。就像前几年 VC 圈里流行的一句话：宁可投“一流的团队、二流的商业计划书”，不投“二流的团队、一流的商业计划书”，因为把“二流的商业计划书”改变为“一流的商业计划书”比较容易，而把“二流的团队”改造为“一流的团队”非常难。

“投事派”认为，“事”的性质、高下决定着公司的发展方向，而“人”尤其是创业管理团队的差异、优劣决定着公司的发展高度。在很多时候，“事”的性质、高下，已经基本说明了“人”，尤其是创业管理团队的差异、优劣。

“投人派”和“投事派”各有侧重，都符合逻辑，也都在实践中得到了成功检验。联想投资的原则是什么？基本上就是一个原则，叫做“事为先，人为重”。

“事为先”的意思就是这个行业到底好不好，先得好好研究行业，如果行业不好，投资人肯定不做。看行业时，看看现金流，看最后成败，真成和不成，还有研究宏观政策环境，行业前景，技术趋势。同时还得看企业商业模式，生产的产品和服务，竞争力。

“人为重”是什么意思呢？“人”就是创业管理团队。是这个企业的领导班子，这个人实际上是最后的关键。做企业要瞄着打，瞄着愿景，瞄着目标，然后制定通往这个目标的路线，路线一定是为目的服务的，同时要知道，路线是和制定人的水平有关，路线是反复务虚以后制定。在企业里面，看这个企业的时候，首先是看班子，看管理人，要看得比较透。在每个项目投资之前，跟被投企业的当家人进行交谈了解被投企业管理层的情况，并对此进行评估。看人到底看什么呢？一个是看重一把手成功的欲望，他是不是真想做大事。第二是一把手的诚信，他怎么对员工，怎么对客户，怎么对股东，怎么对合作伙伴，这都是能够让一个企业长远发展的一些基础层面的东西。另外一个最重要的是看重一把手的学习能力，“因为事情变化非常快，你就是有经验，只是一个门槛，但是学习能力是制约你将来能不能发展的一个要素，学习能力里边，还有强调的是心胸，否定自己的能力，还有一个就是总结能力。”如果他首先把企业利益放在第一，他又有非常好的心胸和学习能力，加上他以往的经验，这个企业“人为重”这两点就能够把握好。

在与投资企业的关系上，联想实施的原则叫增值服务，作为跟团队和CEO包括董事会相处得基本原则，这个基本原则有三条，第一条叫价值认同，就是相互之间认同对办企业的价值理念。第二个就是相互信任。就是进入一个企业，跟企业的班子CEO和董事会原有的董事会都能够相互信任。第三个是平等对话。基于这样的原则，联想在进入每一个企业的时候，都会跟企业的CEO和团队比较好地交流，每一个CEO也会被给予一定的空间，而不会替他去做决策。

如果把联想做投资的原则和联想控股做实业的原则相比较，应该说原则上没有太大的区别，比如联想三要素中强调“搭班子，定战略，带队伍”，而“搭班子”实际上强调的就是管理团队的重要性，类似于投资原则中的“人为重”，“定战略”则肯定要涉及到行业的选择，等同于“事为先”。但是做实业和做投资中，一个先强调“人”（搭班子），一个先强调“事”（事为先），顺序变化中也体现着联想在做投资的原则中和原来做实业上的区别。这说明在做投资上，联想相对降低了“人”的重要性而把投资一个好行业、好业务放在了更加重要的位置。这其实也很好理解，因为投资毕竟投的是别人的企业，固然可以“求同”，但一定还会“存异”。作为投资方，最重要的是分析是否有投资回报，而不同于做实业时比较强的文化与价值观的一致性。

再一个，联想投资创业企业发展的问题分别归为两类，一类是事的问题，一类是人的问题。联想投资的核心投资理念是“事为先，人为重”，或者说在高成长领域寻找最优秀的团队与之合作。投资就是要寻找到一种匹配关系：人与事的完美匹配。

下面我可以拿一些例子来解释联想投资“事为先，人为重”的投资哲学。

案例一：

2006年联想投资目光投向了一家名叫阳光纸业的公司。当时，阳光纸业生产的纸完全是一个创新的进口替代类产品，填补了国内在造纸业上的一个空白。虽然当时公司的产能只有12万吨，但一条15万吨新的生产线正在建设中，到2007年底时，产能将扩大到36万吨，2010年，公司产能将达到106万吨。与“事”相匹配的是，阳光纸业的核心团队非常令人放心，他们在造纸行业皆具有15年以上经验，其中公司带头人王东兴从1984年就进入造纸行业，曾在上市公司晨鸣纸业分别做过技术员、车间主任、分管生产的副总裁、一个分厂厂长，直至后来离开时的集团副总裁，这个团队是相当好的团队。2006年6月，在找到了人与事的完美匹配后，联想投资联合光大控股创业投资管理（深圳）有限公司共同向阳光纸业投资1 400万美元。仅在18个月后的2007年12月12日，阳光纸业就成功登陆香港联交所，该公司为我国最大的牛底白板纸生产企业。如果看好一个行业的发展前景，又找到了一个实干的团队，人与事匹配了，投资失败的风险就会降低很多。继阳光纸业在香港上市之后，另一家包装企业上海绿新

(002565）也于近日成功挂牌中小板，令这两家公司背后共同的PE——联想投资再次获得丰厚的回报，账面回报率接近6倍。联想投资对阳光纸业的投资充分的体现了“事为先，人为重”的投资概念。

案例二：

宇阳科技发展有限公司是一家专业从事新型电子元器件的研制、生产和经营的高新技术企业，并为移动通信，计算机及外设，数字A&V产品提供元器件方案设计、选型、配套及技术支持等综合服务。宇阳公司拥有12万平方米的现代化生产基地，一期投资五亿元，从日本、德国及美国引进当今世界最先进的片式多层陶瓷电容器（MLCC）大规模生产线。公司拥有自主知识产权，并以产学研合作方式与国内外知名高等院校保持长期技术合作关系。宇阳公司拥有成熟的高性能高频高Q材料体系技术，高比容贱金属电极材料（BME）体系技术及其相应的超薄介质高层数设计工艺技术。是一家有发展潜质的高技术公司，这符合联想投资的“事为先”的投资理念，同时这家公司的总裁是前康佳总裁陈伟荣，很显然陈伟荣本人是联想投资决定投资的重要原因，表现出“人为重”的投资理念。

案例三：

匹克集团是一家集制鞋、鞋材、服装、包袋等体育运动专业装备器材企业，在国内外各大中城市拥有4 000多个专卖店。匹克目前已建立起成熟的产销结合的品牌运营体系，出口业务遍及欧、美、亚、非、澳五大洲。投资匹克，主要是看到体育用品行业在中国有13亿人的消费需求带动增长，有着巨大的上升潜力；同时，匹克在盈利能力、快速成长性等方面都具有优势。

许志华，现为匹克集团有限公司总经理，主管市场营销、品牌推广及企业文化建设等工作。许志华2001年进入匹克集团，其对市场营销和品牌推广运作的独特思路，尤其在驾驭体育营销资源方面在同行中享有盛誉。他主导策划的一系列体育公关事件使匹克品牌知名度、美誉度迅速窜升，同时也让匹克驶入了一条迅猛发展的快车道。在许志华积极的品牌推广策略之下，2005年12月成功赞助休斯顿火箭队，成为第一个进入NBA赛场的中国运动品牌。许志华开创的以 NBA 主场赞助、签约 NBA 球星代言、设立海外分公司、网点同步拓展为支撑的立体化国际品牌推广模式暨国际体育营销新模式被业界誉为“匹克模式”。业界公认，匹克在许志华独特的市场营销和品牌推广运作下，目前已经全面展开在全球的品牌国际化战略并成功建立了国际营销体系，既立足于本土赛事，保存了品牌在国内的影响力，同时也注重扩大海外市场，突显其极具魄力的国际视野和全球化思维。联想投资注资匹克也表现出“人”和“事”的完美匹配关系。

案例四：

联想投资与山西国联管业初步形成投资协议，联想投资以约 15 亿元入股山西国联管业 占 25% 左右的股份。山西国联管业是由山西榆次国联制管有限公司山西国联螺旋制管有限公司、西安国联螺旋制管有限公司、太原天龙机器制造有限公司和太原广发物贸有限公司等全资和控股子公司组成的集团公司，属民营股份制企业。集团总公司位于山西省榆次工业园区，总资产超过 5 亿元。国联管业在中低端市场有热力、焦化、电厂、水利等项目，其销售中，石油、天然气管材出口合同占 bL40% 热力 煤气、化工、电厂、焦化等合同占 bL40% ；零售市场占 bL20% 。事实上，对石油设备相关的企业投资从 2006 年便开始了，但对这些企业投资却不是突然之间就起来的。油价维持现在的高位也好，跌到 100 美元以下也好，这些设备生产商都还是赚钱的。现在油价高、需求大，自然赚得也会多一些。未来，一些新兴国家都需要这些设备，长期而言行业的发展前景很好。联想投资分析出：21 世纪以来，高端管材的生产应用有了较大的发展，但需求缺口进一步扩大。能源问题在全世界普遍存在，中国也面临着同样的问题，未来在进口海外能源的同时，需要大量铺设管道。因此，预计未来 15 年中石油、天然气管道将保持旺盛的需求，如国家的西气东输二线工程，还将建设从中亚等地引进天然气的管道，制管行业的发展空间很大。将来应用于石油、天然气输送的高端管线存在 100 万吨左右的缺口。联想投资研究企业发展潜质，宏观政策做出 1.5 亿元入股山西国联管业的决策。这个案例非常贴近联想投资“事为先”的投资哲学（见表 1.3）。

表 1.3　　　　联想部分投资项目

项目名称	投资机构	行业	涉及金额	涉及股权	发生时间
聚成企业管理	联想投资	研究咨询	1 亿人民币	N/A	2010 - 4 - 8
廿一客	联想投资	零售	1 000 万人民币	N/A	2010 - 1 - 22
流行美	联想投资	零售	1 000 万美元	30%	2009 - 9 - 30
匹克集团	红杉中国；建银国际；联想投资	零售	4 528.26 万人民币	24%	2009 - 4 - 22
腾创科技	联想投资	零售	1 500 万美元	N/A	2009 - 10 - 18
拉卡拉	晨兴创投；联想投资	电子支付	2 500 万美元	N/A	2008 - 8 - 8
鼎程传媒	高盛集团；联想投资	户外媒体	5 800 万美元	N/A	2008 - 8 - 14
国联管业	联想投资	机械制造	1.5 亿人民币	25%	2008 - 7 - 4
驶安特	联想投资	汽车行业	300 万美元	N/A	2008 - 6 - 1
金域医学	联想投资	健康管理	1 550 万美元	N/A	2008 - 6 - 1
期六鞋业	联想投资	零售	513 万美元	7%	2007 - 1 - 27

数据来源：http：//www. howbuy. com/vcpe/jg/EJ000012. htm.

案例：ITAT 服装连锁失败案例研究

ITAT 是一家在香港注册的服装连锁机构，全称“国际品牌服装代理商”(International Trademark Agent Traders)。ITAT 集团由中联集团海外投资有限公司、欧洲银证远东有限公司、中国亚洲连锁百货有限公司、香港美华投资集团有限公司四大股东组成，合作投资 10 亿港元、于 2006 年向国际配售 2 亿股股票，每股 1 港元，组建成总法定股本为 12 亿港元的 ITAT 集团有限公司。

2004 年 9 月 16 日，第一家 ITAT 会员店在深圳开业。此后，ITAT 又开出了百货会员俱乐部和 Fashion ITAT（时装店）两种新业态，并以三种业态迅速席卷全国。ITAT 的扩张速度是惊人的，甚至是令人瞠目结舌的。2005 年，ITAT 会员店达到 62 家；2006 年 10 月增至 220 家；到 2007 年年底，ITAT 已在全国开设 722 家店，从最初的区域市场发展到遍布全国 270 多个城市，其中会员店 607 家，百货会员俱乐部 108 家、时尚店 7 家，总营业面积达到 136 万平方米。以此计算，从首家门店开业以来，ITAT 平均 1.2 天就开一家店。

ITAT 以直营连锁的方式，创立 4 年即能达到近千家店、数十亿元销售规模，这样的开店扩张能力和增长速度，无疑成为当时中国服装业的一大亮点。

ITAT 的运作模式是：生产厂家（供应商）负责供货；业主（商业地产及大型百货商）负责物业场所的服务；而 ITAT 则全面负责店面经营管理，拥有收款控制权和人员管理权。这一模式化解了场租和采购货品的资金压力，通过货品的实际销售额来给三方分成，风险共担。中国有大量的服装中小企业在寻找销路，ITAT 相当于为他们免费搭建了一个庞大的销售平台。

“铁三角”模式

所谓“铁三角”是指商业地产商、服装生产商和ITAT集团三者建立起铁三角式的战略合作联盟，他们共同承担风险、分享扩大规模所带来的回报。在利润上他们采用分成制：商场业主、生产商与ITAT按照销售额的15∶60∶25的比例分成。“铁三角”整合了服装生产商和地产业主资源优势，形成了利润共享、风险共担的新型商业联合体，它彻底地打破了传统的商业运作模式，中间流通环节的减少极大地降低了企业的运营成本。而通过分成制，ITAT就无需向地产商支付租金，无需向供应商支付货款，资金的流动和运用更加自如和得心应手。同样，通过分成制的方式，生产商控制了整个货品的供应配送情况，最大程度上降低了库存带来的风险。我国的传统服饰企业的库存正成为吞噬企业利润的黑洞，ITAT却巧妙地避开了这个问题。可见，这种独特的“铁三角”模式具有很强的吸引力。

ITAT正是把握了服装生产商和商业地产商的需求，通过“铁三角”模式取得他们的认可和信任，将这些资源串接在一起，为己所用并获得快速发展。图1.1是ITAT商业合作示意图。

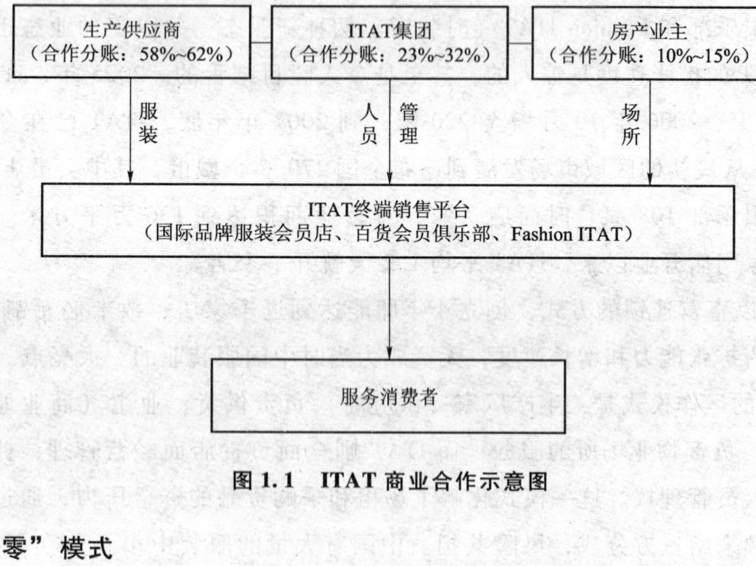

图1.1 ITAT商业合作示意图

“三零”模式

ITAT与服装生产商、商业地产商形成“铁三角”联盟，从而创造了零货款、零场租、零库存的奇迹。

零货款是指 ITAT 向上游的 2 800 多家供应商先拿货而后结款，即进行代销。ITAT 仅承担销售期间的保管和营销费用。作为供应商，肯定首选经销方式，因为中小服装生产企业大都做代工，很想拥有自己的品牌，但建设品牌的庞大费用却是它们无法承受的，而在 ITAT 可以打自己的品牌，虽然在 ITAT 会员店里通常有上百个品牌；ITAT 不用交“进场费”，没有漫长的结算账期，没有销售扣点，这些都使生产企业在流通成本上省了一笔。

零场租是指 ITAT 坚持以每月销售额 15% 的浮动场租和每个商场结算，而并不事先签订租赁合同。另外，ITAT 还在每个商场里设置专柜时，都强势地进行自收银，以加速现金流的周转。前几年的基建热造成了许多二类、三类商圈的商场经营状况一般，ITAT 的模式正好可以为他们找到新的收入增长点。当然，为了获取商场业主们的信任，ITAT 也向他们开放了 IT 系统，商场业主同样可以随时监控 ITAT 专柜的销售额，计算出自己应得的金额。

零库存则是指让供应商承担库存压力和物流配送费用。要实现零库存就需要快速的货品流转，为此 ITAT 提供了 ERP－POS 系统让每位供应商查询到自己货品的销售情况和库存信息，一旦遇到某个门店缺货，供应商立即对其提供门对门的配送。而对于一些相对偏远的供应商，ITAT 的物流部可以帮助其配送货品，物流费用则要由供应商支付。ITAT 的 OA 系统还能让供应商和门店管理者跟踪每单物流，了解每批货品发出时间和抵达时间。ITAT 让供应商能够分析市场需求并及时地安排商品补充或调拨，以此降低了存货风险。

由此可见，零货款既降低了销售风险又是一种融资手段，这就能低成本地销售货品并赚取利润；零场租则把风险转嫁到了商场身上，如此 ITAT 的资金会具有更高的流动性；零库存可以让 ITAT 能够合理安排采购，大大节约了运营成本。

ITAT 曾因独特的商业发展模式和短时间内所取得的业绩，一度被追捧为“商业神话”，也得到了华尔街投资机构的青睐：中联海外、摩根士丹利、美国蓝山（中国）资本等纷纷同意注资。

2006 年 11 月份，由前艺龙网创始人——唐越设立的美国著名投资基金蓝山中国资本（Blue Ridge）向 ITAT 进行首次 5 000 万美元的战略投资，首期 2 500 万美金。其实在此之前，接触 ITAT 的投资方络绎不绝，赛富、联想、达晨创投、东方富海等都看过 ITAT 项目，蓝山资本和 ITAT 一时成为私募股权投资市场中的明星。随后，更多的投资方抛来绣球。

2007 年 3 月，全球最大投资银行之一摩根士丹利（Morgan Stanley）、蓝山中国资本（Blue Ridge）和全球最大对冲基金之一的 Citadel（包括美林亚太有限公司）三者联手对 ITAT 集团进行 7 000 万美元的第二次战略联合投资。三方分别出资 3 000 万、3 000 万和 1 000 万美金。

至此，ITAT 共获约 1.2 亿美元投资。风投的进入，为其连锁销售网络的快速扩张赢得了更充足的资金支持。在完成这两轮战略投资之后，截至 2008 年 2 月，ITAT 2007 年销售额为 37.6 亿元，利润增长至 10.2 亿元。随后，ITAT 准备 2008 年第二季度在香港上市，它在资本市场的目标是募资 78 亿港元。

由于 ITAT 扩张势头过猛，需要资金投入过大，因此资金链曾数度出现断裂的危险。在这种情况下，迅速上市就成了 ITAT 脱困的惟一选择。

获得几大投行注资后，ITAT 集团的投资方组成了强大的上市承销阵容。四家全球最知名的投行——高盛、美林、德意志银行和摩根士丹利担任 ITAT 香港上市的承销商。这堪称豪华的阵容，本应为 ITAT 的上市起到极大地推动作用。然而，ITAT 的上市之路未如预料般顺利。

2008 年 2 月 21 日，ITAT 第一次向香港证券交易所递交上市申请材料，但聆讯中遭到否决，原因是其对商业模式描述不清，使港交所对其经营模式和盈利模式的可持续性产生诸多质疑。

不久，香港联交所收到一封关于 ITAT 的匿名信，举报其在做账时采取的包括虚增销数据在内的不当会计行为。随后，其上市保荐人高盛与美林宣布终止与 ITAT 的合作，相继退出保荐上市的程序。在已向港交所递交公司上市申请后保荐人才出现变更，这些都使得 ITAT 不得不重新向港交所递交上市申请，同时再排期进行上市聆讯，其第二季度上市的计划被搁浅。第一次上市被否之后，ITAT 着手准备第二次的上市计划。

2008 年 7 月，ITAT 赴港上市的计划再度搁浅，其在香港联交所的第二次聆讯再次被否，这意味着 ITAT 的资本动作之路基本进入了“死胡同”。

上市受挫后，质疑声再一次将 ITAT 推到了风口浪尖。盛极一时的 ITAT 随即面临巨大的资金压力，加上单店盈利能力疲软，ITAT 不得不大规模收缩，各处店铺接连关闭。由此引发了 ITAT 大规模的地震：裁员、关店、拖欠工资和供应商货款等一系列问题陆续被曝光。此时，上市对于 ITAT 及其投资人来说，基本是奢望。

面对艰难的局面，ITAT 不得不出让股权。2008 年 7 月初，上市未果后债务缠身的 ITAT 终于找到了新的投资方，山东如意集团将出资 5 亿元入主 ITAT，并对其业务进行全面调整，力争两三年内上市。与此同时，确切信息表明，包括集团首席执行官（CEO）、营运、采购总监在内的主要高管悉数离职。到 2009 年 4 月，深圳总部的旗舰店关闭。2009 年 8 月，ITAT 官方正式宣布“ITAT 终止与山东如意集团的并购洽谈事项以及相关交接工作、山东如意人员全部撤出集团与相关机构”。至此，山东如意集团放弃与 ITAT 的并购洽谈使得 ITAT 最后一根救命稻草也落空了。

曾经被认为牢不可破的“铁三角”终于被事实证明是不堪一击的“泥三角”，ITAT 模式在风险投资业界也被判“死刑”。谁也没有料到，这样一家被人们视为业界新星的企业，竟会在一年之内沦为一颗陨落的流星。

风险投资家参与公司上市的认证/监督效应和逆向选择/躁动效应

《风险投资家参与公司上市的效应》（Effects of Venture Capitalists' Participation in Listed Companies）的作者是 Clement K. Wang，Kangmao Wang 和 Qing Lu，他们分别来自新加坡国立大学经济政策学院和浙江大学的金融市场与会计学院，三人一起做过很多与风险投资相关的研究，成果颇丰。该文实证检验了风险投资参与公司上市的效果，选取新加坡这个拥有 20 年历史的新兴市场作为研究对象，是其有别于以往众多风险投资研究的显著特色，之前的风险投资研究大多基于发达国家的市场，这篇文章则集中于新兴市场，很具有代表性，这不仅因为新加坡的风险投资规模在亚洲市场中排名第三，仅次于香港和日本，而且在新加坡，被风险投资支持的公司分布领域更广，且较多地集中于高科技部门，研究这个新兴市场能够深入了解风险投资的运行，尤其是那些发达资本主义国家以外的资本市场中风险投资的机制。

风险投资是一种为非上市的高科技或创投企业融资的中介外部资源，现存的风险投资研究通常认为风险投资不仅为公司融资做贡献，而且为公司提供增值服务，然而，逆向选择和利益冲突也许会给风险投资的投资带来负面效果。该文集中研究风险投资家在新兴市场参与 IPO 公司的效果，并通过建立模型进行实证检验，来提供更加现实的观点。

风险投资参与公司上市的正面效应被称为认证/监督效应，它表明在信息不对称的情况下，风险投资能够起到上市公司质量认证和监督作用。通常在 IPO 过程中，第三方监督被引入来确保发行成功，承销商、审计机构、股票交易所等往往充当第三方认证人。然而，根据该模型，由风险投资家来充当认证角色并实施第三方监督更为恰当，理由有二，第一，比起其他中介机构，风险投资家对于发行公司了解更深，常常占有董事席位，与管理团队的关系更紧密，也更持久；第二，声誉因素能够控制认证的失误，即假如风险投资家认证的公司发行失败，无疑将有损风险投资家的声誉。除了 IPO 过程中的认证角色，该文的模型也解释了风险投资家对他们所投资的公司的监督角色，从而控制了企业家的机会主义行为。除此之外，风险投资的参与，将使得它监督的公司具有较高的发行价和较低的抑价率与发行成本。风险投资家一直激励着初创公司沿着发展路径成长，即使 IPO 之后，大部分的风险投资家也继续持有重要的股票，并占有董事席位一至两年，他们将积极地提出建议，并帮助证券公司进一步成长，也就是说，风险投资认证他们所投资的公司是最具潜力的公司，继而监督公司成长的全过程。

风险投资参与公司上市的负面效应被称为逆向选择/躁动效应。逆向选择效应是指由于企业家和风险投资家之间信息不对称，使得最佳公司往往采取自我融资，而一般性的公司融资时则往往求助于风险投资家，即不那么有能力的企业家将选择引入风险投资来分担风险，但有能力的企业家却自我管理风险，而不寻找外部参与，因此被风险投资支持的公司质量很可能并非最好的。此外，当那些欠缺经验的风险投资家试图尽早将能力展现给潜在投资者时，就出现了躁动效应。它是指在风险投资融资生命期内（通常是 10 年），风险投资家必须定期增加资金来维持风险投资市场的活跃，尤其在欠缺较好声誉的情况下，他们的首次融资表现对后来增资的成功变得尤为重要，因为他们要靠好的 IPO 路径纪录来提升他们在资本市场的形象，这样一来，被他们投资的公司可能会尽早上市，并以糟糕的市场表现退场。需要指出的是，缺乏经验的风险投资家，提供的增值支持较少，还可能进一步促使公司 IPO 的糟糕表现。

这篇文章的研究工作从这两大理论模型着手是很有意义的，二者虽给出相反的实证预测，但又都具有显著的现实意义，实证检验之前是不可能确定哪个模型在中小企业上市过程中的作用更大，这令我们对实证检验结果更加充满期待，试想，在新加坡这样的新兴市场，两个模型可能都是有效的。一方面，大众媒体倾向于企业家在风险投资融资支持下的成功故事，由于大部分新加坡的风险投资有国际的或政府的背景，他们在 IPO 过程中，会替公众投资者产生一定程度的监督效果；另一方面，新兴市场的不成熟又使得逆向选择问题更明显，创办者不情愿邀请外部人参与管理，也不愿放弃他们的股权，从而风险投资支持的公司可能并不是最具潜力的，这样一来，逆向选择/躁动效应在新兴市场也可能比较明显。

这篇文章的研究方法是通过对比有风险投资和无风险投资支持的 IPO 来检验模型，如果模型中自我融资的最佳公司后来也能上市，那么将无风险投资支持的 IPO 分为两组，第一组是无需寻找风险投资融资的好公司，第二组是相对差的被风险投资拒绝的公司，如果后者是主要群体，那么我们可以预期到风险投资支持的 IPO 表现更佳，在 IPO 过程中有更低的抑价率和 IPO 成本，这就支持了认证/监督模型；但如果前者是主要群体，那么我们可以预期到相反的结论，这就支持了逆向选择模型，并且，躁动模型还可能进一步强化逆向选择效应。

研究的样本数据来源于 1987 年至 2001 年 11 月之间的新加坡股票交易所的上市公司。

实证检验的第一部分，选取了 92 家风险投资支持的公司，并给出描述性统计结论：第一，风险投资家股权持有比例的平均值在 IPO 之后下降，这主要是由于向公众发行股票而把股权稀释了；第二，平均风险投资投资期是 2.09 年，短于美国相应数据，这表明新加坡风险投资家大规模集中于 IPO 前的投资。

接着，对风险投资支持的公司寻找同行业、相似规模的无风险投资支持公司进行对比，得到 82 家风险投资支持的公司样本和 82 家无风险投资支持的公司样本，通过研究 IPO 规模、抑价率、成本、承销商和审计机构的质量来检验风险投资的认证角色，还通过检验公司的年龄，IPO 年度的经营表现和长期市场表现，来确定究竟是风险投资的监督效应还是逆向选择效应对其所支持的公司产生的影响更大。

实证检验的第二部分，也就是 IPO 的表现部分，集中于有风险投资支持的公司和无风险投资支持的公司这两大总体在 IPO 定价、发行规模、抑价率、承销商和审计机构的质量、净收益比例、运作表现等方面的对比，为了度量两个总体差异的显著性水平，这篇文章采用了双尾 t 检验和非参数的惠特尼 U 检验，结论表明两个总体大部分指标是相似的。如果将热门事件期剔除（这篇文章称 1992 年 12 月 ~ 1994 年 4 月和 1999 年 4 月 ~ 1999 年 9 月为热门事件期，是因为前者有巨额的国际资本流入，后者处于亚洲金融危机下的快速恢复期），则两大样本的抑价率差异是比较显著的，并且有风险投资支持的公司的抑价率较低，说明公众投资者基本都肯定了风险投资家的认证角色。两大总体的审计机构质量没有差异，但承销商质量的差异显著，尤其在规则变化之前，可以看到风险投资支持的公司的承销商质量更高，说明风险投资的认证角色可以吸引高质量的承销商。但是检验结果又显示，风险投资认证并不能降低 IPO 成本，所以风险投资家的认证角色只能说是部分地被新加坡市场所支持，而且由于逆向选择效应的存在，风险投资对中介机构的监督效果可能有所改变。具体说来，承销商和审计机构知道有风险投资支持的公司并非最佳的 IPO 候选对象，那么他们将向有风险投资支持的公司努力索要和无风险投资支持的公司相似的风险溢价。在检验结果中，除了抑价率和承销商质量之外，两大总体之间的显著差异还包括公司年龄（尤其是调整变化之前）和净收益增长率，具体地说，欠缺经验的风险投资所支持的公司倾向于更早达到 IPO 阶段，另外，在 IPO 年度之前，有风险投资支持的公司的收入增长率更高，这表明风险投资能够推动证券更快成长，或者能够发掘高增长率的公司，而两大总体的负债比率、资产回报率（ROA）、销售回报率（ROS）却没有显著差异。由此可见，这部分的检验结论并不能在认证/监督效应和逆向选择/躁动效应的之间作出一个明确的选择，也许两种效应都存在，但在回归过程中互相被屏蔽了，所以，需作进一步的检验，不过，在新兴市场中，上述几条结论还是很有价值的。

实证检验的第三部分，即 IPO 之后的经营表现部分，探讨了两大总体在 IPO 之后的经营表现及同年度的总体差异，采用 ROA 变化和 ROS 变化来度量。结论表明，两大总体都经历 ROA 和 ROS 的下降，但是有风险投资支持的公司的下降速度更快，两大总体的 ROS 差异从 IPO 之后的第 1 年开始变得很显著，在第 2 年，有风险投资支持的公司的 ROA 明显低于无风险投资支持的公司。这部分的实证结果着实令我们意外，它明显支持了逆向选择/躁动模型，而与认证/监督模型相矛盾。

实证检验的第四部分，即 IPO 之后的市场表现部分，讨论了两大总体在 IPO 之后的短期和长期买卖市场回报的表现。该文通过对比发现，IPO 公司除了 6 个月回报率之外，短期和长期的回报率没有显著差异，意味着 IPO 之后 6 个月，有风险投资支持的公司比无风险投资支持的公司表现更好，而其他时期没有这样的结论，且在长期，风险投资支持的公司表现得更差一些，可见风险投资认证角色的正面效应被逆向选择效应所抵消了，至于6个月末的显著差异，可能跟这是风险投资家作为高比例股票持有人的最后期限有关。从而，研究市场表现进一步支持了正面的认证模型效应和负面的逆向选择效应，并且随着公司的成长，正面效应逐渐变弱，而负面效应越来越强，这个结论相对比较符合我们的预期，可以认为这两种效应在风险投资投资决策研究中必然时刻相随，相互制衡，影响着经济金融变量和投资收益，只不过随着时间的推移，各自的影响程度会发生一定的变化。

实证检验的第五部分，根据风险投资存在期限，将其支持的IPO分为长期和短期这两大总体，来研究风险投资不同存在期的表现差异，该文把在IPO之前至少两年支持着公司称作风险投资长期支持的IPO，其他的称作风险投资短期支持的IPO。结论显示，一方面，那些被风险投资长期支持的公司，受到认证/监督效应更大，拥有更低的抑价率和更高的承销商质量，但是较早阶段的风险投资投资面临更大的信息不对称，从而受逆向选择效应的影响更显著；另一方面，风险投资短期支持的公司意味着较小的认证效应和较大的躁动风险。然而，对于风险投资家支持的IPO来说，无论长期还是短期支持，分别都比无风险投资支持的公司拥有更高的收入增长率。但时，风险投资短期支持的IPO的ROA高于无风险投资支持的公司，而风险投资长期支持的IPO的ROA显著低于无风险投资支持的公司，仅从这一点来看，新加坡市场中长期投资的风险投资与发达国家的风险投资是很相似的，该文认为这是由于早期高ROA值会引发躁动效应，吸引不那么有经验的风险投资在后期进行投资，从而支持了风险投资长期支持下的逆向选择效应和躁动效应。另外，在结论中，有风险投资支持的公司在IPO之前经营表现不佳，该文对此解释为，风险投资主要只在IPO之前1～2年从高增长行业选择公司，缺少监督，基本采取观望态度，对公司的表现也漠不关心，不过，我们认为此处对结论所作的解释并不充分，受到较大的主观制约，具有一定的猜测性和局限性，至于为什么会出现监督和关注不足的问题，这尚需相关专家学者作进一步的探讨。

实证检验的第六部分，即不同资历风险投资家的表现差异这部分，将资历久的风险投资家和欠缺资历的风险投资家对IPO公司支持的表现差异进行对比，来检验躁动模型，从而直接区分开逆向选择效应和躁动效应。这一点我们非常欣赏，因为虽然这两种效应都有负面作用，但是效应的引发者不同，逆向选择效应责任在于IPO公司，而躁动效应则归咎于缺乏经验的风险投资家，把这两种效应直接区分开，将对风险投资研究具有较大的启示作用，算是该文的一个小亮点。此类研究通常认为，在IPO年度里，资历超过8年的风险投资家算是资历久的，而认为其他风险投资家算是欠缺资历的。这部分具体检验并分析了IPO发行收益、抑价率、承销商声誉、公司年龄、风险投资家股权持有比例、投资期、公司收入增长率、ROA、ROS、净利润变化率等，检验结论显示了两大总体在IPO抑价率、收入增长率、第2年的ROA、ROS等方面的显著差异，表明了资历久的风险投资家会大大避免逆向选择效应，同时还能表现出更大的认证效应，这也许是因为他们在投资选择与监督方面更有经验，能够在早期就投资，并给他们增值，然后经历一个更长的时间才达到IPO阶段，并且，他们不是急于将公司引荐给公众，而是在监督并等候一个更佳的时机，并期待在市场上得到更好的价格，所以抑价率更低，承销商质量更高，投资期更长，收入增长率更低。此外，还有一点需要指出的是，在IPO之后，比起欠缺资历的风险投资家支持的公司，那些被资历久的风险投资家支持的公司也拥有更高的ROS和ROA。

综上所述，这篇文章通过对比新加坡市场的有风险投资和无风险投资支持的IPO，理论上可以得到如下几点结论：

第一，有风险投资支持的公司更年轻，抑价率更低，承销商质量更高，支持了认证模型，并且至少有两年经验的风险投资支持着的IPO公司在这些方面表现得更好。

第二，被更长时间的风险投资支持的公司，反而在IPO年度表现得还不如无风险投资支持的公司。

第三，从IPO前的表现上看，有风险投资支持的公司的经营表现不如无风险投资支持的公司。

第四，风险投资短期支持的公司表现也略优于风险投资长期支持的公司，这点证实了长期支持下的逆向选择模型和短期支持下的躁动模型。

这些结论不同于以往集中于发达市场研究的风险投资特点，对研究新兴市场有一定的启发和引导作用。

风险投资在 IPO 中的效应——市场力量说

风险投资在中国是个新兴的行业，中国企业对于风险投资最直观的认识可能就是风险投资能给企业发展的初期带来资金，帮助企业上市，对于风险投资的进入究竟能给企业自身的管理机制、长短期绩效有什么样的作用并不是很了解。其实，风险投资的进入单就企业 IPO 的过程来说，带来的也不仅是发行价格上的影响。

长久以来，学术界关于 VC 给企业 IPO 带来的作用有着不同的看法，比较早的是 Megginson 和 Weiss 的研究，他们在 1991 年的论文中指出，1983 到 1987 的美国股市上，VC 投资的企业 IPO 抑价率比没有 VC 投资的企业要低，由此提出了“证明说”，即风险投资家为了保护自己作为 IPO 市场投资者的声誉而把 IPO 的价格定得离企业内在价值更接近。这个假说认为，VC 面临着一个两难困境：一方面他们想把 IPO 的价格尽量定高，以获取较大的短期收益；另一方面，太高的定价会损害 VC 在投资者和金融市场上的声誉。所以，VC 在市场上的声誉越高，或者说，它想维持的声誉越高，越会将价格定的离企业内在价值更近。与 Megginson 和 Weiss 不同的是，Barry 在 1990 年的论文中由 1978 ~ 1987 美国股市上 VC 投资的企业 IPO 抑价率较低问题提出，VC 投资的企业比同期上市的其他企业质量要好，即“筛选说”。另外，他们认为即使在 VC 加入之前这些企业不一定比其他企业质量好，在 VC 加入企业的管理之后，VC 的监督监管作用会使这些公司的质量得到提升，即“监督说”。

《支持 IPO 的风险投资的作用：证明、筛选还是市场力量?》（The Role of Venture Capital Backing in Initial Public Offerings: Certification, Screening, or Market Power?）一文的作者为波士顿学院的 Thomas J. Chemmanur 副教授，曾在多份核

心期刊上发表过一系列旨在研究 IPO 定价问题的文章。这篇文章中，作者想要探讨的是 VC 的加入能为企业的 IPO 究竟带来什么样的影响，他用丰富的实证数据和严谨的分析方法证明了 VC 的加入对于企业的作用是明显的，在 IPO 中，优秀的 VC 可以带来一流的承销团队和机构投资者，在 IPO 之后的企业经营中，通过对企业管理的监督，也使得企业的绩效进一步的提高。

本文首先从经验上把风险投资在 IPO 背后的角色分成 3 种，除了传统意义上的“证明说”和“筛选和监督说”之外（“筛选说”和“监督说”对企业 IPO 价格的影响是同向的，在本文中将其称作为“筛选和监督说”），作者引进了第三个假设，即“市场力量说”，是指风险投资家尤其是声誉好的风险投资家会吸引其他高质量的市场参与者，比如：承销商、机构投资者和股票分析员来加入这次 IPO，这使他们投资的企业的 IPO 获得更高的价值。这个假说认为，风险投资家的目标就是获得最高的 IPO 价格来保证给自己的资金来源——投资个人和企业留下良好声誉。而“证明说”则是指，风险投资家为了保护自己作为 IPO 市场投资者的声誉而把 IPO 的价格定得离企业内在价值更接近。这两个假说从根本上就是对立的。“筛选和监督说”认为 VC 投资的公司是经过他们的筛选的，所以应该比其他公司质量更好（筛选），另外即使在 VC 加入前企业的业绩平平，也有理由相信由于风险投资家在 IPO 前对管理层的监督使企业的业绩提高（监督），这两种效应都使 VC 支持的企业质量比一般企业要高。

作者认为 IPO 抑价不是衡量风险投资在 IPO 背后角色的最合适的方法。因为通用的抑价算法是拿 IPO 发行价和第一天上市交易的收盘价进行比较。这样就等于假定了第一天上市交易的收盘价跟 VC 的支持没有关系，是企业内在价值的体现，而在前人的研究中，大量的实证研究证明，股票第一天上市交易的收盘价反应了持乐观态度的投资者的估值，而不是所有投资者的平均估值。如果二级市场首个交易日收盘价不是企业内在价值，而是内在价值之上 10%，那么 VC 投资企业的抑价率将会表现得比非 VC 投资企业的抑价率更高（见图 1.2）。

这与“证明说”的结论正好相反，并且其他很多相关文献中的实证研究正是表明了 VC 投资企业的 IPO 抑价比非 VC 投资企业的 IPO 抑价要高。作者认为这说明了以抑价率作为衡量 VC 给企业带来的作用是不合理的，也不一定能得出正确的结果。

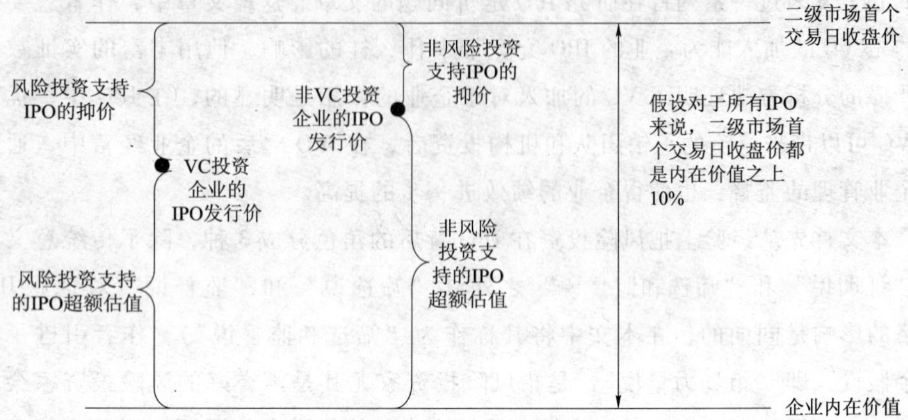

图 1.2　IPO 抑价示例

取而代之，作者采用四种更直接的办法来比较风险投资支持的 IPO 和没有风险投资支持的 IPO，以及高声誉的风险投资和低声誉的风险投资之间的差别。作者主要采用了比较公司方法（Comparable Firm Approach）来估计企业的内在价值，用计量回归方法来考虑各个变量与溢价之间的相关性。

实证研究否定了“证明说”，对“市场力量说”给予了极大的支持，同时也为“监督说”提供了一些支持。作者发现风险投资家能吸引到更高质量的市场参与者来参与他们所支持的公司的 IPO，并增加了这些公司投资者信念的多样化，进一步使得这些公司在 IPO 和紧接着 IPO 的二级市场上的股权价值增加。

作者发现风险投资支持的 IPO 比没有风险投资支持的 IPO 的首个交易日的收盘价比发行价高出更多，并且这两种企业的股票在二级市场上刚开始交易的时候差价最大，但是随着时间的推移逐渐趋于相等，在 IPO 三年之后差价消失（图 1.3）。这部分溢价很大程度是因为风险投资的支持带来的更好声誉的承销商、机构投资者的更大头寸的持有以及分析师更大范围的推荐，即这篇文中章提出的“市场力量”。

本文中另一个重要的发现是在研究 IPO 之后企业的绩效方面。这一方面的研究证明了风险投资支持的上市企业质量比没有风险投资支持的上市企业质量要高，更为明显的例子是高声誉风险投资支持的上市企业。这个结论为“监督说”提供了一定的事实依据。

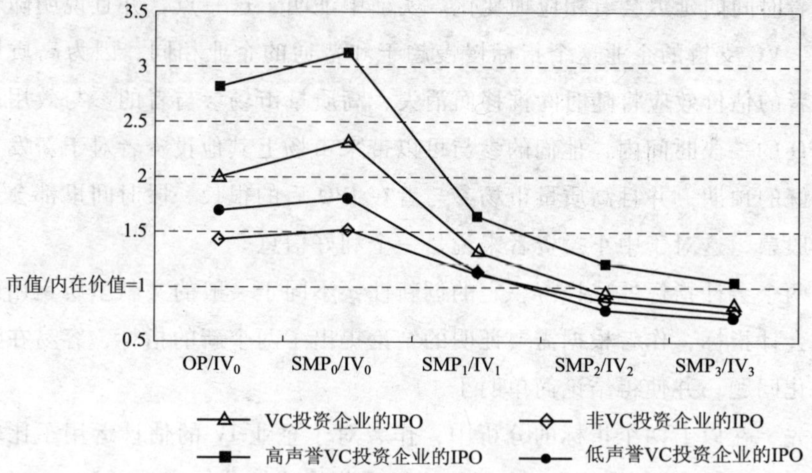

OP/IV_0　　发行价市值/内在价值

SMP_i/IV_i　　i 时刻市值/i 时刻内在价值

i = 0：公开发行当日

i = 1：公开发行后 1 年

i = 2：公开发行后 2 年

i = 3：公开发行后 3 年

图 1.3　不同类 VC 支持的 IPO 抑价的时间变化

这篇文章所运用的分析方法是它最大的亮点。首先，在方法论上，作者否定了运用首个交易日的收盘价和 IPO 价格来计量抑价，然后提出了自己的四个衡量标准，首先是两个会计指标。

第一个是 OP/IV，即 IPO 的定价比上内在价值。那么在“证明说”和“市场力量说”两个不同的指导思想下，理论推导出的结果应该是不一样的。“证明说”认为有 VC 支持的企业的 IPO 价格离企业内在价值更接近，且声誉越高的 VC 制定的价格越接近，那么以上比率应该接近 1。如果“市场力量说”成立，那么得出的结论恰好相反，并且声誉越好的 VC 制定的 IPO 价格越高，作者通过收集数据，计算指标，实证研究证明了“市场力量说”的正确性。

第二个指标是 SMP/IV，即首个交易日二级市场的收盘价格比上内在价值。“证明说”认为，这个指标对于所有企业应该是一样的，因为它认为 SMP 代表了企业的内在价值。但在“市场力量说”中 VC 支持的企业这个指标应该高一些，并且随着时间的延迟会有相应地变化。实证中证明了这一点，并且说明随着时间的推移，VC 支持的企业这个指标慢慢趋于和普通的企业相同，因为高质量的市场参与者的估价效应将随时间推移而消失，高质量市场参与者的参与效用只能维持在 IPO 的一段时间内，他们的参与可以带来市场上其他投资者对于新发行的股票有更好的预期，并且高质量市场参与者在 IPO 后的很长一段时间里都会选择持有这只股票，这对于中小投资者来说是一个利好信息。

这两个会计指标的选择有一定的创新性，不同于一般的文献里所运用的已经存在的会计指标，作者根据需要证明的结论提出了两个新的指标，容易在数据处理上简化问题，并使得结论简单明了。

首先，在以上两个指标的分析中，作者对于企业 IV 的估计运用了比较公司方法（Comparable Firm Approach）和基于评分的比较公司方法（Propensity Score based Comparable Firm Approach）。这是 2002 年由几个美国学者提出的公司配比的办法，用已经上市很多年的公司的价值来模拟刚刚上市的公司的内在价值，先将企业按照相应的行业进行分组，使目标公司和配比公司的行业范围一致，再选取企业上市前的销售额（衡量公司规模）和 EBITDA/销售额（衡量营运现金流）找到对应的同行业的已上市公司，最后根据已上市公司的股票市价和销售量确定目标公司的内在价值。在基于评分的比较公司方法中，作者在配比变量中加入了销售额增长的预期及其他几个衡量企业增长率的指标，使得找到的配比公司拟合程度更高，得出的内在价值更为科学。这种方法在相关文献中运用得并不常见，它有其可取的创新之处，也存在一定的问题和缺陷。首先，企业的主营业务是各不相同的，即使按照美国数据库的两位代码的行业数据进行配比，企业的业务之间仍然有着很大的差异，这样找到的配比公司并不一定与目标公司有着很深的关联，比如电脑芯片的生产和电子产品的销售都属于 IT 行业，但是这两个行业从商业模式到利润增长点都有很大的不同，在这样大的行业范围内寻找到的销售额和息税前利润类似的配比企业并不能使我们相信这样得到的内在价值是准确的。其次，已上市企业的股价是否就能真正体现企业的内在价值仍是一个需要探讨的问题。我们可以把美国市场看成一个半强势有效的市场，但是具体到某只股票的价格，其影响因素就有很多了，并不一定代表企业的内在价值也不一定只包含内在价值信息，股价包含的是市场的预期，而这种预期并不是目标公司和配比公司共同拥有的，从这一点上说，我们不得不怀疑这种配比方法的有效性。对于股价信息的处理，作者并没有具体说明，没有阐述其运用的是什么样的价格数据，如果是10年加权平均的数据可能对企业的价值信息能有所体现，但这样必须要求配比公司的存在年限大于十年，而存在了十年以上的企业的内在价值能否反映现在我们所研究的刚上市的企业的内在价值也是一个值得商榷的问题。最后，对于加入增长率因素的基于评分的比较公司方法，虽然比最基本的比较公司方法增加了新的变量，衡量了企业的增长潜力，更好地反映了企业的内在价值，但正如前述，不同的公司增长点千差万别，即使在会计指标上的增长率相同，在市场预期上或是企业发展前景上各个公司都不尽相同。即使作者能在数据上找到各方面都拟合得很好的一个企业来对目标企业进行配比，现实中由于主营业务的不同、增长预期的不同，我们都很难准确地找到一个目标公司的翻版公司，用其股价来计算目标公司的内在价值。

其次，作者也运用了现金流折现模型：残差收入模型（Residual Income Model）来确定企业内在价值。比较公司方法要求IPO的企业有正的销售额和EBITDA，贴现现金流模型不做要求。这是比较通用的用预期收入和资本成本对企业的现在价值进行估算的办法，但是作者的现金流贴现模型中的投资回报率13%的得出方法并没有详细说明，无法确定它是否代表了企业真正的加权平均资本成本，而模型中增长率的估计也是作者根据经验得到的。因此，现金流贴现模型所估算出来的企业内在价值只能作为我们对企业价值判断的一个依据，可能并不能综合地表现一个企业真正的价值。

除了上述的两个会计指标，作者采用的第三个分析方法是利用计量回归确定承销商声誉、分析员报道和机构投资者持有的股份数对于IPO溢价的决定作用。在回归中，作者将VC的支持、VC的声誉以及承销商声誉、分析员报道和机构投资者的持有的股份数作为虚拟变量。计量回归是一个很重要的方法，也是近年来在资本市场相关文献中不可缺少的一种方法，它能较为直观地反映数据之间的正负相关性和显著性。作者运用计量分析的目的也是为了反映市场参与者的质量是否影响到IPO溢价，计量结果也证明了溢价程度和承销商声誉、分析员报道和机构投资者持有的股份数有正相关的关系。并且，由高质量的参与者带来的投资者信念的差异性也被证明和IPO估价有密切的正相关关系。

最后，为了验证“监管说”，作者分析公司上市第一年和二年之后的一系列会计指标，同样得到了积极的结果，说明 VC 支持的企业上市之后的利润率、资本回报率、EBITDA/利润率等都高于一般企业，并且由声誉高的 VC 支持的企业绩效更好。

Thomas J. Chemmanur 副教授这篇关于风险投资家对上市公司 IPO 股价影响的论文从实证角度证明了 VC 的加入对于企业 IPO 的作用是积极的，但是这种并不是前人提出的“证明说”，而是由于优秀的 VC 可以带来一流的承销团队和机构投资者，即“市场力量说”，并且在 IPO 之后的企业经营中，风险投资家通过对企业管理的监督，也使得企业的绩效进一步的提高，这个结果能部分证明“筛选和监督说”。在研究方法上，作者采用的比较公司方法具有一定的创新性，但这种方法是否能得到正确的结论仍是我们关注的问题。作者对会计指标的创新式运用也是文章中的亮点，对我们研究其他问题很有启发。

私募股权基金的收益和信息披露

有着资本界的“蒙面侠客”之称的私募基金，在人们的心目中一直带着神秘的色彩。这些年来许多引人注目的企业通过 IPO 上市，其背后都隐藏着私募基金的影子。所谓“私募”，是相对“公募”而言的，它们面向特定对象募集资金，而非向市场上的所有投资者公开募集资金。按照投资对象的不同，私募基金主要包括私募股权基金和私募证券基金。私募证券基金是指那些通过私募获得资金之后将资金投资于证券市场的基金。私募证券基金的投资对象包括债券、股票等有价证券。私募股权基金的投资对象往往是尚未实现公开上市的新创企业，从技术、市场、财务与管理等方面都存在着较大的不确定性，而且由于缺少二级市场，私募股权基金投资的流动性要远远低于私募证券基金，信息不对称的程度也要高出许多。在市场信息极度不对称和高度不确定性的情况下，企业家由于难以从银行获得贷款，私募股权基金成为了对企业家来说相对最“便宜”的融资方式，当某非上市企业存在很好的前景预期时，市场资本将迅速注入私募股权基金，然后把资金投资到这些企业中去，从而获得更高的回报水平，私募股权基金大部分的资金流入和流出都是由这种需求冲击引起的。作为一种高风险、高成长性、高预期回报的投融资方式，私募股权基金在高科技产业的发展中发挥了重大作用。

由于私募股权基金主要投资非上市公司的股权，它们持有的资产往往是在市场上缺乏流动性的资产，由于缺乏足够的市场交易，市场的价格发现机制不能得到发挥，这些资产的真实价值难以评估。在投资私募股权基金存在巨大的信息不对称的情况下，基金投资人自然期望其投资的私募股权基金能够建立透明的信息披露机制，定期、不定期的披露经营信息，增强企业经营的透明度，减少市场初期最易出现的道德风险。然而，私募股权基金几乎不在公开市场进行交易，也不承担信息披露的义务，一直以来该行业的规模、成本、收益等基本信息几乎不为外人所知。私募股权基金对其回报水平有限的信息披露，决定了机构投资者的投资决策行为。而在私募股权基金回报水平中最重要的部分，即是对私募股权基金持有的低流动性的未上市公司的资产的未实现回报的估值。不同行业、不同发展阶段的公司，估值方法不同。对于处于成长期有盈利的公司，一般按照市场参考的市盈率为基础辅以其他方法加以综合。对于拥有很多资产的金融类公司一般会采取市价账面值倍数（P/B）系数估值；对于现金流入非常稳定、可以预测的公司往往会采用现金流折现法（DCF）。

机构投资者对私募股权基金的实际投资情况并不了解，难以了解私募股权基金详细的投资组合、投资比例、投资行业等情况。如果投资者不能从其他途径进一步了解到有关信息，在选择私募股权基金进行投资时，只能用私募股权基金披露的过去的投资回报水平来衡量私募股权基金的运作水平。作为代理人的私募股权基金经理深知，如果私募股权基金的回报水平很低，将难以再次向机构投资者进行融资。在利益驱动下，私募股权基金为吸引更多的投资者，他们有潜在的动机“不说真话”，通过故意高估其持有的未上市公司的资产的价值来提高回报率，从而吸引更多的资本。这种“不说真话”的行为最终可能导致逆向选择问题的产生，也就是被投资企业的实际风险可能比私募股权基金所声称的要高，而实际回报可能比私募股权基金所报告的要低。其结果是机构投资者把钱投给了较差的私募股权基金，优秀的私募股权基金被较差的私募股权基金所驱逐出市场。从投资者的角度来看，投资得到的回报降低了；从全社会的角度来看，社会上的资源未能最有效地得到配置。

私募股权基金的经理与机构投资者之间存在明显的信息不对称性的情况下，当前的私募股权基金的投资回报水平“说真话”了吗？加拿大约克大学副教授 Douglas Cumming 的一篇文章《国际上私募股权基金的收益和信息披露》（Private Equity Returns and Disclosure around the World）探讨了私募基金在信息披露的过程中是否“说真话”的问题。该文认为影响投资组合实际回报水平表现的主要因素有：市场环境，私募股权基金的特性，被投资公司的经营特性，以及私募股权基金与被投资公司的交易安排等等。相对机构投资者而言，私募股权基金对被投资企业的经营状况处于绝对的信息强势地位，完全有可能利用机构投资者的信息不对称性而操纵投资回报水平，进而左右投资人的投资决策行为。如果高估现有投资价值的好处大于高估现有投资的代价时，私募股权基金经理将有动机去故意高估基金中的资产价值。既然如此，那么私募股权基金在什么条件下更有可能"不说真话"呢？

Cumming（2007）通过位于法兰克福的私募股权研究中心（Center of Private Equity Research）搜集了丰富的私募股权基金在1971年至2003年向投资者公布的数据，包括了72位私募基金经理掌管的221家私募股权基金的5 038个投资组合。根据Cumming的研究结论，私募股权基金在以下条件更有动机去高估尚未实现的投资价值。

首先，越具有信息不对称特性的投资，越容易出现资产价值的高估现象，因为这种信息不对称使得机构投资者很难分辨资产的实际价值以及对资产实际价值产生影响的主要因素。Cumming认为当私募股权基金投资组合中企业数量较多，被投资企业的规模较小，或者被投资企业属于某些特别行业的时候，私募股权基金会更有动机去刻意高估被投资企业资产的价值，这一点和Kanniainen与Keuschnigg（2003）的研究结论十分相似。

其次，相对不够严格的会计标准以及不够清晰的法律体系会诱使私募股权基金不向投资者透露真实的投资情况信息。Cumming将不同国家的私募股权基金所处于的法律环境的要素进行了拆分，并对不同法律环境下私募股权基金投资的内部报酬率水平（IRR）进行的比较发现，在法律体系以及会计标准相对不完善的国家，私募股权基金未实现投资所报告的内部报酬率水平平均要高于那些法律体系以及会计标准完善的国家的基金。尽管由于私募股权基金内部报酬率数据的方差较大从而使得这种报酬率均值的差异在统计学上并不显著，但至少数据暗示出了私募股权基金可能在不完善的体系中"不说真话"的趋势，而且值得今后的进一步研究。私募股权基金的会计信息披露是减少信息不对称的一种方式。在一些会计标准不够严格的国家，会计信息披露的数量和质量往往不能满足社会需求。会计信息数量和质量两方面的问题反而加大资本市场主体间信息不对称的程度，使得投资者难以区分究竟是私募股权基金有意高估其投资的回报还是在报告期至私募股权基金退出期之间公司实际价值发生了变化。在这种情况下，私募股权基金可以将投资回报的高估归因于市场环境恶化导致了被投资企业最终实现价值的下降，那么私募股权基金刻意高估资产价值的行为可能造成的声望损失就较小，更有动机去做出高估被投资企业价值的行为。

第三，私募股权基金经理的个人声望是不可或缺的品牌资源，管理者的投资运作理念先进与否以及其在市场中形象的好坏决定了该基金能够在市场上获得充裕的资金资源。因此，私募股权基金经理为了维持“声望”这种无形资产的时候，就不得不尽量“说真话”。现实经验也表明，私募股权基金的声誉成本的大小与未实现投资的估值高低之间存在显著的负相关性。Cumming 将具有不同经验的私募股权基金经理进行区分，并且以 5 年的时间为标准区分了这些基金的成立时间长短。结果显示出缺乏足够行业经验和声望的私募股权基金经理由于在市场上积累的声望较小，因此高估资产价值可能带来的潜在声誉损失也较少，而且为了证明他们的投资能力并吸引市场上更多的机构投资者的注意，他们比那些资深的经理们更有动机去高估其投资的资产价值。此外，那些成立时间少于 5 年的基金更加不愿意向投资者报告他们在尚未实现的投资上的损失，原因可能他们更需要尽快获得足够的声望以吸引市场上其他投资人的投资。相比之下，有丰富行业经验和声望的私募股权基金经理倾向于保守地对未实现的投资收益进行估值。

第四，高估资产价值的行为应该更容易出现在投资的初期阶段。在 Cumming 的数据中，处于起步阶段的 56 个未实现投资样本平均内部报酬率为 126%，而对应的 34 个已经实现的投资样本的内部报酬率仅仅为 48%，两者相差了 78%。在早期阶段的投资中，数据也显示出了相似的结果。而私募股权基金在扩张期企业的投资样本中，未实现投资收益与实际已实现投资收益的差距仅为 8%，明显比那些更早期的投资要少。私募股权基金所投资的企业在报告期内的估值水平可能显著地高于私募股权基金在退出该企业时所实现的实际回报水平，这种风险投资计量价值的减少可能是由于市场环境的恶化而导致，也可能是某种特殊的影响因素导致了私募股权基金经理未能在报告期意识到这种潜在价值的变化。由于投资初期阶段距离私募股权基金退出被投资公司的期限仍很长，在较长的投资期间内很难区分究竟是私募股权基金有意地高估资产价值还是在报告期至退出期内资产的实际价值发生了不利的变化，从而造成声誉损失的可能性和损失程度也会较小。

最后，私募股权基金全部退出被投资公司的情况下，相比部分退出而言，未实现投资回报总体上有着更高的估值水平，也就是说，私募股权基金的部分退出，可能有助于更加现实合理的估值。私募股权基金部分退出的目的实际上是为了减轻退出时作为出售方的风险投资和购买方之间存在的信息不对称现象。风险投资不选择全部退出而是选择保留原来投资企业的部分股份，是表示风险企业质量较高的一个积极的信号，也在一定程度上暗示着私募股权基金对该企业未来前景的看好和对当前估值水平合理程度的认可。

私募股权基金相对投资者在信息方面的不对等地位，决定了私募股权基金在操纵信息上的主动权，降低了资本市场上资源配置的效率。如何纠正这种不对等地位，从而迫使私募股权基金“说真话”呢？

为了使得私募股权基金“说真话”，最根本的解决办法是消除信息不对称问题。我们可以采取一些手段尽可能准确地反映私募股权基金投资运作的情况，避免信息失真的现象发生。然而，在私募股权投资项目中，私募股权基金与被投资企业往往通过一些非常复杂的合同关系来约定投资人和创业者之间的利益、风险以及激励机制等，而且被投资企业出于维护自身在市场中利益的考虑也有着一些经营项目保密的需求，所以完全敞开地向众多投资者披露基金运作的详细信息是不现实的选择。问题的关键在于究竟应当通过何种方式准确地反映私募股权基金的运作情况。

为了准确地反映私募股权基金的运作情况，首先需要考虑的应当是建立并完善私募股权基金信息披露的会计标准。更加严格的会计标准使得私募股权基金的信息披露建立在透明且可比较的基础之上。私募股权基金按照相同的会计标准对其投资的资产回报进行估计，能够使得投资回报之间具有可比性。这样可以有效地减少由于个别私募股权基金高估其投资回报而导致的资本在不同私募股权基金之间的不合理分配。

此外，行业的自律监管与政府监管相结合的模式是适用于私募股权基金监管的手段。私募股权基金的信息披露离不开政府的监管，因为严重缺乏透明性的私募股权基金在缺乏政府管制的市场环境下，很容易形成行业的混乱，当其行为失控时甚至可能引起整个金融市场的动荡。然而，由于私募股权基金投资的专业性，仅依靠政府的监管是显然不够的。政府并不一定具备足够的私募股权基金的行业知识和经验，而且政府的过度的行政干预也可能会抑制整个私募股权基金行业的长远发展。因此，在政府的适度管制之外还需要借助整个私募股权基金行业的自律性监管来增加其透明性。也就是说，在政府监管的基础之上，通过私募股权基金行业的专业人士之间构成的自律组织的配合，实现私募股权基金之间的相互制衡来减少信息不对称问题，诱使私募股权基金尽量“说真话”。

最后，信息获取之后也可以通过外部的独立组织进行公开的客观的评估。这种独立组织通过收集、加工私募股权基金披露的信息，聘请专业人士利用其专业知识和行业经验对私募股权基金的投资运营情况进行评价，并将这种经过加工的信息进行出售，有助于减少由于投资人专业知识的匮乏而导致的信息不对称现象。

风险投资基金的融资来源与投资活动之间的关系

风险投资的发展并非一帆风顺。在风险投资基金的资本市场上，资本供需双方常常存在着巨大的“资本鸿沟”，许多有项目的创业者找不到资金，而握有风险投资基金的人又苦于找不到“中意”的项目。那么，在风险投资基金的资本市场上，是否存在着一种统一的准则，使得一定的资金来源对应着相应类型的投资活动，从而化解“资本鸿沟”，搭建起一座有效的桥梁呢？

Colin Mayer，Koen Schoors 和 Yishay Yafeh 三位教授在这方面做出了大胆的尝试，力求寻找到风险投资基金的资金来源和资金的投资活动之间的必然联系，联合撰写了《风险投资基金的资金来源及其投资活动：来自德国、以色列、日本、英国的例证》（Sources of Funds and Investment Activities of Venture Capital Funds：Evidence from Germany，Israel，Japan and the UK）。这篇文章写于 Koen Schoors 和 Yishay Yafeh 这两位分别来自比利时和以色列的教授作为客座教授访问牛津大学期间，而 Colin Mayer 则是牛津大学赛德商学院的院长，三位来自不同国度的专家相聚一起，为我们带来了全新的研究成果，并且发表在 2005 年 6 月的《公司金融期刊》（Journal of Corporate Finance）上。

《风险投资基金的来源与其投资活动：来自德国、以色列、日本、英国的例证》是对于风险投资领域的行业研究，关注于风险投资基金的融资结构尤其是其资金来源对投资活动的影响。在“投资者—风险投资家—企业”的风险投资链条中，无论是投资者到风险投资家的环节，还是风险投资家到企业的环节，都已经经过了广泛的讨论。相对于其他风险投资行业的文献，这篇文章另辟蹊径，着眼于投资者和被投资企业之间的联系，以其独特的视角进行了分析。

文章分析的样本选自德国、以色列、日本和英国四个国家的 500 家风险投资公司，包括187只德国风险投资基金，119只以色列风险投资基金，140只英国风险投资基金和62只日本的风险投资基金。现有的文献关注美国的风险投资基金较多，在美国之外的其他国家，如英国、日本、以色列和德国，风险投资的发展也都表现出了显著的特征。此外，文章中选取的这四个样本国家属于不同的金融体系，德国和日本属于银行主导的金融体系，英国是一个市场主导但也有别于美国金融体系的国家，被誉为世界第二硅谷的以色列则孕育了无数风险投资投资高科技企业的成功故事。在欧洲，德国和英国可以说是风险投资业最具有代表性的国家，单这两个国家的风险投资总额占整个欧洲大陆投资总额的一半以上。

文章另一大亮点还在于，对不同国家的风险投资行业进行分析的其他文献中，大多采用以国家为研究对象的汇总数据，而在这篇文章中，选取的数据则细化到了不同国家的不同风险投资基金，作者针对在不同国家背景下的单个风险投资基金进行了分析。

整篇文章的脉络清晰，围绕风险投资基金的融资和投资活动，进行了学术探讨。文中既有周密的逻辑推理，又不乏严谨的回归检验，有理有据。下面让我们跟随三位教授的思路，逐层探寻风险投资基金的投融资活动之间的联系。

首先，作者分别对各个国家的样本数据，从风险投资基金的资金来源，对企业投资的各个不同阶段，投资活动涉及的不同的产业类型，和涵盖的地域范围等方面进行了描述性分析。

统计数据表明，目前来看英国的风险投资基金平均规模达到900百万美元，是日本风险投资基金平均规模的8倍，以色列的12倍。德国单个风险投资基金的信息缺失，但由其大略的统计数据估计可得，其风险投资基金的平均规模和以色列大致相同。如果采用中位数而非平均数作为风险投资基金的衡量标准，则可以发现在样本中的四个国家，中位数都小于平均数，例如，英国采用中位数衡量的单个风险投资基金规模为140百万美元。这说明，在这些国家存在相当一部分的小规模的风险投资基金（见图1.4）。

在选取的四个国家中，风险投资机构采取了不同的组织形式。在取自日本的样本中，所有的风险投资基金都是以公司制的形式设立，并且往往附属于银行、券商等金融机构。取自德国的样本中，大约有四分之一的风险投资基金采用了公司制的组织形式且成为上市公司。而在英国，有限合伙制是最普遍的风险投资基

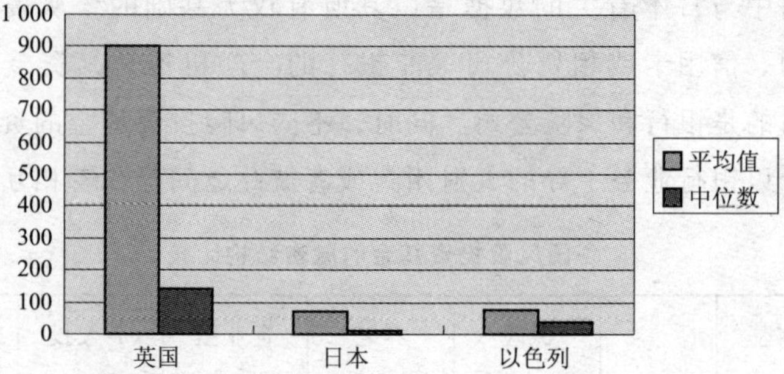

图 1.4　三国风险投资基金规模

金的组织形式。

在投资方式方面，日本、德国和以色列的风险投资基金主要采用普通股的形式，此外，以色列有近二分之一的风险投资基金投资于可转换证券（Convertible Debt），德国有六分之一采用提供贷款的方式进行投资。相比较而言，美国的风险投资基金的投资方式则高明得多。美国的风险基金的投资方式多以投资于可转换优先股（Convertible Preferred Stock）和可转换债券（Convertible Bond）为主。这样的投资方式主要是为了风险投资基金在被投资企业未上市时能拿到较高的股利或债券利息，而在被投资公司上市后将可转换优先股或可转换债券换成普通股，享受资本利得的好处。

表 1.4、表 1.5 显示了四个国家风险投资基金的融资结构。例如，在德国，银行是风险投资基金最重要的资金来源，其所占的比例几乎是处于第二位的个人投资者的两倍，其数据表明样本中 187 只风险投资基金中有 110（即 187 ×0.59）只基金中含有来自银行的融资。根据表 2 中的数据，在德国，单单依靠银行进行融资的风险投资基金达到 60% 以上。而令人感到惊讶的是，同样是银行主导型金融体系的日本，仅有 21% 的风险投资基金单单依靠银行进行融资。与此同时，养老基金并没有作为德国风险投资基金的融资渠道出现，这与英国的融资结构形成鲜明对比。在英国的融资渠道中，养老基金和个人投资者的资金占有相当大的份额，政府资金也占有 24% 的比例。而在以色列和日本，政府资金作为融资来源的份额几乎可以忽略。以色列国家的风险投资基金来源分布广泛，企业投资者（尤其是来自美国的企业投资者）则是最受欢迎的融资来源。由于日本的风险投资基金采用股份公司的组织形式，公司的股东也就是风险投资基金的资金提供

者，所以表格中与日本有关的数据是以其所有权为基础的。从表 1.4 中可以看到，证券公司、信用卡或租赁公司等非银行的金融机构是其资金的最主要的来源，紧随其后的是银行和保险公司。同时，不同风险投资基金的资金提供方往往附属于同一个以银行业务主导的大财团，或者彼此之间存在着相互的联系。

表 1.4　　各国风险投资基金的融资结构比较

	样本基金个数	银行	保险公司	养老基金	企业投资者	个人投资者	政府	其他机构
德国	187	0.59	0.22	0	0.16	0.36	0.09	0.21
以色列	119	0.51	0.11	0.02	0.60	0.36	0.01	0.54
日本	62	0.56	0.43	0	0.27	0.21	0.03	0.80
英国	140	0.44	0.36	0.49	0.26	0.45	0.24	0.55

通过对表 1.5 的观察，可以发现一个十分有趣的现象，在总体上，德国的风险投资基金比其他三个国家运用了更少量的融资渠道，与此形成鲜明对比的是，以色列、日本和英国的风险投资基金倾向于运用较多的筹资渠道，尤其是英国的风险投资基金大概有四分之一采用了四个或者更多的融资渠道。

表 1.5　　各国风险投资基金中不同的融资渠道个数所占百分比

国家 \ 融资渠道的个数	1	2	3	4 或更多
德国	61%	22%	9%	8%
以色列	38%	27%	21%	15%
日本	21%	39%	29%	11%
英国	35%	16%	15%	24%

文中将风险投资的种子期、初创期投资被归为早期阶段投资，扩张期、成长期投资被归为中期阶段投资，过桥期、晚期投资被归为晚期阶段投资。表 1.6 列

示了不同国家风险投资基金投资阶段的情况。作者以数值的大小来表示分阶段投资的早晚，对早期、中期和晚期阶段投资分别赋值为1、2、3。这种作法既以数值的大小表明了变量的性质，又方便了作者在下面分析中的回归检验。通过以不同阶段投资所占的份额为权重进行加权平均，作者计算出了平均投资阶段的数值，当然这个结论建立在各国对于存在正投资额的各个阶段投资金额相等的假设之上，同时作者也考虑了一只风险投资基金投资于多个创业企业的情况。例如，在以色列的98只风险投资基金中，有91只（即98×93%）投资于早期阶段企业，48只（即98×49%）投资于中期阶段企业，27只（即98×28%）投资于晚期阶段，则其投资的平均风险阶段为$\frac{91\times1+48\times2+27\times3}{91+48+27}$，结果为1.4，表明以色列的投资多处于早期阶段投资和中期阶段投资之间。德国和英国的风险投资基金投资于各个阶段的企业，并且对于晚期阶段的投资稍有偏向。在日本，风险投资基金青睐于晚期阶段的风险投资，而对处于种子期和初创期的企业支持甚少。

表1.6　各国风险投资基金的分阶段投资分布

	样本基金个数	早期（1）	中期（2）	晚期（3）	平均阶段
德国	187	0.68	0.89	0.74	2.0
以色列	98	0.93	0.49	0.28	1.4
日本	57	0.15	0.19	0.65	2.5
英国	140	0.48	0.84	0.80	2.1

接下来，作者描述了不同国家的风险投资基金的投资行业分布情况。从表1.7中可以看出，以色列和日本的风险投资基金偏重于IT和软件行业的投资，同为欧洲国家的德国和英国风险投资基金投资行业的分布则表现的非常相似。此外，日本的风险投资基金在电子和半导体行业的投资只占很小的份额，原因在于在这个的领域的研发工作往往需要一些大规模的公司的支持。表1.8揭示了单个风险投资基金投资不同产业的数量分布。在英国和德国，风险投资基金广泛投向各个领域，表现为所投资行业的多样化，在以色列，则有相当一部分的风险投资基金专注于一个行业。

表 1.7　　各国风险投资基金投资的行业分布

	样本基金个数	生命科学	IT 和软件行业	电子和半导体行业	制造业	服务和其他行业
德国	183	0.21	0.23	0.16	0.23	0.17
以色列	95	0.24	0.51	0.16	0.08	0.01
日本	56	0.26	0.49	0.05	0.06	0.14
英国	140	0.17	0.26	0.15	0.24	0.19

表 1.8　　各国风险投资基金投资不同产业的数量

国家 \ 不同产业的数量	1	2	3	4 或者更多
德国	9%	16%	15%	60%
以色列	39%	23%	17%	21%
日本	3%	12%	42%	42%
英国	11%	7%	7%	75%

表 1.9 描述了各国风险投资基金投资活动的地域范围。在这里，作者采用了与风险投资基金的分阶段投资部分相同的分析方法。用 1 至 4 的数字来表示投资范围的分散程度，数字越大，表明投资的范围越广。文中把投资范围仅限于国内的风险投资基金赋值为 1，投资分布在国内不同区域的赋值为 2，投资分布在一个同一大陆区域的赋值为 3，投资范围扩散到两个或是两个以上大陆的赋值为 4。由于日本风险投资基金的有关数据只细化到投资国外资金所占的比例，并没有细化到具体的区域，所以对日本风险投资基金采取了另一种描述方式：若资金投资于国内的一部分区域则赋值为 1，投资范围仅限于日本国内则赋值为 2，有不足 50% 的资金投资于国外则赋值为 3，超过 50% 的资金投资于国外则赋值为 4。如表 1.9 中所示，四个国家的风险投资基金投向的地域范围存在显著的差别。英国的风险投资基金最为国际化，近 24% 的基金设计境外投资。与此形成鲜明对比的是，在德国接近 32% 的风险投资基金只投资在国内的范围之内。

表 1.9　各国风险投资基金投资的地域分布

	国内局部地区（1）	本国范围（2）	本国和整个大陆（3）	世界（4）	平均
德国	34%	32%	18%	17%	2.18
以色列	1%	67%	25%	7%	2.35
日本	13%	44%	38%	5%	2.28
英国	16%	24%	35%	24%	2.68

在对数据从各方面分别进行描述之后，文章着重分析了风险投资基金的来源和投资活动之间的关系。在初步的分析过程中，作者没有考虑国家之间的区别，把四个国家的数据作为一个样本整体来分析，通过对于数据的统计回归分析，得出了以下一般性结论：

（1）以银行为融资来源的风险投资基金倾向投资于国内、处于晚期阶段的制造业和生物技术产业。

（2）以养老基金和保险公司为融资来源的风险投资基金倾向投资国内、处于早期阶段的制造业和生物技术产业。

（3）由个人投资者支持的基金倾向投资于国内、处于早期阶段的高科技产业（如生物技术、计算机或是电子产业）。

（4）由企业投资者支持的风险投资基金倾向投资于国外、处于早期阶段的高科技产业。

（5）以政府为主要融资来源的风险投资基金倾向投资于国内、处于早期阶段的高技术产业。

对于在风险投资基金的资金来源和投资活动之间的联系，我们通过理论分析，可以推导出同样的结论。例如，银行具有获取信息的规模优势，可以利用其信息优势识别已经得到广泛认同的产业或发展相对成熟的晚期阶段企业，此外，由于其特殊的负债结构和借长贷短的经营行为带来的风险（Maturity Transformation Risk），银行必须对被投资企业进行严格的筛选和监督以实现稳健经营，所以以银行为融资来源的风险投资基金往往投资于当地或本国的企业；养老基金和保险公司同样多投资于易于监管的国内企业。但与银行不同的是，养老基金和保险公司面临的流动性风险较小，可用于投资企业的资金存续期长，所以以养老基金和保险公司为融资来源的风险投资基金倾向于投资于早期阶段企业；个人投资者偏好于出奇制胜地追逐超高利润的投资方式，他们往往投资于运用新技术的产业，投资范围扩展到国外；对于企业投资者来说，投资的目的在于发掘成熟后可以进行收购的新兴公司萌芽，并借此巩固其在技术行业中的技术优势和垄断地位，所以以企业投资者为融资来源的风险投资基金倾向投资于国外、处于早期阶段的高科技产业；政府承担着纠正市场失灵的任务，所以其往往投资于国内需要长期资本投入的高风险行业。

初步得出风险投资基金的融资来源和投资活动之间的联系后，文章进一步放松假设，在分析过程中加入了国别的因素，从而探索在不同的国家，风险投资基金的资金来源和投资活动之间是否表现为相同的联系，同时也便于我们来衡量跨越不同国家，金融市场是否为一个统一的整体。

统计分析的结果表明，尽管在英国和以色列，以银行作为融资来源的风险投资基金大多投向渐趋成熟的企业，但是在德国和日本，银行支持的风险投资基金并没有明显的投向早期或是晚期阶段企业的倾向。此外，企业和个人投资者支持的风险投资基金投资于早期阶段企业这条法则只适用于德国和日本，而在英国和以色列并没有生存的土壤。政府资金支持的风险投资基金青睐于早期阶段企业适用于德国，而非英国。不同国家的融资来源和投资活动的关系总结如表 1.10 所示：

表 1.10　　不同国家的融资来源及其投资活动

融资来源	市场主导型国家	银行主导型国家
银行	晚期阶段投资，较低科技产业	
企业和个人投资者		早期阶段投资，高科技产业
政府		早期阶段投资，高科技产业

尽管在英国、美国，养老基金已经成为风险投资基金的主要融资来源，但在日本、德国和以色列，养老基金作为风险投资基金融资来源只占很小的份额，甚至可以忽略，所以，在文中并没有得出以养老基金作为融资来源的风险投资基金在不同国家的活动之间的比较。政府扶植和相关法律法规的规定在养老基金作为

融资来源的发展过程中扮演着重要的角色。例如，在日本，养老基金有限制投资于风险类企业的规定，而美国在 1978 ~ 1981 年连续通过了 5 个重要法案，允许养老基金介入风险行业。

数据验证之后，从理论上我们也可以寻找到根源。例如，在银行主导型国家，银行和企业在业务上存在紧密的联系，这在一定程度上降低了银行面临的信用风险和违约风险，从而银行用于风险投资的头寸可允许较长的占用期，可以投资于早期阶段企业，以银行为融资来源的风险投资基金投资于晚期阶段企业的规律便发生在市场主导型国家；在市场主导型国家，资本市场发达，各种金融工具的多样化分散了企业、个人和政府的投资，提供了更多的投资机会，使其不必将资金集中以风险投资基金的形式进行投资，从而，企业、个人投资者和政府投资于早期阶段、高科技产业的情况往往出现在银行主导型国家。

由此可见，在资本市场上，不同国家的风险投资基金的运作并没有一成不变的范式，即便是相同的资金来源在不同的国家也往往扮演着不同的角色。但是，为什么会存在着这样的差别哪？从表 1.10 中，我们可以看出：金融体系的不同是影响风险基金的来源和投资活动之间联系的重要因素。风险投资基金作为一种富有效率的运作方式，应与本土原有的投资机制融为一体，才能显现出其优势。

跳出统计分析和回归检验的圈子，我们会发现在现实世界中，还存在着很多影响不同国家风险投资基金的资金来源和投资活动之间的关系的因素。比如商业文化背景不同也可以看作是影响其关系的一个因素。冒险和创新是美国文化的重要特征，在敢于冒险方面，美国人堪称世界的楷模，美国人的“西部开拓”精神为风险投资提供了天然土壤。在英国和德国，经常犯错误的人是不受欢迎的，从而导致投资风格相对保守。同样，在日本，风险投资的社会基础不及美国，日本投资行为的过于求稳，冒险精神和合作意识不强，这也带来投资活动的差别。除此以外，政府的政策导向、金融创新和金融自由化的程度也都会影响风险投资基金的资金来源和投资活动之间的关系。

中国的风险投资基金处在探索中的阶段，模仿或是复制其他国家的发展路径都是不可取的。参考其他国家的风险投资基金运作的范式，可以让我们通过有创新的积累来确定本国风险投资基金的运作方式，探求更加本土化的模式，从而与本国的经济体系完全融为一体。

市场环境对 PE 基金经理投资行为的影响

近两年全球私募股权基金发展迅猛，这些 PE 控制了上千亿的基金，在全球资本市场上翻云覆雨。如果可以打造一个“PE 国”，在世界各国国民生产总值的列表上，这个“国家”估计可以有实力打进前十。在这个 PE 大国里，运筹帷幄的军师就是各位 PE 掌管人——PE 基金经理。这些军师是如何驾驭这些巨额资金，哪些因素左右他们的投资决策，这些问题很值得研究。

影响私募股权基金经理的投资行为的因素究竟有哪些？这个问题涉及到 PE 市场三个主体：投资者、私募股权基金和被投资企业，他们之间相互影响，关系复杂。纽约大学 Stern 商学院的 Inderst Roman 和 Holger Mueller 于 2003 年在 JFE 发表的一篇论文中指出，资金的供需变化会直接影响私募股权基金投资的估值与成功率，以及私募股权基金寻找投资目标和筛选所需时间。基于对美国私募股权基金市场的实证研究，有学者指出私募股权的资金流入是由创业企业的资金需求决定的，而过多的资金流入会导致“金钱追逐交易”（Money Chasing Deals）现象。

同为纽约大学 Stern 商学院的 Alexander Ljungqvist 和 Matthew Richardson 两位教授2003 年的一篇名为《私募股权基金经理的投资行为》（The Investment Behavior of Private Equity Fund Managers）的文章进一步验证和完善了 Inderst Roman 和 Holger Mueller 的观点，并且从微观层面分析了私募股权基金经理面对不同经济环境时的投资行为。文章通过对美国过去二十年私募股权基金市场的一组数据进行实证研究，分析了在资金供给短期刚性的前提下，来自创业企业的资金需求冲击如何影响基金经理的投资行为，哪些因素决定了：① 私募股权基金投资速度；② 私募股权基金投资回报速度；③ 私募股权基金退出决策。

本文最大的亮点在于数据的选取。两位作者都是Stern商学院Solomon中心的研究教授，他们的数据来自于某机构投资者最近20年来的真实交易数据，该机构投资者是美国最大的私募股权基金投资者之一。出于保密性原因，文中作者将该投资者匿名为“某有限合伙人”（LP），同时对该投资者投资的私募股权基金以及基金的投资组合都进行了匿名保密。该LP从1981年开始投资于私募股权，数据截至2001年。选取的数据中既有风险投资（Venture Capital，约占样本的四分之一），也有收购基金（Buyout Funds）。作者选取的这位有限合伙人的投资策略比较具有代表性，它的投资策略不存在挑选特殊偏好。例如，它不存在只投资于“基金中的基金”（Fund-of-funds）现象，在它的投资策略中，投资于“首支基金”（First-time Funds）和“第二次募集基金”（Second Funds）的比例各占大约四分之一，其余的则是第三次募集基金或者更晚期募集基金。

作者选取的样本基金一共投资于3 800个企业。基于Venture Economics公司的行业划分，将该有限合伙人投资的基金的投资组合中的企业划分为“生物科技”（3%）、“信息媒体”（17%）、“电脑相关”（18%）、“制药与生命科学”（7%）、“半导体和其他电子科技”（4%）、“非高科技行业”（45%）和“其他类”（6%）7大行业。非高科技行业占比重较大，也反映了样本数据中收购基金的比例较大的特征。

私募股权基金通过私募的形式，从机构投资者和其他投资者处募集资金，对非上市的创业企业或新兴企业等进行权益性投资。投资者按照其出资份额分享投资收益，承担投资风险。作者假设这些投资者竞争性的提供资金，在这个前提下，如果资本市场是理性的，则投资者只有在私募股权基金的风险调整回报率至少等于或大于资本市场的平均回报率时，才会投资于私募股权。私募股权基金然后将募集到的资金投资于需要资金的企业项目。那些有着正的净现值和较高预期回报的项目无疑成为企业的竞争首选。这些被基金投资的企业在各自的领域里又面临着不同的行业竞争。行业竞争与波动即通过这种方式来影响私募股权基金经理的投资行为。为了解释这种传导机制，假设创业企业所处的行业出现了一次冲击，这种冲击可能是一种新的网络技术的问世，一项新的生物制药的研制等等。在这种冲击下，企业家们将会出现资金需求。许多研究认为在市场极度信息不对称和高度不确定性的情况下，私募股权基金是对企业家来说相对最“便宜”的融资方式。在一个完美市场的前提下，资本会在这个时候迅速注入私募股权基金，然后被基金投资到需要资金的企业。哈佛商学院的Gompers教授认为私募股权基金大部分的资金流入和流出都是由这种需求冲击引起的。

然而，这些都是在完美市场的假设下发生的。现实情况下，私募股权基金的资金供给并不能像假设的那样迅速，而是在短期存在一定的刚性。造成这种短期的供给刚性的原因主要有：首先，众所周知，私募股权投资是非流动的，这种投资缺乏一个活跃的二级市场；其次，私募股权基金一旦募集完成后基金规模是不能随便变动的，这样的话，面对资金需求的增长，募集一支新基金需要一定的时间；最后，可能也是最重要的，每一位基金经理特殊的技能不是在短时间内就能被轻易复制的，这些技能包括投资项目的筛选、投资交易构造、对被投资企业的监管等，在很大程度上这些技能是基于基金经理多年的从业经验。

在这种不完美市场的框架下，作者对私募股权基金经理的投资行为提出了以下观点：市场中投资机会的大小，私募股权基金市场竞争的强弱和私募股权基金自身对冲击的反应灵敏度是决定基金经理投资行为的主要因素。投资机会越大，市场竞争越弱，以及基金自身对冲击的反应越迅速时，基金越具有优势，基金经理能够越快完成对投资项目的筛选和交易构造，基金能越快地完成对投资者的资本回报与摊派，基金也能越快地完成资本退出；反之基金经理则要耗费越多的时间来完成投资项目筛选、投资交易构造、投资资本摊派以及投资资本退出。作者通过实证分析来验证以上观点是否成立。

首先，从基金层面研究影响私募股权基金投资决策和退出决策的主要因素，分析了在不完美私募股权基金市场的框架下，一支私募股权基金是如何在它的整个投资生命期间进行投资的。私募股权基金完成募集后，基金经理并不是马上将募集到的资金进行投资，而是通过信息搜集和信息分析，对项目进行筛选，发现合适的投资对象时才会从募集到的基金里抽取资金进行投资。

来看看样本基金的现金流情况：在1981年到1993年成立的已经结束投资生命期的73支基金，平均对募集金额的94.8%进行了投资。1994年以后成立的基金由于许多还处在投资生命期中，投资活动仍然在进行，因此不能对其投资比例进行精确统计。

图 1.5 中纵轴是样本基金在投资生命期内（从 1 到 10 年）各自的累积现金流①除以其基金募集金额得到的数值的平均数。横轴是基金成立年数。首先来看投资比例：在投资期的前三年，基金平均将其募集金额的 56.8% 进行了投资，第六年末，平均投资比例达到了 90%。不同基金的个体差异在图中没有体现出来，这种差异是比较大的，例如有的基金在第一年就将募集金额的 80% 进行了投资，而有的基金在 10 年投资生命期结束后仍未投资超过 80%。其次来看收益分配率：投资前几年，基金的收益分配较少，但是随着被投资企业的成长壮大，盈利增多，基金的收益分配逐渐增多。在第七年收益分配基本上超过了初始资金的投资，投资资本开始获利（Capital Gains）。基金的平均收益分配是初始投资资本的 106.8%，是全部募集金额的 94.3%。但是，这些数据是所有样本数据中的基金的平均数据，不要忘了样本中还有许多基金仍然处于投资生命期中，投资活动仍在进行，许多项目还没有完成退出工作。作者对已经结束投资期的 73 支基金进行的统计显示，这些基金获得了初始投资资本 2.59 倍，全部募集金额 2.45 倍的收益回报。

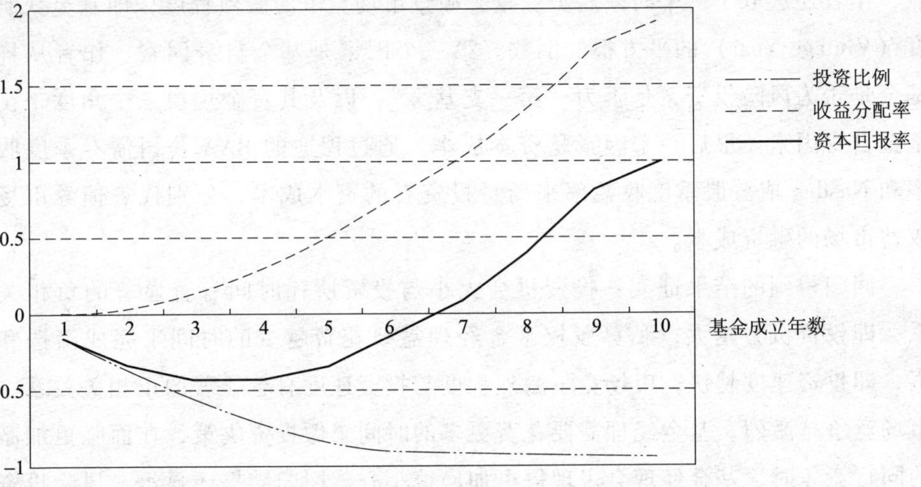

图 1.5　样本基金在投资生命期内的投资比例与投资回报

① 私募股权基金投资涉及的现金流主要有四类：终止的投资交易，包括资金的退还和相应的银行利息；冲销，现金流出；投资退出完成后的现金分配；投资退出完成后的股票分配。

在对现金流做出描述性统计分析后，作者研究了决定私募股权基金投资比例和收益回报的因素。首先研究的是决定基金投资比例的因素。作者以基金从成立到其投资比例达到一定数额（分别研究了 70%，80% 和 90% 三种情况）所经历时间（即投资速度倒数）为研究对象，分析了影响这段时间长短的四个主要因素。第一个因素是投资机会的大小。投资机会的大小又可以通过 7 类被投资行业中获得私募股权基金投资的企业的数量（通过美国 Venture Economics 公司获取的数据）来衡量，数量越多即表明投资机会越大。考虑到 1999 年第一季度到 2000 年第二季度年间美国经济出现过过热现象，导致投资机会十分充足，作者还引入了一个虚拟变量来剔除这段特殊时期对研究结果的影响。第二个因素是市场竞争激烈程度。市场竞争激烈程度可以用基金成立当年竞争对手的资金规模和基金投资企业所处行业获得私募股权投资累积总额来衡量，竞争对手的资金规模越大，基金投资企业所处行业获得私募股权投资累计总额越大，即表明市场竞争越激烈。因为样本基金跨越时间区间比较大，一般公认随着市场的完善以及监管机制的成熟，较晚成立的基金比较早成立的基金面临着更激烈的竞争。考虑到这一点，作者还选取了一个时间趋势变量来衡量市场竞争的激烈程度，即基金获利年度（Vintage Year）的平方根的倒数。第三个因素是基金自身因素。作者从样本基金是否为风险投资，是否为“第一支基金”，以及其资金规模三个角度来衡量基金自身因素。最后一个因素是资本成本。通过穆迪的 BAA 公司债券季度收益率和 Nasdaq 成分股季度收益率来衡量投资者的资本成本，分别代表债券市场和权益市场的融资成本。

回归得到的结果证实：投资机会大小与投资所耗时间有着显著的负相关关系，即投资机会越大，私募股权基金经理需要花费越少的时间来完成筛选和投资，即投资速度越快；市场竞争激烈程度与投资速度有着显著的正相关关系，即市场竞争越激烈，基金经理需要花费更多的时间来做投资决策，在面临更加激烈的同行竞争时，基金经理会表现得更加谨慎小心。回归结果还显示，风险投资比收购基金花费更多的时间来做出投资决策；资本成本方面，债券市场收益率对基金经理决策速度的影响比较大，而权益市场收益率的影响比较小，但是作者没有对此给出解释。模型的卡方检验结果十分显著，实证分析的结果也充分验证了作者之前提出的观点。

其次，作者随后研究了影响投资回报的因素。作者以基金从成立到将募集金额的 M 倍（分别研究了 1 倍，1.5 倍和 2 倍三种情况）回摊给有限合伙人所经历的时间（即投资回报速度倒数）为研究对象，分析了影响这段时间长短的四个因素：前三个因素和上一个研究相同，分别为投资机会的大小、市场竞争激烈程度和基金自身因素，但是第四个因素由资本成本变成了市场条件。市场条件又由四个因素来衡量：穆迪的 BAA 公司债券季度收益率、Nasdaq 成分股季度收益率、基金投资的企业所处行业当季度发生的 IPO 的数量以及基金投资的企业所处行业当季度发生的购并的数量。后两个因素分别代表 IPO 市场和 M&A 市场的活跃程度。

实证结果证实：投资机会的大小与投资回报所耗时间有着显著的负相关关系，即投资机会越大，私募股权基金经理能越快地从投资企业获得资本利得并将其返还给有限合伙人；市场竞争激烈程度与投资回报所耗时间有着显著的正相关关系，即市场竞争越激烈，基金经理投资越难，需要越长的时间来对有限合伙人进行资本回报摊派。同时，便宜的债券融资，股票市场的良好表现，接受性强的 IPO 市场以及活跃的 M&A 市场，都会导致更快的投资回报速度。

最后，作者将目光从私募股权基金身上转移到了被投资企业身上，从企业的角度来研究基金的投资退出策略，即影响基金投资退出速度的因素。研究方法与前面相似，以一支基金从投资于某个企业到退出对该企业的投资（通常是通过 IPO 或是出售），然后对有限合伙人进行现金分配或股票分配所经历的时间（即持有期）为研究对象。影响该段时间长短的因素也有四个，与第二个研究相同，分别为投资机会的大小、市场竞争激烈程度、基金自身因素和市场条件。作者分别分析了风险投资、收购基金和全部基金三种情况。风险投资的持有期通常比收购基金长，因为风险投资更倾向于投资非成熟的成长型企业，从孵化期到成熟期需要更长的时间。最后的实证结果显示：投资机会越大或者基金面临的竞争越弱，换句话说也即投资环境越好，私募股权基金投资退出速度越快，或者说持有期越短。金额越大的投资退出速度也越快，因为更短的持有期意味着更高的内部收益率，在其他条件相同的情况下，基金经理当然会将注意力更多地放在那些金额更多对投资回报率影响更大的大项目上，于是导致这些投资项目退出速度越快。市场条件对基金的退出决策也有非常大的影响，例如当高回报债券变得更贵的时候，退出会被推迟。这种影响对于收购基金更为明显，因为它们与杠杆交易市场联系十分紧密。

与以前的研究相比，本文有两个明显的优势：首先，作者得到了一个在实际存在的有限合伙人投资的所有私募股权基金的所有完整的现金流记录，包括每笔现金流的时间。因此将私募股权基金经理的决策与市场竞争激烈程度、投资机会通过时间变量联系起来，令它们之间的关系变得更加清晰明朗。其次，作者不仅从基金层面，从整体上对私募股权基金的投资行为进行描述性统计分析，而且从企业层面，从微观上研究了每一支基金的投资组合投资决策。Alexander Ljungqvist 和 Matthew Richardson 的这篇研究私募股权基金经理投资行为的文章，从实证角度分析了投资机会、竞争程度、基金素质和市场条件等因素对基金经理投资筛选、投资交易构造、退出决策和投资回报率的影响。由于研究是建立在一个不完美的私募股权基金竞争市场之上，因此具有较强的反观我国私募股权资本市场发展的参考价值。

来自股市发源地荷兰的报告：监管对私募基金的影响

我国可以参照西方发达国家相对成熟的法律法规和监管标准，结合我国的实际国情，建立灵活有效的监管体系。在微观层面，一方面要明确监管部门，另一方面应充分发挥行业协会的职能，以期构建一个政府监管与行业自律有机结合的、灵活有效的监管体系。为了使私募基金保持创新的特性，应该以间接监管、非现场监管为主，以直接监管、现场监管为辅的原则。我国应建立私募基金登记备案制度和私募基金自己的信息披露制度。除非私募基金有违规的运作，监管主体不得以任何理由干预基金的事务。

金融危机以来，针对私募基金监管缺位的问题，美国国会出现了众多对私募基金、基金管理人及交易产品加强监管的提案。如何有效监管私募基金行业，成为美国政府全面重整金融监管计划的主要考虑部分。2009 年 3 月 26 日，美国财政部向国会提请全面重整金融监管，其中，减少系统风险的举措就包括了建立对衍生品市场、私募基金、大型保险公司的联邦监管等内容。

具体针对私募基金行业，财政部向国会提议：所有管理一定资产以上的基金管理人，须向美国证监会注册；所有在美国证监会注册的基金管理人管理下的私募基金，都应符合监管机构在投资者及交易对手方信息披露方面的要求，以及监管机构的报告要求。财政部的上述提议，无疑对私募基金行业将产生重要影响。

加强对私募基金的监管，也逐渐成为国际社会的共识。2009 年 4 月 2 日，G20 伦敦峰会发表声明，决定扩大监管措施的适用范围，将所有对整个金融系统来说都十分重要的金融机构、金融工具和金融市场涵盖在内，并首次覆盖对整个金融系统来说都十分重要的对冲基金。预计某些被监管机构认定为具有系统重要性的 PE 和对冲基金，将被纳入监管体系。

Douglas Cumming 教授（美国伦斯勒理工学院 Lally School of Management and Technology）在《银行与金融》（Journal of Banking and Finance）上发表的《一致性监管和私募股权市场的发展》（REGULATORY HARMONIZATION AND THE DEVELOPMENT OF PRIVATE EQUITY MARKETS）以荷兰市场为样本的研究认为，有效且一致性的监管已经被证明对股票交易有促进性的作用，协调一致的监管体系对股票市场的繁荣产生了积极的影响。对于私募基金，根据针对荷兰机构投资者的调查和实证研究，研究人员得出了与股票市场相似的结论。

通过筛选，研究人员选取了 100 个具有代表性的机构来研究监管与私募基金投资的关系，其中包括 56 家养老基金、25 家保险公司和 19 家银行及其他金融机构。这 100 家机构投资者在 2005 年平均投资于私募基金的资产占他们总资产的 1.09%，2006 年至 2010 年这个值为 1.44%，其中有 19 家机构投资者把超过其总资产的 2.5% 投资于私募基金，而超过 5% 和 7.5% 的分别有 10 家和 6 家。并且，这些机构投资者有在未来投资于其他国家私募基金的趋势，特别是一些大型的机构投资者。他们表示出在 2006 到 2010 年有强烈的投资于荷兰以外国家私募基金的想法，其中有 3 家准备把所有的私募基金投资都投资到荷兰以外的欧洲，有 1 家计划将所有的私募投资于美国，还有一些投资者计划将他们私募投资的 1/3 投资于亚洲。

投资于私募基金的热情上升与监管准则的变化显然脱不了关系。在荷兰，近年来有过调整修改的且较有影响的对于金融市场的监管规定主要有三个：2004 年 6 月 26 日最终定稿的巴塞尔新资本协议（Basel Ⅱ）、2005 年修改完毕的新国际财务报告准则（IFRS）和 2006 年修改完毕的新财务评估标准（FTK）。

Basel Ⅱ 主要是针对银行体系的监管，通过对商业银行计算信用风险加权资产和操作风险加权资产的规范，约束商业银行内部建立完整而全面的风险管理体系，达到保证全球银行体系稳健经营的目的。虽然 Basel Ⅱ 对保险公司和养老基金等没有直接的监管权利，但它同样可以给这些机构投资者的投资带来影响。一方面，机构投资者在考虑其投资的效率时，肯定会考虑风险，这样就会有多样化投资的要求，而私募投资比股票市场有更高的收益期望。另一方面，按照 Basel Ⅱ 的要求，在投资之前必须进行详细的审查；即使机构投资者对 Basel Ⅱ 嗤之以鼻，比如保险公司和养老基金不必遵守 Basel Ⅱ，但这些资金的提供者和利益相关方却可能是 Basel Ⅱ的拥护者，为了使他们的资产更加安全，他们也当然会要求这些机构投资者在做资产分布和投资决定时参考 Basel Ⅱ的相关规定。因此，Basel Ⅱ直接地或者间接地都对私募投资产生影响。

IFRS 是国际会计准则委员会（IASB）所颁布的一项全球公认的易于各国在跨国经济往来时执行同一个标准的制度，用于规范全世界范围内的企业或经济组织会计运作的指导性原则，使各国的经济利益可在一个标准上得到保护，不至于因参差不一的准则和不同的计算方法而造成不必要的经济损失。从 2005 年 1 月 1 日开始，IFRS 要求欧盟的上市公司必须将财务报表交给 IFRS 进行审批。在这一点上，荷兰更走在了前面，从 2005 年 2 月起，在欧盟中率先要求所有的非上市公司也必须将财务报表交给 IFRS 审批。

制定报表的标准不同可能影响机构投资者在私募基金中的投资，有些私募公司在评估其资产时相对稳健，他们只有在投资收益确保的情况下才将其计入资本，但另外有些私募公司，尤其是那些第一次投资的公司在处理其报表时显得比较激进，他们将其糟糕的投资表现略过不谈，而夸大其正在投资项目的价值。这样就使得私募公司提供的 IRR 缺乏可信度。当 IFRS 定下统一的财务报告标准后，不管是上市公司还是非上市公司均按照 IFRS 的要求相对公正的记录其公司的资产。通过制定统一的标准，私募公司尤其是那些仍未退出项目的私募的可信度得到增加，使得机构投资者更加乐意于投资私募基金。

FTK 是与荷兰的机构投资者最直接相关的监管制度之一，这个监管实施的目的是要将国际上或者欧盟中的一些标准引入到荷兰，FTK 第一次要求在评估资产风险等级时，不能由单个评估主体完成；风险评估模型必须充分考虑到投资机构整个的投资组合。因此，在 FTK 框架下投资组合的多样化就显得尤为重要。这肯定会刺激机构投资者的多样化投资，私募基金与传统的投资渠道如股票市场和债券市场的关联性不大，因此 FTK 的变化将会刺激机构投资者加大对于私募基金的投资。实证的结果也支持了这一判断，FTK 监管加强了机构投资者在私募基金中的投资，包括基金的基金和跨境投资。数据显示，如果将监管一致性的重要程度分为 5 个等级（1 为最低等级，5 为最高等级），每上升 1 级，机构投资者对私募基金投资的可能性将增长 20%，投资量增长 0.9%。Basel Ⅱ对机构投资者投资私募基金的影响类似，不过没有 FTK 的明显。IFRS 在多元回归的条件下不支持这一论断，但在单变量回归时，也可以得到对机构投资者投资股权私募基金有影响的结论。总而言之，FTK 对于投资股权私募基金具有最大的影响。

对于监管，机构投资者与私募基金的态度是对立的。一般说来，私募基金更加乐意将他们投资的项目对公众保密，不希望其财务报表被监督。他们认为，尽量少的监管可以使投资于私募基金的资金更加充足，因为在决定投资项目时，他们不需要考虑来自监管方的因素，可以专注于项目本身，更容易带来丰厚的回报。另一方面，机构投资者认为对私募基金监管的缺乏与私募基金财务报表的不规范是他们考虑不投资私募基金最重要的因素。

事实上，私募基金受到的监管要比共同基金少得多，私募基金在投资一个项目时，不太愿意将他们投资的详细情况透露给机构投资者，尤其是那些还没有退出的私募投资。私募基金受到的惟一监管是，如果基金具有一个公司实体，或者有有限合伙人，那么私募基金将受到他们的监督。或者，有些私募基金为了税收上的利益（比如以研发成本抵税）以某些政府部门的名义注册时，就将受到政府部门的监管。与共同基金的最大不同是，在实际投资操作中，私募基金不受到任何形式的监管。

虽然私募基金更多地披露其信息有助于加大机构投资者对于私募投资的投资力度，但私募基金的经理还是强烈地反对更多地披露信息。首先，披露信息需要成本，可能这些成本会超过由于披露信息而带来的投资增加所产生的收益。私募基金投资的那些公司（项目）也不愿意将他们的信息公之于众，这样可能会导致其现金的流动受到很大的限制。其次，相对于较成熟的私募基金来说，信息披露更可能给新的私募基金带来好处。在风险投资市场，对于未来的预期往往来自于过去的表现。成熟的私募基金如果在过去有一个良好的投资记录，他们根本不用担心他们的资本状况。对于这些表现优良的私募基金来说，有一大批的机构投资者希望向他们注资。因此，信息披露不会给他们带来额外的好处，并且，基于阻止潜在竞争者进入该市场等原因，他们也不愿意更多地披露其信息。

监管的缺乏往往伴随的是高风险和流动性的不足。私募基金的有限合伙人一般来说要求可以持续 10 年的时间，私募投资的项目带来回报的过程也很长，因此流动性很差。另外，机构投资者在投资私募基金时面临着比其他投资更大的监管和管理成本，要求他们拥有更加高超的对私募基金资产评级的技术。相对于投资于私募基金的可能高收益，机构投资者往往更在乎其投资资产的安全性，因此在投资私募基金时慎之又慎。

相比而言，机构投资者受到更加严格的监管，投资于私募基金的资产比例受到严格的控制，他们还必须为其提供的产品对消费者负责。养老基金、保险公司和银行的客户更容易受到冲击，因为他们很大一部分的资产都在这些机构。因此对机构投资者的监管必然会很严厉，以防止他们拿普通老百姓的钱不顾风险地寻求高收益，机构投资者一般都被要求提供不同的合适的产品以适应不同顾客的需要。资产的分布应该在风险和收益之间取得很好的平衡，有能够应付各种期望到的以及没有期望到的债务的能力。

在我国，近年来高速发展的经济为私募基金的发展提供了一个良好的外部环境。本土私募基金也开始大力发展。2006 年 12 月末，由国家发改委审批的惟一一家产业投资基金——渤海产业投资基金挂牌。2007 年，国家开发银行先后参与了中意曼达林基金、中国风险投资母基金、中非发展基金等 3 个产业投资基金的设立。但总的说来，从法律法规、监管体系到市场机制和私募从业人员，我国的私募基金还是存在着很多问题，亟需大力改善。

从荷兰的例子来看，监管对于私募基金业的发展至关重要。但目前我国政府的定位比较模糊，没有一个主导私募基金的管理部门，尚不能形成有效监管；在监管理念上，也主要偏重于对中小企业的扶植，忽视了私募投资发展所带来的风险以及可能对金融体系所产生的冲击。而事实上，投资者的利益是私募基金健康发展的基石。由于投资者与私募基金是一种信托关系，在把资金投入私募股权中的同时也丧失了对其资金的独立支配权。因为信息的获取不平等，投资人在管理人和托管人处于劣势地位，需要法律监督的保护。具有良好的监督环境，投资者才会对私募基金有信心，从而踊跃投资；同时，政府对私募投资的重视程度不够，对于处于起步阶段的私募投资业，在税收等方面没有相应的优惠和政策支持。

我国可以参照西方发达国家相对成熟的法律法规和监管标准，结合我国的实际国情，建立灵活有效的监管体系。

金融危机以来，各国都提高了对金融系统性风险的重视程度，提出了宏观审慎性监管的新监管理念，将与私募基金相关的可能引发系统性风险的金融机构、产品和市场均纳入相应的监管范围。虽然我国目前的私募基金市场无论是规模还是成熟程度都不能与发达国家的市场相比，但也应该未雨绸缪，将私募基金放在整个金融系统之中统筹监管。另外，我国还需加强与他国监管机构以及国际性金融组织的合作，在私募基金的信息共享、预防化解金融危机等方面多做努力。

在微观层面，一方面要明确监管部门，另一方面应充分发挥行业协会的职能，以期构建一个政府监管与行业自律有机结合的、灵活有效的监管体系。为了使私募基金保持创新的特性，应该以间接监管、非现场监管为主，以直接监管、现场监管为辅的原则，我国应建立私募基金登记备案制度和私募基金自己的信息披露制度。私募基金的设立无需审批，但是为了保障投资安全，私募基金的设立、变更、终止应当到证券监管机构办理登记备案手续。有关私募基金的投资情况和资产状况等信息不需要向社会公众公开，但是必须让投资者了解，让监管机构掌握，以便控制风险，因此必须建立和完善私募基金备查和定期报告制度。除非私募基金有违规的运作，监管主体不得以任何理由干预基金的事务。

私募市场对我国发展风险投资和高新技术企业具有重要意义。目前，我国高新技术企业的经营规模小、风险高，只能寄希望于风险投资和私募融资，国有企业和上市公司通过私募市场引入合适的战略投资者和机构投资者，对于解决国有企业和上市公司“一股独大”和优化企业的公司治理结构具有重要作用，而且通过引入全球领先的产业巨头和其他行业内的优势企业，能够扩大协同效应，提高企业价值和竞争实力。

新兴国家巴西的 PE/VC 经验

众所周知，美国在体制环境方面有着其他国家所不能比拟的优势，不论是发达的资本市场、成熟的运作机制，还是多样的投资工具、强大的金融服务支撑以及最为重要的完善的法律规范，都为 PE/VC 的发展提供了强大的驱动力。

而巴西这样的新兴经济体在体制环境，尤其是法律体制方面存在着很多缺陷，这就决定了 PE/VC 若要在这些国家开花结果，必定要在一定程度上改变其模式以适应该国的体制环境，从而使得这些国家的 PE/VC 产业呈现出一些不同于美国模式的特征。

中国的 PE/VC 发展状况和面临的主要障碍与巴西有很多相似之处。究其原因，最根本的还在于中国也面临着类似巴西的体制问题，因此，同样作为经济高速增长的新兴经济体，巴西在完善其经济和体制环境，为 PE/VC 产业提供更大的支持方面所做出的一系列尝试和举措对中国也有一定的参考和借鉴意义。

私募股权基金和风险投资（PE/VC）源于美国，伴随美国的体制环境的完善已逐步形成完整的投资模式，对美国高新产业和传统产业发展起到了巨大的推动作用，催生了美国新经济的产生。受到这些硕果的激励，很多国家开始尝试发展自己的 PE/VC 产业，包括众多新兴经济体。但是，PE/VC 模式是针对美国的体制环境被设计出来并据此发展的，其能够在何种程度上被其他国家成功运用尚未可知。

来自巴西圣保罗大学 FGV 商学院的三位教授 Leonardo de Lima Ribeiro、Antonio Gledson de Carvalho 和 Cláudio Vilar Furtado 的文章《新兴经济的私募股权基金和风险投资：来自巴西的证据》（Private Equity and Venture Capital in an Emerging Economy：Evidence from Brazil）通过丰富的数据展现了巴西的 PE/VC 产业的发展历程和现状，并在巴西经验的基础上，探讨如何调整投资策略以使私募股权基金和风险投资（PE/VC）适应新兴经济。

经过 20 年的发展，巴西的 PE/VC 产业总值已积累至 50.7 亿美元（这其中包括已获得的投资和即将获得的新投资），占 GDP 总值的 0.84%。1999 年，巴西 PE/VC 产业年度投资额达到历史最高水平的 4.56 亿美元（占国内生产总值的 0.08 %），此后的年度投资额就一直稳定在 2 亿美元到 3 亿美元的水平之间。

表 1.11 描述了从 1999 年到 2004 年巴西的 PE/VC 产业资本发展过程。巴西 PE/VC 产业的投资总值占 GDP 的比例平均在 0.06%，另一方面，退出总额却随着时间的推移明显的增加，2004 年达到 2.61 亿美元（占国内生产总值的 0.04%），在过去六年中第一次超过投资总额，这说明巴西已存在一个非常积极的退出渠道。

表 1.11　　巴西私募股权投资市场概况

资本（百万美元）	1999	2000	2001	2002	2003	2004	平均
投资资本	3 583	4 778	4 846	4 553	4 577	5 071	4 568
	(0.67)	(0.79)	(0.95)	(0.99)	(0.90)	(0.84)	(0.86)
增加资本	—	1.212	290	260	159	473	479
	—	(0.20)	(0.06)	(0.06)	(0.03)	(0.08)	(0.09)
已投资资本	456	379	281	261	256	253	314
	(0.08)	(0.06)	(0.05)	(0.06)	(0.05)	(0.04)	(0.06)
退出机制	1999	2000	2001	2002	2003	2004	总计
IPO	—	—	—	—	—	9	9
	—	—	—	—	—	(29.0)	(5.6)
出售	4	13	8	6	6	15	52
	(57.1)	(39.4)	(21.6)	(24.0)	(27.3)	(48.4)	(32.1)
二次出售	—	16	1	1	4	2	24
	—	(48.5)	(27.0)	(4.0)	(18.2)	(6.5)	(14.8)
回购	3	1	8	3	9	8	32
	(42.9)	(3.0)	(21.6)	(12.0)	(40.9)	(25.8)	(19.6)
清算	—	3	20	15	3	4	45
	—	(9.1)	(54.1)	(60.0)	(13.6)	(12.9)	(27.8)
完全退出合计	7	33	37	25	22	38	162
部分退出合计	1	3	6	5	2	4	21

众所周知，美国在体制环境方面有着其他国家所不能比拟的优势，不论是发达的资本市场、成熟的运作机制，还是多样的投资工具、强大的金融服务支撑，以及最为重要的完善的法律规范，都为PE/VC的发展提供了强大的驱动力。

而巴西这样的新兴经济体在体制环境，尤其是法律体制方面存在着很多缺陷，这就决定了PE/VC若要在这些国家开花结果，必定要在一定程度上改变其模式以适应该国的体制环境，从而使得这些国家的PE/VC产业呈现出一些不同于美国模式的特征。为了更明晰的阐述上述问题，三位教授从组织结构、风险投资公司的投资对象和投资者以及退出机制等方面，通过数据分析了巴西PE/VC产业与美国和欧洲在模式上的差异。

第一，PE/VC机构组织形式。

（1）从机构组织形式上看，巴西的PE/VC公司大多数采用公司制，这些公司管理的资本额达到PE/VC行业总资本的53.6%，其次由金融机构控制的17家公司也扮演着重要的角色，管理着行业总资本36.8%。这基本与欧洲相似，在欧洲的750家PE/VC机构中，有66%的企业是公司制的，但是由金融机构控股的公司只占总数的19%，而合资企业和政府全资拥有的公司则为数众多，分别占到总数的8%和7%。

（2）从机构所属国别来看，在巴西的PE/VC机构中，占绝对多数的是巴西本土机构（72.2%），管理59.7%的资本，其次是美国公司（15.4%），管理着34.7%的资本。两者所管理的资本之和达到投资在巴西的全部PE/VC资本的94.4%。这揭示了美国和巴西在PE/VC市场之间的紧密联系。

（3）在产业的区域性分布来看，掌控着巴西PE/VC产业98.6%资本的公司都聚集在圣保罗和里约热内卢。更进一步，这部分风险投资中的66.8%被27家公司控制，这些公司全部位于巴西的金融中心圣保罗的Faria Lima和Berrini Avenues。区域的集中性是PE/VC行业的典型特征。在美国，Silicon Valley和Route 128这两个高科技产业中心能够获得34%和15%的风险投资。巴西PE/VC机构的集中性与提供金融服务的中介机构的地域集中性有关，同样也与潜在的投资合伙人以及风险投资公司并购者的集中性有关。再者，巴西的PE/VC产业还具有资本集中性。巴西最大的前十家机构拥有总资本的68.6%，而最小的50家机构只掌握总资本的 20.1%。据美国国家风险投资协会（2005）的数据显示，在美国资本同样具有集中性。在 NVCA 的全部 476 家会员中，有 62 家拥有超过 10 亿美元的资本，最高的可达 65 亿，而规模最小的 247 家机构的资本均不超过 1 亿美元。

第二，PE/VC 的投资对象。

截至 2004 年 12 月，在总共 90 家 PE/VC 机构中，77 家机构总共投资了 265 家公司，其余 13 家风险投资机构则仍然维持着他们最初的投资。这 265 家源自 315 笔交易，这说明其中的 233 家接受风险投资的公司都只有一位 PE/VC 投资人，其余 45 家公司则受到 2～5 位投资者的联合投资。因此，在巴西只有不足 30%（92/315）的交易是通过联合投资的形式实现的，而在欧洲这一比例可达 50%。这一比较说明，在巴西，PE/VC 机构间的合作还非常少，这或许是由于激烈的行业竞争和建立信誉的强烈期望促使企业更愿意采取独立投资。

在 PE/VC 投资领域，IT 和电信（尤其是软件）是最受青睐的行业，PE/VC 这种投资形式更倾向于帮助那些具有高成长性和创新性的企业融资。而在巴西，PE/VC 基金近乎平均地投资于包括高新技术产业和传统行业在内的各个产业部门中。根据 OECD（2005）对 29 个国家风险投资基金投资方向的调查结果显示，在其中 19 个国家，有超过 40% 的风险投资基金被投向 IT、电信、生物科技和公共卫生行业。在美国，这些行业获得风险投资的比例超过 70%。欧洲接受风险投资的企业有 30% 集中在软件和互联网行业，在巴西这一比例为 22.1%；对工业产品部门的投资额在欧洲风险投资公司的投资组合中所占的比例为 11%，巴西则为 8.7%。两者最大的差别在于风险投资公司对生物科技和医药行业所给予的关注度上。对这两个部门的投资额在欧洲风险投资公司的投资组合中占到 14%，在巴西的仅为 4.9%。有研究指出，PE/VC 机构倾向于根据产业部门的细化而实行专业化投资，但是在巴西，接受风投最多的三个部门所获得的全部投资额只占全部投资额的 45%，与欧洲的 55% 相比，说明巴西的 PE/VC 经理人并未选择产业部门专业化的投资策略，而是采取了更一般化的投资方式。

PE/VC 这种投资形式被设计出来是为了给那些处于早期发展阶段、信誉尚未建立起来、有形资产比较匮乏、现金流呈负的状态的企业提供融资的。然而根据企业发展的需要，许多处于成熟阶段的企业也同样成为 PE/VC 机构的投资对象。在巴西，有 41.1% 的企业是在早期阶段通过种子资本（13.7%）或者创业资本（27.4%）的形式接受其第一笔风险资金的注入，而 37.3% 的公司是在扩张阶段接受的风险投资，在成熟阶段接受风险投资的企业为 16%，其他阶段如并购、管理层收购、过桥融资等只占到 5.7%。欧洲的风险投资更集中于早期阶段，有 42% 的成员企业是通过创业资本的形式获得的风险基金，有 17% 的成员企业是以种子资本的形式获得的风险基金。美国 NVCA（2005）的一项调查显示，其成员全部风险投资的 51.5% 投向了处于发展初期的企业，表明美国PE/VC产业也倾向于向那些处于早期阶段的企业提供融资。

第三，PE/VC 基金来源。

巴西风险投资基金的主要来源有以下几个：17.2% 来自养老基金，其中来自巴西国内的养老基金占据了主导地位，占全部养老基金的 78%；15.9% 来自公司企业，其中的 43% 来源于外国公司；还有 10.3% 是来自银行，尤其是跨国投资银行；剩余的部分则来自于基金中的基金（Fund of Funds）、保险公司、信托、捐赠和个人财富等。另外，政府部门通过几个专职机构（如 FINEP，BNDES，SEBRAE and Banco do Nordeste）向 30 家风险投资基金提供 2.55 亿美元作为发展基金，担当类似角色的若干多边机构也向在巴西运营的 20 家风险基金提供了 1.31 亿美元的发展基金。在美国，养老基金也是 PE/VC 产业的最为主要的投资者，而欧洲的 PE/VC 产业则更多地依赖银行、保险公司和政府机构。

在美国，如果基金合伙人同时担任基金管理者，那么他需要向自身基金投资 1.0%，以使自身利益与投资者的利益高度关联，从而获得投资者的信任。在巴西，这种自我投资比例达到 5%，尤其是在外部投资者与基金合伙人合资的 27 家风险投资基金中，这一比例高达 14.5%。这一差异表明，在一个尚未成熟的PE/VC产业中，由于 PE/VC 公司尚未积累起坚实的信誉基础，同时权利义务的执行环节还较为薄弱，风险基金必须以更大的比例的自我投资作为手段以吸引投资者。

第四，PE/VC 的退出机制。

2004 年和 2005 年，有 16 家 PE/VC 支持的公司通过 IPOs 实现退出，包括

Natura（化妆品），Gol（低成本/低票价航空公司），ALL（铁路和物流），DASA（实验室服务），CPFL（发电和配电），TAM（客机），Submarino. com（互联网分销商），Localiza（租车）和 UOL（互联网服务提供商），这些公司在股票市场的融资额占巴西股票市场融资总额的 50% 以上，这说明巴西的 PE/VC 产业已拥有足够的经验和规模对股票市场发挥更大的影响力。但是在巴西主要的退出机制还是出售和回购。在美国，风险基金主要通过 IPOs 方式完成其退出，而欧洲的风险基金公司则有 30% 是通过出售的方式完成退出的，只有 5% 采用股票市场退出。

通过作者对各种数据的详尽分析，我们可以从更广阔的视角全面窥见巴西 PE/VC 产业的发展历程和成就。显而易见，巴西的 PE/VC 产业已经达到与该国经济的总体水平相适应的规模，并形成了具有自身鲜明特征的投资模式。但作者认为，与目前世界上最为成熟的美国 PE/VC 模式相比，巴西的 PE/VC 发展水平不尽完善，体制因素成为该国 PE/VC 发展的主要障碍。

相对于美国完善的体制环境而言，巴西的体制环境还存在着诸多的缺陷，主要表现在机会成本过高、缺乏正规化的商业模式、企业文化缺失、股票市场欠发达、企业管理体系不完善、法律体系的低效率以及法律执行环节薄弱。这些体制缺陷限制了 PE/VC 在巴西的投资规模，并容易导致投资的失败，迫使各投资基金不断地审视其投资模式和投资环境，不断解决问题和积累经验，以逐步完善其在该地区的投资模式。

具体来看，这一阶段巴西 PE/VC 产业面临的主要窘境有：

（1）PE/VC 投资者是以追逐高回报为目标的，因此更倾向于投资那些期望回报率更高的企业。然而巴西多数创业企业的发展水平都难以达到风险投资公司的投资期望度。在巴西，审批程序的官僚化是一个尖锐的问题，从公司设立、取得建筑执照，到纳税、进出口货物产品都要经过层层审批。官僚和腐败有高度的相关性。由此造成的拖延和行贿增加了企业的直接和间接成本。这些费用对于规模较小的企业来说往往较高，阻碍了早期阶段的投资。

（2）巴西企业的税务负担是极其沉重的。税收程序本身就很复杂，而政府在执行纳税程序方面又效率低下。由此引发的财务报告可信度下降，监测难度加大和劳动力负担加重对 PE/VC 的经理和他们的投资者而言，无疑意味着风险的增加。因此，那些运作不规范的工业部门和公司往往不在 PE/VC 的经理人考虑的投资范围内。

（3）巴西的法律制度不够完善，司法部门效率低下，执行环节薄弱，很难积极有效的维护债权人和投资者的权益。细致复杂如精密仪器的 PE/VC 合同从订立到执行都举步维艰，其中任何一个环节出现问题，想依靠法律途径解决都将是一个极其耗费精力和时间的过程，由此给投资者带来的成本更是难以估量。所幸的是，仲裁在一定程度上缓解了这一问题，许多 PE/VC 组织已经将仲裁纳入其章程，巴西的相关管理部门也作出规定，所有根据证监会规例 CVM391 设立的基金，必须指定一个仲裁法庭作为其与投资组合公司解决潜在冲突的仲裁机构。

为了解决上述问题，使经济和体制环境向着更适于 PE/VC 投资的方向发展，从而激发 PE/VC 投资对产业部门的巨大推动力，在过去的五年中，巴西政府采取了许多重要举措：① 刺激 IPOs 市场复苏，鼓励由 PE/VC 提供风险融资的企业通过 IPOs 方式完成退出，培养股票市场成为有效的退出机制；② 养老基金获准投资在 PE/VC 上的资本限额上升至 20%，鼓励其成为巴西 PE/VC 产业主要的投资者；③ 不断降低利率，并使长期相对于短期的利率存在进一步下降的空间，增强本国 PE/VC 对投资者的吸引力，减少信贷成本，从而刺激杠杆收购；④ 制定更为健全的 PE/VC 规章，以求能够更为有效的保护机构投资者和个人；⑤ 加强股市运行机制建设，促进上市公司的优胜劣汰，促进中小企业上市；⑥ 鼓励基础设施公私合作（PPP）模式，并于 2004 年制定《公共与私营机构合作法》，这种模式是解决城市基础设施建设资金不足的有效办法，有利于扩大基础设施、运输服务和安全设施等领域的融资机会；⑦ 新的破产法将力求减少各种审批程序的时间，以降低企业的机会成本，促进社会资本周转；⑧ 简化税务程序，减轻公司的税务负担，一方面税务当局考虑将 PE/VC 投资机构视为封闭式基金征税，以降低风险投资投公司的税务负担，另一方面资本所得税从 22 % 降低至 15 %，对外国投资者则全面豁免；⑨ 完善各项法律法规的建设，创新法则旨在促进投资期望度较高的企业的产生和发展，新公司法增加了对投资者权益的保障。

从以上分析不难发现，中国的 PE/VC 发展状况和面临的主要障碍与巴西有很多相似之处。尽管中国发展 PE/VC 已有时日，并且涌现了一批成功案例，外资风险投资公司也看好中国的前景，纷纷涌入抢夺市场。但我们必须看到，中国的 PE/VC 投资很多时候是雷声大雨点小，失败的例子也比比皆是，究其原因，最根本的还在于中国也面临着类似巴西的体制问题，因此，同样作为经济高速增长的新兴经济体，巴西在完善其经济和体制环境以为 PE/VC 产业提供更大的支持方面所做出的一系列尝试和举措对中国也有一定的参考和借鉴意义。

劳工保证创投基金的模式分析

风险投资基金的组织形式大致可分为三类：合伙制、公司制和信托制。不同国家有不同的组织形式。在加拿大，传统的风险投资基金以有限合伙制为其组织形式，然而在20世纪80年代一种新型的组织形式－劳工保证创业投资基金（Labour Sponsored Venture Capital Corporations）在加拿大魁北克省兴起，20世纪90年代早期随之被引进其他省份。

由阿尔伯特大学商学院教授 Douglas J. Cumming 和多伦多大学法学院教授 Jeffrey G. MacIntosh 共同撰写的《比较风险投资治理结构：有限合伙制和劳工保证风险投资基金》(Comparative Venture Capital Governance: Private Versus Labour Sponsored Venture Capital Funds）一文对这种新型风投基金组织形式的管理模式、税收政策和对其他种类基金的挤出效应、在目标企业的资本结构和投资规模、资本累计情况以及经营业绩进行了分析。

LSVCC 的治理结构

劳工保证创业投资基金以公司制为其组织形式，但又不同于一般意义上的公司制，其基本组织结构如下：工会充当基金的发起人，他们通过持有一种特定的股票获得基金的一定所有权，这种特定的股票无权获得基金分红或在基金破产清算时取得其剩余索取权。但作为基金的发起人他们被给予固定费率的或占基金资产一定比例的报酬。同时，工会有权任命公司董事会的大多数人，但不负责基金的经营管理，通常基金被一个由管理人员和咨询人员组成的团队经营，他们按契约规定为基金提供管理服务。我们可以把劳工保证创业投资基金看成是传统共同基金和风险投资基金的混合体。传统共同基金的投资集中于上市企业证券，但劳工保证创业投资基金主要投资于中小型私人企业。同时，与传统风险投资基金的资金来源（主要是机构投资者、企业和富有的个人）和组织结构（主要是有限合伙制，普通合伙人充当管理层）也不同，个人是劳工保证创业投资基金的主要投资者，且以公司制为其组织形式。与有限合伙制相比，劳工保证创业投资基金有如下特点：

首先，劳工保证创业投资基金以公司制形式设立，而非有限合伙制。由于劳工保证创业投资基金以公司制设立，其存续期无限，丧失了有限合伙制固定期限对管理层潜在约束的优势。同时，劳工保证创业投资基金也可将其利润直接分配给投资者，但对其管理者却征收高额的个人所得税，即劳工保证创业投资基金只是部分地吸收了有限合伙制的税收优惠政策。

其次，劳工保证创业投资基金受制于公司法，投资者必须一次性缴纳股款，不能分阶段注资，这就产生了巨大的机会成本，尤其是当劳工保证创业投资基金集中投资于低回报债券和货币市场工具时。法律规定，一旦资金募集完毕，基金在初创的一两年内必须将一定比例的资金（大概 50% ~80%）投资于合规业务，如果不按法规行事，基金将受到严重处罚，未来的筹资也会受限。

最后，劳工保证创业投资基金有其独立的法规体系，并非完全照搬有限合伙制中的契约条文。例如，法律规定，在曼尼托巴省劳工保证创业投资基金的封闭期为七年，而在除魁北克（股票必须持有至退休）以外的其他地区则为八年（有限合伙制通常为十年）；投资者在封闭期内抽回资金将会失去税收优惠。较短的封闭期要求劳工保证创业投资基金必须保持足够的流动性，高的流动性可降低基金的风险但同时也降低了基金的预期收益率。同时，对四个省份的年筹资额也有一定的限制（2 000 ~4 000 万加元），未能使其充分利用规模经济效应。为了避免将资金大量投资于国债这类低风险金融工具，法律还规定所有省份的劳工保证创业投资基金应在其初创一两年内将一定比例的资金投向合规业务。此外，劳工保证创业投资基金对基金的投资行为、资产和雇员情况也有明确的规定。

不难发现，不管是有限合伙制还是劳工保证创业投资基金都存在着所有权和经营权分离的现象。在有限合伙制下，有限合伙人作为基金的主要出资人，他们有动力对基金的管理者进行监管，这非常有助于克服搭便车行为；而在劳工保证创业投资基金中，由于投资者大多是出资额较小的个人（基本为 5 000 加元或者更少），难免会产生搭便车行为现象。不仅如此，相对于有限合伙人这些理性的机构投资者而言，参与劳工保证创业投资基金的个人通常是一些噪声交易者，他们往往不善于对管理者施行有效的监管。再者，普通合伙人按约定的附加收益补偿，通常会获得基金资产20%的溢价收入，因此他们有动力使自己的经营行为与有限合伙人的利益保持一致；但在劳工保证创业投资基金中，工会并非基金的经济利益主体，他们只是充当基金发起人，获得固定的或占基金净资产一定比例的报酬。固定年费对工会的激励效果我们可想而知，而基于净资产的可变报酬虽然类似于有限合伙制下的附加收益补偿，但由于可变报酬只占净资产的很小比例，因此也是一种高度不完善的激励机制。劳工保证创业投资基金的管理层激励方式与有限合伙制基金对管理层的激励类似，但由于管理层受制于拥有选举权的工会，并非真正意义上的基金管理者，因此激励效果也一般。由此可见，劳工保证创业投资基金管理效率低下，极易产生高的代理成本。

LSVCC 的税收政策及挤出效应

为了吸引个人劳工保证创业投资基金的投资，加拿大各地区对参与此基金投资的个人提供了可观的税收优惠。表1.12介绍了安大略省的税收优惠政策情况。

表1.12　劳工保证创业投资基金节税表

这个表格反映个人投资额为5 000加元的劳工保证创业投资基金的节税额，结果显示仅从节税一项个人就可获得最少109.21%到最高323.73%的收益率（按2002年加元估算）。

税后收入	达到20 753	30 754 ~ 30 813	30 813 ~ 53 811	53 812 ~ 61 508	61 509 ~ 61 628	61 629 ~ 63 505	63 505 ~ 100 000	高于 100 000
注册退休储蓄计划	5 000	5 000	5 000	5 000	5 000	5 000	5 000	5 000
联邦抵税金额	750	750	750	750	750	750	750	750
省级抵税金额	750	750	750	750	750	750	750	750
联邦和省级抵税总额	1 500	1 500	1 500	1 500	1 500	1 500	1 500	1 500
注册退休储蓄计划节税额	1 110	1 410	1 560	1 655	1 855	1 970	2 170	2 320
联邦和省级个人所得税率	达到22.2%							

续表

税后收入	达到 20 753	30 754 ~ 30 813	30 813 ~ 53 811	53 812 ~ 61 508	61 509 ~ 61 628	61 629 ~ 63 505	63 505 ~ 100 000	高于 100 000
	达到 2 610	28.20%	31.20%	33.10%	37.10%	39.40%	43.40%	46.40%
抵税和节税总额	至少 2 390 109.21%	2 910	3 060	3 155	3 355	3 470	3 670	3 820
净实际支出成本		2 090	1 940	1 845	1 645	1 530	1 330	1 180
初始收益 =(5 000 - 实际支出成本)/实际支出成本		139.23%	157.73%	171.00%	203.95%	226.80%	275.94%	323.73%

由表 1.12 可知，当个人的投资额为 5 000 加元时（以注册退休储蓄计划形式参与投资），可获得联邦和省级抵税额 1 500 加元，如果个人的税后收入高于 100 000 加元，此项投资还可获得 2 320 加元的节税额，即投资者总共可获得 3 820 加元（即 1 500 + 2 320）的抵税和节税总额，其实际净支出成本仅为 1 180 加元（即 5 000 - 3 820），故其收益率为 323.73% [即(5 000 - 1 180)/1 180]。亦即当个人的投资额达到 5 000 加元时，他们不仅会获得 30% 的联邦和省级混合税收优惠，而且其投资可参与税收扣减，因此，5 000 加元的初始投资在享受各种税收优惠后只需大约 1 000 ~ 2 000 加元的成本（取决于个人所得），如果投资者在规定的持有期内不抽回资金，则其收益率会达到 100% 多，即使基金到期不进行任何分红。优惠的税收政策有利于吸引个人参与投资，但却加大了政府的税收负担。Osbourne 和 Sandler 就曾估算过仅 1996 年一年政府此类税收支出就达到了大约 4.5 亿加元。可观的税收优惠是近 20 年来加拿大劳工保证创业投资基金蓬勃发展的重要推动力。图 1.6 介绍了 20 世纪 80 年代以及 90 年代早期加拿大各省引入劳工保证创业投资基金前后处于不同发展阶段企业吸引风险投资基金的情况。

由图 1.6 可知，在引入劳工保证创业投资基金后，加拿大风险投资资本总量急剧上升，尤其是对处于初创期和扩张期企业的投资额迅速攀升。但同时

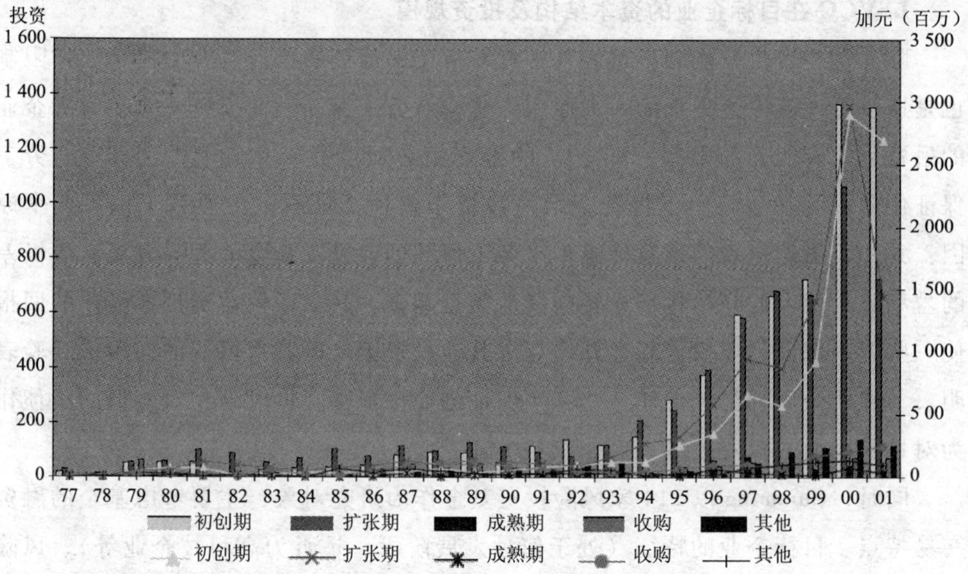

图 1.6　加拿大不同发展阶段企业吸引风险投资基金的情况（1977～2001）

Cumming 以 1977～2001 年间风险投资资本额为研究对象，通过建立多变量的供求函数，并运用虚拟变量进行回归分析得到：劳工保证创业投资基金对其他类型的风投基金（包括有限合伙制）有挤出效应，这种挤出效应已经造成政府每年 10 亿加元的风险投资资本损失。

为什么劳工保证创业投资基金会产生挤出效应呢？其生成机制如下：劳工保证创业投资基金的投资者可获得税收补贴，所以即使基金不获利，投资者仍能获得可观的收益率。如前所述，在安大略，即使基金的获利为零，只要投资者不在规定的持有期内抽回资金就会实现将近 100% 的收益率。与此相反，即使有限合伙制的许多投资者是免税主体，但由于政府对参与有限合伙制风险投资基金的投资主体不提供税收补贴，则如果基金的回报为零，投资者也将获得零回报。那么 20 世纪 90 年代有限合伙制风险投资基金的发展踌躇不前也就不足为怪了。可以预见如果劳工保证创业投资基金在未来保持继续增长，则挤出效应将进一步恶化。传统意义上，机构投资者是风险投资的主要投资主体，但事实表明由于挤出效应的存在，加拿大的机构投资者开始远离这个市场，这值得政府深思。

LSVCC 在目标企业的资本结构及投资规模

除了管理者自身能力不足之外，针对劳工保证创业投资基金的种种法律限制也是造成管理者决策欠优的一大原因。法律对劳工保证创业投资基金在目标企业的融资方式有明确的限制，如 60% 的筹资额必须投资于非负债性证券等。劳工保证创业投资基金倾向于将资金余额投资于负债类证券，主要基于以下两个原因：其一，虽然可观的税收优惠带来劳工保证创业投资基金的蓬勃发展，但极差的盈利收入使人们开始将目光转向其他类型基金。其二，权益类证券极差的回报使一些劳工保证创业投资基金开始寻求其他投资策略以获得可观的回报。经验表明，上述两个原因已经促使一些劳工保证创业投资基金将风险相对较低的负债作为对目标企业的投资工具，而非权益类证券。

同时，Cumming 以 214 家风险投资基金作为研究对象，主要考虑基金的融资交易特点、目标企业的特征（处于何种发展阶段、是否为高科技企业等）、风险投资基金自身的属性（存续期和风险投资公司管理的基金的个数）以及风险投资基金的组织形式（公司制、有限合伙制、国家主权基金、机构类基金还是劳工保证创业投资基金）。通过建立一个多元回归模型，他得出：平均来看劳工保证创业投资基金拥有最大的投资规模（38 个目标公司）国家主权基金次之（32 个目标公司），机构类第三（31 个目标公司）公司制排行第四（17 个），有限合伙制最少，平均只有 8 个。由此可见，与其他类型风险投资基金相比，劳工保证创业投资基金给目标企业带来较少的附加值。

LSVCC 的资本规模与经营业绩

在加拿大，劳工保证创业投资基金的资本累计额已经超过了其他形式基金的资本累计总额。截至 2001 年末，劳工保证创业投资基金的可控资本已超过 110 亿加元（按当时汇率折算大约 70 亿美元）。图 1.7 给出了 1992 ~ 2001 年间加拿大各种组织形式风险投资基金资本的增长情况。

图 1.8 给出了 1988 ~ 2001 年间劳工保证创业投资基金可控资本、非保值类投资的资本和新增资本的具体数据。

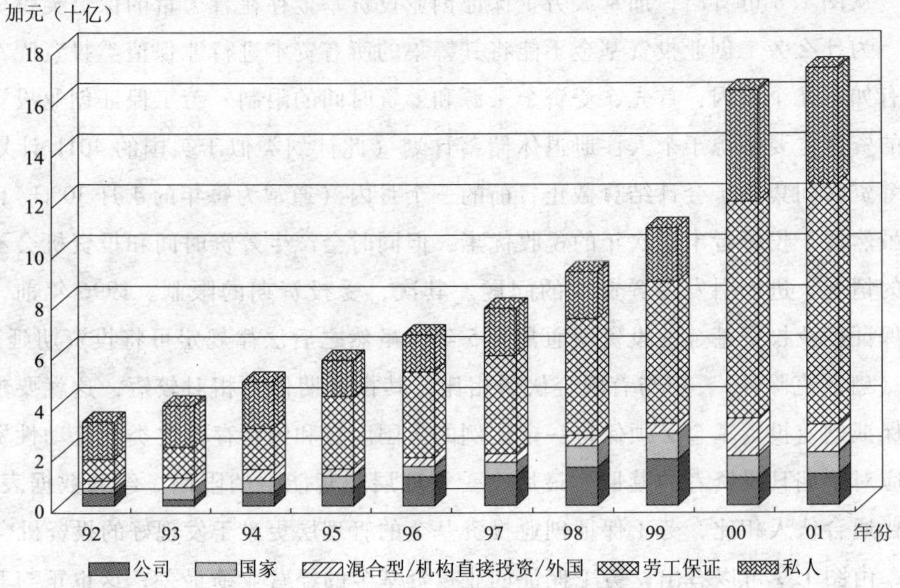

图 1.7　加拿大各种组织形式风险投资基金可控资本额（1992～2001）

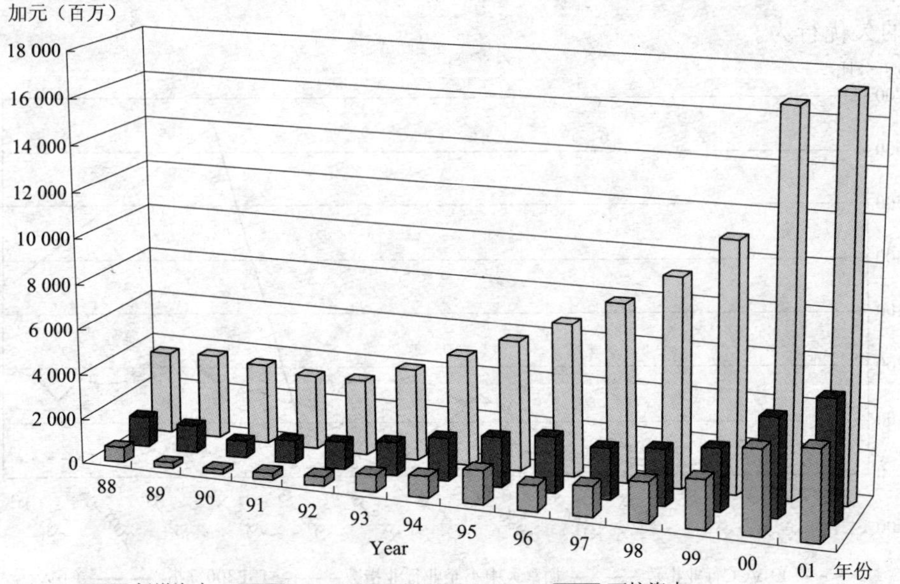

图 1.8　加拿大风险投资基金资本分布情况（1998～2001）

从图 1.8 可看出，加拿大劳工保证创业投资基金存在着大量的保值类投资资本。为什么劳工创业投资基金不能将其筹集的所有资本进行非保值类投资呢？主要有如下几个原因：首先，受资金来源和筹资时间的限制。劳工保证创业投资基金的资金主要来源于个人注册退休储蓄计划（此计划类似于美国的 401k 计划），且筹资时间集中于会计结算截止日前的三个月内（通常为每年的 4 月 30 日），这样虽然便于投资者申报次年的税收优惠，但同时会产生筹资时间和投资机会不匹配的情况，进而引发闲置资本的问题。其次，受投资期的限制。1996 年前，劳工保证创业投资基金的投资期通常为 5 年，虽然之后法律规定可将投资期延至 8 年（魁北克除外），但与有限合伙制相比，其投资期仍然相对较短，这就要求劳工保证创业投资基金必须保持一定比例的像国库券和银行存款之类的流动性资产来应对到期日投资者的赎回。最后，受管理层经营能力的限制。经验数据表明，与普通合伙人相比，劳工保证创业投资基金的管理层更难于发现好的投资机会。

由图 1.9 可以看出，劳工保证创业投资基金的经营业绩最差，这也正与其组织结构低效遥相呼应，但与其业绩较差不相匹配的是与其他种类的基金相比它更容易吸引投资者参与基金投资，这也从一个侧面反应了政府在配置风险投资资金上的欠优行为。

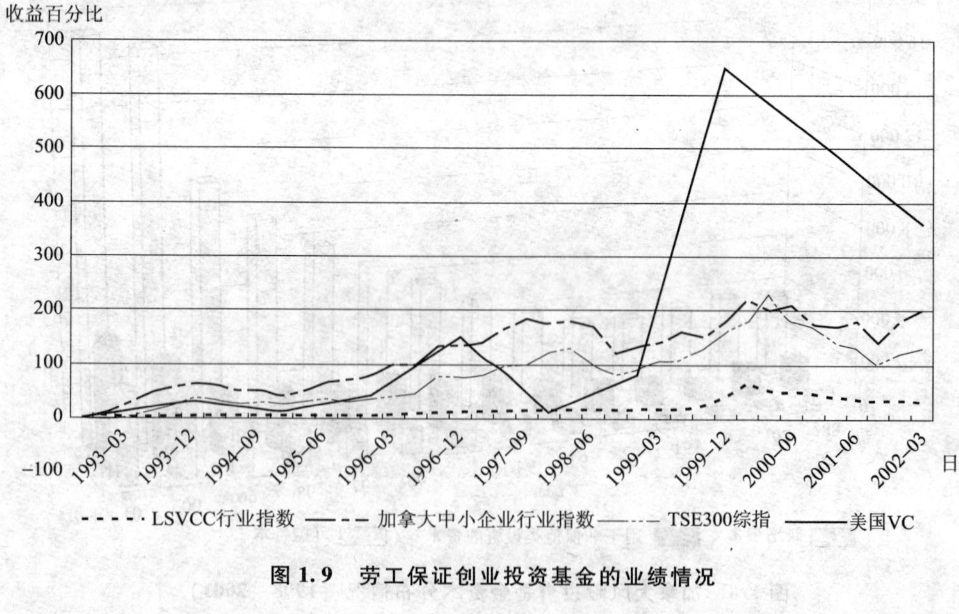

图 1.9　劳工保证创业投资基金的业绩情况

我们应该从对加拿大劳工保证创业投资基金的研究中得到某种启示，政府在我国风险投资基金的发展道路上到底该扮演怎样的角色同样值得我们深思。就我国目前风险投资基金的发展现状来看，在合伙制和公司制的组织形式选择的政策导向天平上，政府已慢慢偏向后者，从近期政府的政策动向来看，政府不仅对公司制提供直接的和间接的税收优惠，而且在法律法规上也给予极大的支持保护。理论研究表明，与公司制相比，有限合伙制主要有以下两个好处：

其一，有限合伙制富有弹性。公司制必须服从一整套“标准化合约”的规定（由公司法衍生而来），而有限合伙制只受一些最基本条款的限制，出资人和管理者在签订合约时可量体裁衣以满足二者特定的利益。

其二，有限合伙制有相对固定的存续期。有限合伙制风险投资基金的存续期通常为十年，相对固定的期限对管理者产生了潜在的约束。由于存在在某一到期日归还投资者资本的可能，管理者有更强的动力去有效地经营管理。固定的到期日也为风险投资基金的估值提供了平台，这对管理者是一把“双刃剑”，好的业绩有助于其后续的融资，而较差的业绩对其后续融资无疑是一大绊脚石。

有限合伙制较之公司制有很多优势之处，这种组织形式不仅有利于规避委托代理产生的道德风险，便于形成对风险投资家的激励机制，而且还有助于我国风险投资家的培养。我国目前的风险投资基金基本都以公司制作为组织形式，有限合伙制风险投资基金尚在起步阶段，有关法律和政策还相当不明确。加拿大政府对劳工保证创业投资基金给予了可观的税收优惠，使之成为加拿大规模最大的风险投资基金，但却也成为该国经营业绩最差的基金组织形式，而且对其他种类基金产生巨大的挤出效应，从可持续发展的角度看，政府的这种行为是不可取的。我们也不是盲目地追捧有限合伙制，而是通过认真研究其特殊的治理结构和激励机制，吸收其精华之处，寻找既适合我国国情，又能最大化风险投资基金运营效率的组织形式，实现风险投资整体的制度安排与特定产业创新模式的契合。

第二幕

魔鬼藏在契约中
——从契约视角解读私募股权基金的投资秘密

风险投资链条中的契约设计

年轻、英俊、精力旺盛；乐观、积极、热爱生活；哈佛毕业，校划艇队队长；从事过金融、制造业及互联网工作，一星期平均工作上百小时，对事业的追求近乎痴迷；一头金发的漂亮妻子和一个 1 岁大的健康男孩。这一切都让杰克——新进入 VC 领域的年轻风险投资家成为令人羡慕的对象。然而，乐观的他最近却眉头紧锁，愁云满布。一切烦恼皆来自两方面：一方面，对他一直信任的投资者之一某大学信托基金出于规避风险的考虑，聘请了一个专门的投资顾问“看门人”（Gatekeeper）与杰克商谈关于资金募集的问题，他们还准备投入“基金之基金”（Funds-of-funds）来更有效管理相关投资。在这样的情况下，这些专业的投资中介机构往往比直接的投资者更善于谈判，更倾向于对风险投资家进行限制。杰克觉得自己的利益已经被重重条款的限制挤压得非常低，并且关于投资领域，资金投入量等限制条款与自己热情、奔放，开拓事业疆土的个性和计划不符。

另一方面，自己通过长久分析研究投入千万资金的一个项目。在企业家近期提交的报告来看，虽然目前企业顺利发展，各方面综合指标良好。但杰克总是觉得企业家在隐瞒一些私人信息。由于不完全参与企业管理，很多隐蔽信息难以发觉。新的研究投入是否值得？企业家资金利用效率是否完善？

然而，同一时刻，埃蒙克，多年大学信托基金管理人最近也寝食难安。在自己长达十多年的管理下，通过对 VC 领域的投资，基金成功实现了丰厚的回报。但是随着越来越多的资金涌向该领域，要实现早期的高额回报越来越难。因此，近期他将资金投入给一个年轻的风险投资家，其对收益的分享要求比那些老牌的 VC 机构要低，这样可以一定程度提高基金的收益。但是埃蒙克老是担心年轻的风险投资家由于“逐名效应（Grand-standing）”的影响，会过早催促企业上市导致股票估值过低；又或将资金投入风险过高的行业如杠杆并购。这些可能潜在的行为，都会严重损害基金投资人的利益。

最后，整个链条前沿企业家查理似乎也是麻烦不断。查理有着自己的专利，组建管理团队，建立起企业，成功获得风险投资。但是在面对市场激烈竞争，高端产品艰难研发，内部管理繁杂的同时，支持自己的风险投资家不断的尝试对自己的经营，管理能力进行监管，盘查企业发展情况。查理勤奋、努力并且节俭，但是这些软信息难以量化表达，怎样才能让风险投资家对自己完全信任，放开过多束缚让自己全力投入企业发展，这又是个问题。

三个行为主体：风险投资者（Venture Investor），风险投资家（Venture Capitalist）及风险企业家（Entrepreneur）构成两个层次的委托代理关系，造成了严重的信息不对称等问题。学术界对这个问题的研究由来已久，芝加哥大学法学院 George G. Triantis 教授的《风险投资领域的金融契约设计》（Financial Contract Design in The World of Venture Capital，刊载于 University of Chicago Law Review，v68，Winter2001，P305）综合论述了这两层委托代理关系上相关的问题。

金融中介机构能有效处理委托－代理关系中的信息不对称

在投资领域委托－代理的信息不对称问题长期存在。这些问题的存在严重影响了投资者将资金顺利的投入到企业家手里。一方面，企业家拥有关于企业情况的大量私人信息；另一方面，在资金投放以后，投资者及客观的第三方（如法院）很难观察及证明企业家潜在违反契约的行为。因此，投资者一般倾向于以最糟糕的情况来对自己的资金进行收益定价，这样会大大提高企业家的融资成本。然而，面对大量似乎难以逾越的信息鸿沟与不确定性，专业化金融中间机构的优势就体现出来了。根据 George G. Triantis 教授的描述，金融中介机构通过以下几个方面有效减弱了创立企业融资过程中的信息不对称。首先，金融中介机构利用自身所处经济领域的经验，有效的搜集处理尽可能多的信息。对于企业家来说，面对单一的金融中介机构，相比面对大量的分散投资者，企业能有效的提供自身信息而不用担心其商业秘密的泄漏问题，同时金融中介也能根据企业尽可能多的信息提供对企业进行全面分析，将企业的融资成本订立在一个合理的水平。其次，根据激励相容性原理，由于金融中介机构如银行或 VC 其自身的收益与投资对象的成长息息相关，因此会更加努力的搜集企业各方面的信息，对企业进行全面调查，在资金投入以后也会不断的对企业进行监督，提供帮助。第三，在续签合约，加大投资等进一步的合作过程中，相对大量分散的投资者，单一专业的金融中介机构由于掌握企业大量的信息，能对企业进行全面客观的评价，进而有效的推进进一步的合作。第四，在长期合作的情况下，金融中介机构对于企业的具体情况及发展有着详细的了解，对于企业信息的处理能力得到有效的加强，在这样稳固的合作关系下，金融中介机构与企业家能更好的根据经济发展现状，行业未来走向，企业发展趋势等信息，调整企业发展战略，有效开发潜在的投资发展机会如实物期权（Real Options）等。第五，只有建立和维持良好的声誉，金融中介机构才能获得源源不断的客户。因此，从这个角度来看，为了维持自己长久的名声和利益，这些机构进行利己的机会主义行为可能性较小。

尽管具有这些优势，金融中介机构与投资者之间却仍然存在着信息不对称障碍。首先，投资者难以了解金融中介机构详细的投资组合，投资比例，投资行业等情况；其次，金融中介机构很有可能处于最大化自己利益方向考虑，将资金投入一些不利于投资人的领域。如杠杆收购领域，以期在这个领域建立自己的声誉来筹集一只投资该领域的新基金。相比 VC，银行储户的资金安全性就要高一些。尤其是在有存款保险制度的情况下。因此，投资者与风险投资家签订契约，其限制条款涉足的内容要广泛很多。Paul Gompers 和 Josh Lerner 两位教授在其著作《风险投资周期》（The Venture Capital Cycle）中，选取了 140 份合伙协议组成的随机样本，统计出 14 种比较常见的第一层委托代理关系即风险投资者与风险投资家契约合同的限制条款。大致分为与基金全面管理有关的限制性条款，与普通合伙人行为有关的限制性条款和与允许投资类型有关的限制性条款。种种条款的设定几乎包括了风险投资家潜在违反投资者利益的方方面面，这些契约合同动辄好几百页，里面充满了晦涩难懂的专业词汇，年轻的风险投资家们常常因此而困扰不已。

银行及风险投资家契约签订，分阶段投资的特征及可转换类债券的运用

早期的企业，发展前景不明朗，波动大，收入不稳定甚至为负，除了自有资金以外，根本难以公开在市场上融资。但是银行和风险投资家则不同，对于银行来说，自古以来就是企业融资的主角，由于其在信贷领域绝对的统治地位，并且同时掌握企业的存款账户信息。因此，对于各行业有着丰富的融资经验，对于企业经营的现状也有着其他机构难以比拟的优势。风险投资家们，向来就是企业婴儿时代的天使，虽然近几年的VC的投资周期有后移的趋势，但是对于那些资产很少几乎没有，成长依赖未来潜在的发展的企业，VC初期的资金进入对他们来说是非常必要的。然而，尽管这两类中介机构有着非常强的获取甄别信息能力，丰富的行业经验。但在与企业家的合作中，这些中介机构仍然处于信息劣势并且难以完全解决在投资中的逆向选择，道德风险等委托代理等问题。因此，对于投资过程中契约的设计将有必要做进一步的探索与发展。

第一，银行、风险投资家与企业的签约特征。

在George G. Triantis教授看来，大量成功的风险投资家都是将资金投资于高科技领域的成长性企业。这些企业的流动性、有形资产比例、现金流量非常低，而研发费用非常高。其核心价值体现在未来的潜在成长（Growth Options）而不是目前的市场价值。在这样的情况下，信息不对称问题在风险投资领域要严重得多。但是，银行签订的契约合同与风险投资家签订的契约合同在设计上却有相似之处。风险投资家一般使用可转换优先股、可转换债券或者附认股权债券，并且风险投资家与企业家签订一系列契约条款，保障自己的利益不受侵犯，同时获得企业经营投票权与董事会席位。进一步，风险投资家还取得优先参与企业后期融资的权利以保证自己的股权不被摊薄。相比之下，银行持有优先支付权或抵押担保的短期债务。获得银行贷款的企业，将有形及无形资产进行抵押获得银行贷款，在这样的条件下，由于没有新的资产进行抵押，企业就难以再从其他投资者那里获得新的资金，只能与现在的银行商谈进一步的融资计划。因此，就如风险投资家一样，银行贷款的抵押担保机制保证了银行对企业未来融资的优先权。银行，风险投资家与企业家签订的合约都附有大量的契约条款，这些条款限制了企业清算、兼并、出售资产、增加借贷、发放红利等可能的变动情况。企业一旦被发现违背了这些限制条款，侵犯了金融中介机构的利益，金融中介机构有权要求企业通过再融资或者清算等方式收回投资。契约条款的设定及金融中介机构具有的专业经验等有效保障了银行和风险投资家的利益，减少企业家机会主义行为的可能性。

银行方面，在减少代理成本的作用上，债券利息对契约条款是一项重要的补充。并且由于银行持有抵押担保的债券，从法律角度考虑，取消抵押品赎回权的法律程序相比没有担保的债券的法律诉讼过程要快很多。一方面，债券利息抽掉了企业闲置的多余资金，有效限制了企业家通过资产重组或资产配置来最大化私人利益的调整空间；另一方面，由于企业资产抵押给了银行，企业要将这些资产继续抵押申请其他的融资项目时，必须和银行商议，也要公开其资产已经抵押的情况。在这样的情况下，企业的隐藏信息更加的容易被银行所挖掘，对信息不对称问题是一种缓解。对于风险投资家来说，由于高科技初创企业缺乏足够的有形资产，利用利息及抵押担保的手段来限制企业的机会主义行为要困难一些，但是风险投资家可以通过自己的投票权及董事会席位等附加权力来限制企业的违规行为。

第二，银行、风险投资家对企业的分阶段投资。

在对企业的整个投资过程中，银行及风险投资家一般会将资金分阶段投入企业。在这种调查、协商，签订协议，进一步调查、协商，签订新的协议的过程中，银行和风险投资家能逐渐的获得更多关于企业的内部信息，确保企业在最需要资金的时候投入资金；同时也压缩了企业家使用自由现金流的空间，减少企业家道德风险的可能性。在银行、风险投资家与企业签订的合作关系中，一般都具有优先对企业进行融资的排他性选择权，有效避免了将投资机会流露给其他竞争对手。

根据 Paul Gompers 和 Josh Lerner 两位教授对包含 794 家风险企业的随机样本研究，发现风险投资的存续期、风险投资家对企业监控的严密程度和预期的代理成本相关。而代理成本随有形资产的下降而增加；随企业成长期权份额的增加而增加；随无形资产等特定性资产的增加而增加。融资的存续期随着企业有形资产的增加而增加；随着企业未来的潜在投资机会的增加而增加，而与企业的 R&D 密集性呈反向变动关系。相比其他行业，信息不对称问题在高科技投资领域要严重很多，因此分阶段对企业进行投资是非常必要的。

银行使用了一种与风险投资形式不同但是效果非常相似的方式，即分期对企业进行贷款，但是贷款的发放需要与企业新增加的有形资产挂钩。银行同样也保持了自己对企业进一步借贷的优先选择权，通过进一步了解企业的信息来决定是否增加贷款或者收回投资。风险投资家也通过与企业商议下一轮融资的机会修改契约条款，商议自己投票权，董事会席位等合作条件。与企业重新关于未来合作的相关情况进一步的签订新的合约，将投资分期发放能有效地逐步揭露企业更多的信息，充分挖掘实物期权等企业未来潜在的投资机会。

第三，风险投资家选择可转换类债券投资工具的优势。

（1）从债券的角度来看，相比出售股权，企业家使用发行债券的方式来进行融资可以降低融资成本。股权融资方式，暗示风险企业家认为投资者会高估企业价值，而在这样的条件下，投资者倾向于对企业的股权进行折价估算，企业融资成本就会上升。而固定收益债券有着固定优先的支付权，一定程度与企业估值高低无关。因此，投资者对企业债券定价的折价程度要低一些。

（2）固定利息的支付将企业多余的现金流控制在一个合理水平，限制了代理人接触大量多余现金流的可能性，保证企业将资金运用在最需要运用的地方。在企业发展不顺面临破产清算时，债券的优先偿还权也能保护投资者的利益。

（3）纯利息债券要求的利率一般比较高，而在高利率的条件下容易引发逆向选择问题，即那些最不愿意支付利息的企业家不在乎利率高低进行借贷，而信誉良好的企业家却由于不堪融资成本过高而寻求其他方式的融资。但是，在可转换权，认股权的条件下，可转换类证券的利率相比纯利息债券要低，对于那些有潜在巨大成长空间，但是初始资金紧张的高科技风险企业来说，能够负担相对低的利率。并且其真正的价值体现在未来的增长，因此赋予投资者期权性质的认股权能将投资者与企业的未来发展紧密结合一起，更好的实现激励相容性原则。

（4）企业通过抵押担保获得纯粹的债券投资，将限制企业未来进一步融资发展的能力；而纯粹的股权投资又使企业过于容易获得资金。可转换类证券提供了一个折中的选择，如果风险企业获得成功，达到了风险投资家的预期要求，风险企业家可以要求风险投资家将债券转换为普通股，而通过新的债务融资来支持企业下一步的发展运营。

第四，风险投资家市场供需对契约签订的影响。

Paul Gompers 和 Josh Lerner 两位教授在其著作《风险投资周期》（The Venture Capital Cycle）中认为，在风险投资领域，随着资金供给增加，投资者对风险投资家的需求会增加。但是与此同时，有经验合格的风险投资家的供给缺少弹性，难以满足投资者的需求。在这样的情况下，风险投资家的谈判条件会改善，投资者在与风险投资家签订契约时会被迫减少契约条款的限制，放大风险投资家获得私人利益的可能性。但是 George G. Triantis 教授认为，在市场需求旺盛的时候，供给并不一定是缺乏弹性的，市场上有很多机构可以提供丰富的投资经验，并且无论何时，市场总是存在新进入的风险投资家，虽然可能没有良好的投资记录，但是与那些老牌的风险投资家相比，他们的回报要求更低，工作更加努力，提供一个富有竞争力的条件供投资者选择。在需求旺盛、资金大量流入，导致风险投资家谈判地位上升的条件下，风险投资家更倾向于通过签订有效的契约条款限制自己私人利益，增加享有具体收益回报比例的方式来最大化自己的收益。对于 Paul Gompers 和 Josh Lerner 两位教授关于风险投资者可能由于经验缺乏而被风险投资家侵害其权益的推测，George G. Triantis 教授也提出了不同的看法。他认为目前大量的风险投资者都是成熟的机构投资者，他们完全了解在契约签订中可能的信息不对称、委托代理以及契约条款的重要性等问题。对于风险投资家契约条款限制的放松的原因，或许是由于经济的整体高速增长带来投资失败可能性降低，放松对富有开拓性风险投资家的束缚能更好的利用未来潜在的投资增长机会，获得一个更广泛的增长空间，以求得利益最大化的行为。而不是由于风险投资家供不应求导致风险投资者谈判空间缩小所致。

综上所述，George G. Triantis 教授的这篇文章全面的介绍了风险投资领域契约签订等相关问题。由于存在严重的信息不对称，风险投资契约领域的学术研究涉及制度经济学、契约经济学、信息经济学、行为金融学、博弈论、相关法律等方方面面的内容，其契约合同动辄好几百页，充满晦涩的各种专业知识。但是，我认为有两个方面的内容在这篇文章及其相关介绍的文献里没有被详细的研究。第一，风险投资家与风险企业家潜在合谋的防范。第二，资金过剩，风险投资家供给过度而企业家及好的项目供给不足，我国目前似乎就正处于这样一个状况。

近几年我国风险投资领域硕果累累，无论是高科技领域还是传统行业，都有无数的成功案例。然而，不可否认的是，大部分的成功是建立在我国经济高速发展的基础之上。因此，在签订各种契约合同的时候，我们是否更好的解决了潜在的信息不对称等问题，实现了收益的最大化，还有待进一步的考证。相比已经取得的成果，如果更加好的解决了这些契约方面的问题，资金的收益肯定会更加丰厚，企业的发展，资源的配置等也能达到一个更好的状态。

风险投资契约领域的研究其难点在于涉足经济与法律的交叉，国外学者的理论成果对我们的发展起到了非常大的借鉴作用。但是，我国和美国的法律根基不一样，我国是大陆法系国家，而美国是普通法案例法系国家，违背契约的诉讼判定理论依据不一样，这需要引起我们的重视。再者，我国的裁决机构如法院针对这方面的判决是否具有足够的能力也值得怀疑。另外，无论是 George G. Triantis 教授的研究还是 Paul Gompers 和 Josh Lerner 两位教授的研究，都对应一个完善的法律基础，合理的市场秩序，大量正规机构提供真实可靠的数据信息。而目前对于国内来看，这些稳固的根基都有待完善。

随着我国经济的高速增长，国内风险投资事业如日中天，在各路 VC 英豪抢夺潜在市场，发放投资，签订各式各样的投资合作协议，制定详细未来发展计划，期待将来企业成功发展，通过 IPO 顺利收回投资，赚取巨额收益的同时。来自美国的三位经济学家赫维茨、马斯金以及迈尔森获得了 2007 年诺贝尔经济学奖，他们突出的贡献来自于为机制设计理论奠定基础。就算在附加假设条件放松的情况下，机制设计几乎能完美的解决著名的《圣经》中所罗门王故事难题。对于机制最关注的特征——信息和激励，也是风险投资契约签订领域的关键。在学术界发展成就不断高升的情况下，我们的经济学家们如何将其伟大的研究成果应用在投资者、风险投资家与企业家签订的各式契约里，以化解严重的信息不对称、委托代理等另一个“所罗门王故事”难题，让我们的风险投资者安心的将资金交给风险投资家，风险投资家安心的将资金投入风险企业；让风险投资家全力以赴寻求能带来巨额收益的好项目，而不是面对晦涩繁冗的契约条款头痛，让风险企业家全力的为自己和投资者努力，不断发展企业，而不是将精力放在与风险投资家的利益博弈，实现更好的资源配置，我们将拭目以待。

对赌条款背后的玄机

所谓对赌协议（Valuation Adjustment Mechanism），直译为“估值调整协议”，指的是投资方与接受投资的管理层之间所达成的一项协议：如果公司的经营业绩能够达到合同所规定的某一额度，投资方在获得投资股份大幅增值的前提下，将向公司管理层支付一定数量的股份，反之，如果公司经营无法完成合同规定的业绩指标，则必须向投资方支付一定数量的股份，以弥补其投资收益的不足。

在这样的对赌协议中，协议双方赌的是公司的经营业绩，而协议双方手中所持的股份则成为这场豪赌中的赌注。

对赌协议是一项相对新颖的金融创新，但它与相对传统的期权交易仍然有一定的相通之处。在执行对赌协议时，一旦企业完成协议所规定的经营业绩，投资方就可以从其持有股份的增值中获得巨额利润，与此同时他还必须向企业经营层支付一定数量的股份，这就与当期权购买者在有利价格时，执行期权可以获得比执行市场价格更高的收益，但是其仍然需要支付额外的期权费有很大相似之处。在这里，投资方给企业经营层支付的股份与期权费有异曲同工之处。而当企业没能完成对赌协议约定的经营业绩的时候，企业要向投资方支付一定数量的股份，这也与期权等传统金融工具的套期保值功能相类似。

作为一种新兴的金融工具，投资方在选择通过对赌协议对企业进行投资时，一般会为企业的发展规定一个相对较高的经营业绩目标，这也给接受其投资的企业的经营管理层提出一项严峻的挑战，在获得融资之后，必须提高资金的利用效率，执行科学合理的发展战略，改善经营层的管理效率，最终实现企业的跨越式发展。

如果能完成投资方规定的目标，企业管理层不但可以获得自身所持股份增值给其带来的收益，也能够获得投资方额外赠予的股份，相反，如果无法达到投资方要求的经营目标，其就将丧失一部分自己所持有的公司股份。这一切，对于国内那批发展相对稳定的连锁企业来说，实现的难度极大，对于他们来说，如果要寻求外部融资，通过海外上市或者转让股份，乃至寻求银行贷款的方式都比选择对赌协议来得稳妥。

根据对赌协议的自身特点，可以发现，作为投资方通常会对接受其投资的企业规定一个相对较高的业绩增长率，以期待业绩的飞速增长可以带来其所持股份的大幅增值。

尽管近几年，对赌协议在我国的企业融资、兼并重组过程中得到了较为广泛的应用，以蒙牛为代表的一些国内企业成功地运用对赌协议后也促进了企业的飞速发展，从而诱使国内众多企业在吸引海外资金的时候，也选择了对赌协议这项相对新颖的融资方式（见表 2.1）。

表 2.1　　国内部分签订对赌协议的企业案例

企业名称	对赌双方	签订时间	对赌协议主要内容	对赌结果
蒙牛乳业	蒙牛公司管理层与大摩、鼎晖英联三家投资机构	2003 年	2004～2006 年，蒙牛乳业每年的业绩复合增长率必须不低于 50%，否则管理层应将最多 7 830 万股（相当于蒙牛乳业已发行股本的 7.8%）转让给外资股东，或者向其支付对应的现金，反之亦然。	蒙牛公司管理层赢
永乐电器连锁	永乐电器公司管理层与摩根斯坦利和鼎晖创投	2005 年 1 月	永乐在 2007 年扣除非核心业务利润后盈利如果高于 7.5 亿元人民币，投资人向管理层割让 4 697 万股；利润介于 6 亿元和 6.75 亿元之间，管理层向投资人割让 4 697 万股；利润低于 6 亿元，管理层割让的股份达到 9 395 万股，占到永乐上市后总股本的约 4.1%。	永乐电器公司管理层输
雨润食品	雨润公司管理层与高盛、鼎晖和新加坡投资公司 PVP 基金	2005 年初	如果 2005 年雨润净利润在 2.63～3.25 亿元区间，中方需将至多 2.81% 的已发行股份转给外方；若净利润少于 2.592 亿元，中方需以溢价 20% 的价格赎回外方所持股份。	雨润公司管理层赢

续表

企业名称	对赌双方	签定时间	对赌协议主要内容	对赌结果
海王星辰连锁药店	海王星辰公司管理层与高盛	2004 年	在 5 年时间内，实现国内分店的数量扩张到 2 000 ~ 2 500 家，年度营业额达到 40 亿元，而利润则要求达到 1 亿元；海王星辰必须在规定的时间内完成有效的 IPO，在 IPO 之前的估值必须大于 2.5 亿美元，IPO 募集的净资金不少于 5 000 万美元等。	结果未对外公布
中国动向	中国动向公司管理层与摩根士丹利	2007 年	如果公司 2008 年盈利未能达标，其主要股东向大摩转让最多 20% 已发行股本；如果 2008 年盈利比目标低 15%，则要转让 17.6% 的股权予大摩；相反，如果盈利能超出 5 590 万美元，大摩向主要股东转让已发行股本的 1%。	尚未到期，动向公司管理层赢率大

表面上看，选择对赌协议，对于投资方与相关企业管理层的影响似乎是大致相近的：双赢或者双亏。如果公司的经营业绩达成对赌协议中所规定的数额，扣除了赠予公司的股份后，投资方仍然可以获得巨额的股份增值，而公司管理层在获得公司发展的同时又获得投资方的股份赠予，双方的利益都得以增长。相反，如果公司的经营没能达到对赌协议所规定的数额，公司得向投资方支付一定数额的股份，而投资方即使获得了管理层赠予的股份，可以借此获得相关公司的控制权，但对于投资公司来说，这也只是增加其负担而已，自己的利益仍然受到了损害。因此，在对赌协议中，投资方与公司处于"一荣皆荣，一损皆损"的同一阵线。

"对赌协议"名为"对赌"，实际上对双方的影响有着本质的不同：对于投资方来说，其结果是稳赚不赔，只不过是"赚多"与"赚少"的问题了。而对于企业管理层来说，"对赌协议"对其压力要沉重得多。赢了"对赌"，企业管理层自然可松一口气，而输了对赌，企业不仅要割让给投资者一部分股份，甚至面临丧失企业控制权的风险。在为了完成对赌协议的过程中，企业管理层疲于奔命，在经营管理中往往更加陷入被动，屈服于业绩和资本，有时甚至会推向企业被并购的结局。

作为第一家受外资投行对赌协议及操作手法推动而被并购的中国公司，永乐也给中国企业界上了生动的一课。它彻底打破了长期以来扎根于企业决策者们脑海中的关于“财务投资者不会干涉企业运营和战略”的观念。

资本市场没有道德的争论，只有理性的博弈。对赌协议就是这样一个博弈的利器。它让企业不必与投资者纠缠于未来预期的合理性的争论，但同时也让企业独自承担起夸下海口的苦果。

绝对不能丧失控股权——这是在签署对赌协议时的底线。任何一家接受投资的企业都不应该冒着丧失控股权的风险而签署对赌协议。因为签订了对赌协议企业，国内已经出现了几家企业丧失控股权，进而改变企业战略和发展方向的案例，企业被卖给竞争对手。企业在决定是否签订对赌协议、签订什么样的对赌协议时，管理层应该事先算清这笔账：当对赌协议的最坏情况出现，企业管理层在向投资人割让股份之后，自己是否还占有绝对控股权或者相对控股权。

除了股份的“业绩筹码”之外，西方资本市场在对赌协议中还经常使用一些非财务绩效的软性指标。这些指标通常包括企业上市，新战略合作的完成，新产品的面市以及专利权的批准等，涉及企业运营的多个方面。而另一方面，除了以“股权”为“筹码”外，在国外的案例中，管理层和投资方之间还以董事会坐席、二轮注资和期权认购权多种方式来实现对赌。

案例：对赌企业中的赢家和输家

对赌协议（Valuation Adjustment Mechanism，VAM），指收购方（或投资方）与出让方（或融资方）在达成并购（或融资协议）时，对于未来不确定的情况进行一种约定：如果约定的条件出现，投资方可以行使一种权利；如果约定的条件不出现，融资方则行使一种权利。对赌协议实际上是期权的一种形式，其核心是股权出让方和收购方对企业未来价值的不同预期。

对赌协议中，协议双方赌的是公司的经营业绩，赌注是双方手中的股份。对赌协议是一项新型的交易形式。投资方在选择通过对赌协议对企业进行投资时，会为企业设立一个相对较高的经营业绩目标，这样就对被投资企业的经营管理提出了一个较为严峻的挑战。如果被投资方完成了对赌条款中的要求，管理层不但可以获得自身股份价值增值的好处，也能获得投资方额外给予的奖励。对于投资方而言，虽然向被投资方投入一定量的股份，但其持有股份的价值增值早已抵消投入股份的损失。然而，当被投资方没能完成条款要求时，被投资方要支付一定数量的股份。这样看来，不论是否完成对赌条件，投资方都是只赚不赔，差别只在于赚的多少。

近几年，对赌协议在我国的企业融资、并购重组的过程中得到了较为广泛的应用，出现了以蒙牛为代表的一系列成功的案例，然而，在成功的同时，也有因为对赌协议而一败涂地的案例。

成功案例

1. 蒙牛乳业

蒙牛公司管理层与大摩、鼎晖英联三家投资机构在2003年的时候签署了一份对赌协议，协议的内容是双方约定，从2003~2006年，蒙牛乳业的复合年增长率不低于50%。若达不到，公司管理层将输给摩根士丹利约6 000～7 000万股的上市公司股份；如果业绩增长达到目标，摩根士丹利等机构就要拿出自己的相应股份奖励给蒙牛管理层。

2004年6月，蒙牛业绩增长达到预期目标。摩根士丹利等机构“可换股文据”的期权价值得以兑现，换股时蒙牛乳业股票价格达到6港元以上；给予蒙牛乳业管理层的股份奖励也都得以兑现。摩根士丹利等机构投资者投资于蒙牛乳业的业绩对赌，让各方都成为赢家。

2. 雨润食品

2005年3月，高盛、鼎晖和新加坡政府投资基金联合向“雨润食品”投资约7 000万美元。上市前，雨润食品与三家战略投资者签署了“对赌协议”。协议的内容为，如果雨润食品2005年盈利未能达到2.592亿元，战略投资者有权要求大股东以溢价20%的价格赎回所持股份。

根据年报资料显示，雨润食品2005年利润总额远超这一数额，达3.59亿元，因此根据“对赌协议”，鼎晖、摩根士丹利、GIC在上市满1年后才可套现退出。

3. 中国动向

2006年中国动向陷入财务危机，摩根士丹利担任为其融资进行谈判时，签订了一份对赌协议，协议的内容为2006和2008，净利润达不到2 240万美元及4 970万美元，动向主要股东将以1美元的象征性代价转让动向股份给大摩，最高比例不超过IPO前动向总股本20%，如果超过5 590万美元，大摩向管理层无偿转让1%股权。

在中国动向发布2008年年报中数据显示，去年该集团实现销售额33.2亿元人民币，增长94.2%，净利润实现13.7亿元人民币，增长86.4%，创历史新高，这意味着中国动向在4年前与摩根士丹利的“赌局”中最终获胜。与此同时大摩通过坚持套现中国动向股票，前后也成功获利25亿元以上，这场长达三年的“赌局”中，双方都成为赢家。

失败案例

1. 永乐电器连锁

2005年1月，摩根士丹利和鼎晖斥资5 000万美元收购当时永乐家电20%的股权，收购价格相当于每股约 0. 92 港元。根据媒体报道，摩根士丹利在入股永乐家电以后，还与企业形成约定：无偿获得一个认股权利，在未来某个约定的时间，以每股约 1. 38 港元的价格行使约为 1 765 万美元的认股权。

这个认股权利实际上也是一个股票看涨期权。为了使看涨期权价值兑现，摩根士丹利等机构投资者与企业管理层签署了一份“对赌协议”。招股说明书显示，如果永乐 2007 年（若遇不可抗力因素，可延至 2008 年或 2009 年）的净利润高于 7. 5 亿元人民币，外资股东将向永乐管理层转让 4 697. 38 万股永乐股份；如果净利润相等或低于 6. 75 亿元，永乐管理层将向外资股东转让 4 697. 38 万股；如果净利润不高于 6 亿元，永乐管理层向外资股东转让的股份最多将达到 9 394. 76 万股，这相当于永乐上市后已发行股本总数（不计行使超额配股权）的约 4. 1% 。净利润计算不能含有水分，不包括上海永乐房地产投资及非核心业务的任何利润，并不计任何额外或非经常收益。

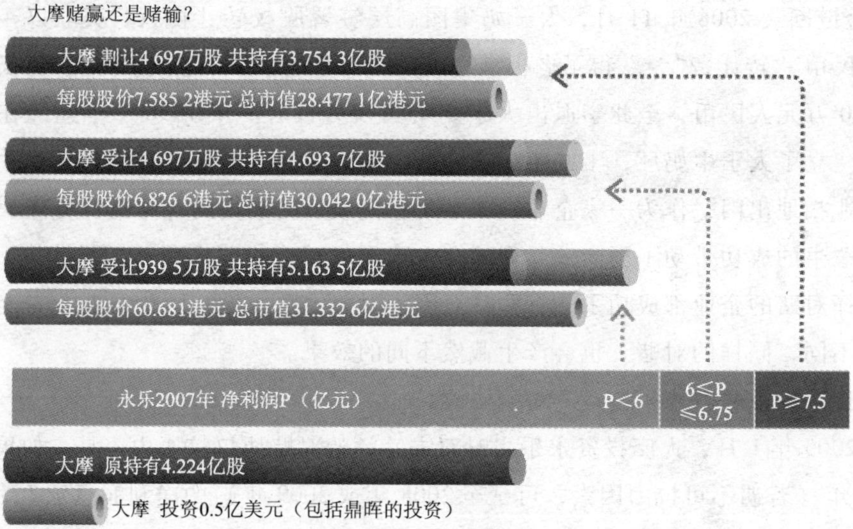

图 2. 1 大摩与永乐的业绩对赌

2005 年 10 月，永乐如愿以偿在香港上市。在接下来的扩张中，国美、苏宁、永乐、大中都在加速开店，导致经营成本大幅上升，竞争的激烈使永乐的盈利能力大幅下降，而市场需求的增速却不到 10%！永乐要在 2005 年的基础上增长 50%？这基本上是不可能完成的任务。2006 年 4 月，陈晓与大中电器达成了

“换股合并”计划。2006年7月，走投无路的永乐，不得不主动将自己卖给了国美，国美电器以52.68亿港元的代价收购了上市仅仅9个月的永乐电器。

2. 太子奶

“对赌协议”是在2007年年初签订的。当时，为了解资金困境和尽快实现上市，李途纯联合英联、摩根士丹利、高盛三家投行出资7 300万美元成立了“中国太子奶（开曼）控股有限公司”，三家投行占离岸合资公司30%股权，李途纯持股70%。同时，双方签署“对赌协议”：三大投行注资后，前3年如果太子奶集团业绩增长超过50%，可调整（降低）对方股权；如完不成30%的业绩增长，李途纯将会失去控股权。

此后，太子奶不断大举扩张，但最终力不从心，不仅预期业绩完不成，2008年受次贷危机的影响，8月更是传出了“资金断链”的消息，加之三聚氰胺事件的影响，太子奶生产工厂陆续出现停工、裁员、经销商催债等现象，以至最后的“资金链断裂2008年11月，太子奶集团高层签署股权转让协议，英联以4.5亿元人民币“转让费”，获得了老板李途纯的全部股权，据传李途纯个人仅仅拿到了500万元人民币，至此李退出太子奶集团权力核心。从1996年李途纯在湖南株洲建立了太子牛奶厂，十二年宛若一梦，梦醒时分，李途纯被从自己亲手创立的企业扫地出门，作为一家企业，太子奶距离最后的崩塌的时间指日可待。

蒙牛的成功带动了国内一系列的企业选择以对赌的方式融资，可是并不是每个选择对赌的企业都成功了，有些甚至因为对赌一败涂地。因为行业或者企业性质的不同，同样的对赌，也会产生截然不同的效果。

让我们来看看永乐签订的对赌协议。

2005年1月，大摩投资永乐之时双方签订的对赌协议核心内容是：如果永乐2007年（若遇不可抗力因素，可延至2008年或2009年）的净利润高于7.5亿元人民币，外资股东将向永乐管理层转让4 697.38万股永乐股份；如果净利润相等或低于6.75亿元，永乐管理层将向外资股东转让4 697.38万股；如果净利润不高于6亿元，永乐管理层向外资股东转让的股份最多将达到9 394.76万股，这相当于永乐上市后已发行股本总数（不计行使超额配股权）的约4.1%。净利润计算不能含有水份，不包括上海永乐房地产投资及非核心业务的任何利润，并不计任何额外或非经常收益。

蒙牛的对赌协议中也是对业绩的复合增长提出了要求，相似的要求，蒙牛做到了，但永乐却失败了。永乐签订的对赌协议的危险性在于——如果永乐输了“对赌”，就至少要割让总股本的4.1%给大摩，致使管理层控制的股权比例将低于50%，失去对公司的绝对控股权。没有任何一家接受投资的企业会为了输掉股份而签署对赌协议。

想赢得对赌协议，企业管理层除了准确判断企业自身的发展状况外，还必须对整个行业的发展态势有良好的把握，才能在与外来投资者的谈判中掌握主动。

2004年，乳品行业正延续着1998～2003年年均33%市场规模增长的浪潮，牛奶作为生活必需品的观念正开始深入普通民众，市场面临着需求大爆发的绝好机遇。而且当时我国的乳制品市场并没有完全打开，市场上也只有伊利一家企业占领较大的份额，包括光明等在内的老队员们仍受制于奶链和传统国企思维惰性而举步不前。而飞速增长的市场需求为蒙牛快速打开市场和开拓新消费群体提供了良好的环境。

而在永乐签署对赌协议的2005年，那时家电市场的扩张已经横扫一线城市。各主要大城市已被国美、苏宁这类全国性企业及包括永乐、大中在内的地方性企业所瓜分，单店收益下降，市场趋于饱和。同时，二、三线市场的开拓时机尚不成熟，市场正经历着第一轮快速扩张后的平台期，大规模新兴市场的开拓需要资金及时间的准备。永乐选择这个时点进行扩张，具有较大的难度。事实证明，永乐最终不得不选择并购其他地方性企业扩张市场，而最基础的企业经营教材也告诉我们，并购式扩张，必将带来更高的成本和更艰难的管理问题。

并且，以2005年签署对赌协议时永乐的年收入来看，如果要实现对赌条款中的要求的话，永乐的净利润复合增长率要达到60%，到2007年，市场份额要达到5%以上。而在205年，家电龙头国美电器的市场份额也不过7%，所以要完成对赌的条款更是难上加难。

我国的连锁企业并不适合运用对赌协议。对于像蒙牛这样的生产型企业，一个良好的品牌形象，一个优秀的产品，一次成功的营销活动都可以促进其业绩的飞速增长。因此，对于一个发展初期的工业企业，选择对赌协议，尽管具有一定的风险，如果拥有一批优秀的经营管理人员，仍然会具有相当大的成功机率，而成功达到投资方规定的业绩时，管理层所获得的投资方的股份赠予将成为对其辛勤工作的额外嘉奖。但就我国的连锁企业来说，无论目前国内流通、商贸企业的竞争格局、盈利模式，还是社会居民需求都决定了在下一阶段，我国的连锁企业已经很难像发展初期那样得到高速的业绩增长。所以，我国的连锁企业不宜选择对赌协议这种相对新颖的融资方式。

实现入议竞争者情况的成本和更艰难的管理问题。而这些永乐都遇到了。通过以上的分析可以知道，虽然蒙牛与永乐同样面临着严苛的对赌协议的考验，但两者所处的环境却已经在很大程度上决定了两者的最终命运。蒙牛面对着一个快速扩张的市场、竞争力缺乏的同行，依靠自身的大胆创新，就能闯出一片天地。而永乐在两个如狼似虎的竞争者面前，缺乏扩张所必需的资金优势，可以想见，即使管理层勤勤恳恳，绞尽脑汁，其所面临的未来仍然是不容乐观的。

下面再从同是乳制品行业的蒙牛和太子奶看对赌成败。同样是奶制品行业，同样是国际投行注资，同样是对赌条款。蒙牛的成功上市，令投行们当初注入的5亿元人民币，短短3年内就获得约26亿港币收益，回报率达到500%。由于公司上市当年年报优异，大摩、英联提前结束了对赌合约，牛根生也由此迈入中国的福布斯富人榜，红极一时。而太子奶却陷入了注资——还债——再注资的不良循环，因经营状况恶化而触发的对赌条款，被迫黯然出局。英联等投行迫不得已接盘，其实他们也输掉了，只不过通过创始人的“补偿”摊薄了投资成本，最终亏得少些罢了。

如果不是一场突如其来的美国次贷危机以及“三聚氰胺”奶业丑闻，李途纯或许还能熬过这个冬天，等待破茧化蝶的时节，毕竟只要两三年后成功登陆海外资本市场，人们很快就会像追捧蒙牛一样，对太子奶激进的经营方式和当初签订对赌条款的意义，重新做一番解读。但只能说，他比牛根生欠缺一些运气，他也许赌对了过程，却绝对赌错了时机。

蒙牛数年前的上市之路，伴随的是相对宽松的宏观经济环境，以及对中国概念股着迷的国际资本市场，而眼下却实在是一个多事之秋：金融风暴席卷下国内银根紧缩，出口受阻而消费乏力，全球股市低迷不振。太子奶在经济繁荣时期堆积起来的诸多问题和风险，在急转直下的市场环境面前集中爆发，业绩增长成为一句空谈。

事实上，最近一段时间，在金融风暴影响下因对赌条款而陷入困境的企业不在少数，最明显的要数房地产行业。据了解，2008年排期赴香港上市的近20家内地房企，当初引入战略投资者时，为囤积高价土地向投行的融资少则2亿美元，多则5亿美元，投行要求的平均年回报率在30%左右。

而销售量收缩、房价下跌、资产负债表的流动性和财务状况恶化等原因，使他们面临越来越大的运营不确定性。目前这20家拟上市企业只有两三家成功上市，在资本市场对房地产股估值逐渐下降的情况下，其他企业想在规定期限内成功上市几乎是不可能完成的任务，这就意味着对赌条款很有可能被触发，投行会在今后要求更高的回报率，或企业被迫让出股份实施债转股。

所有这一切都意味着一种双输局面的出现，对赌，说到底并不是一个零和游戏。

深入探究这种双输局面出现的原因时不难发现，不少投资方在投资时，只关心被投资方能否上市、何时上市、业绩能否达标。而不去更多的考虑真正决定企业命运的产业变迁、竞争态势、管理水平、企业文化、人才队伍、营销策略等。这样一来，对赌条款变成了PE投资人偷懒的风险锁定机制。

所以近日，证监会管层目前正密切关注拟上市公司存在的PE对赌协议问题，并要求保荐机构敦促发行人在上会之前须对PE对赌协议进行清理；具体而言，上市时间对赌、股权对赌协议、业绩对赌协议、董事会一票否决权安排、企业清算优先受偿协议等五类PE对赌协议已成为IPO审核的禁区。监管层希望发行人股权是相对稳定且明确的，但对赌协议的存在，可能导致股权的调整；监管层或许同时由于担心现金对赌的存在，在发行人上市融资成功后，资金的用途或会被控股股东拿去偿还PE，从而损害小股东的利益；此外，在对赌协议中通常存在盈利预测条款，这也和上市的目的相冲突。

在此政策要求下，部分发行人的PE对赌协议得到了有效的清理，而国内PE入股价格相对较高，入股风险巨大，这使得一些人不愿放弃对赌协议。今年以来，已有部分发行人执行了上述监管思路而成功过会。

中国私募股权投资中的估值问题

中国私募股权投资兴起于2000年，行业的募资规模、投资金额、投资案例数逐年发展，近年达到了发展高峰。

私募股权投资的高速发展，吸引了更多的资金涌入中国，资金的供给量逐步超过了优质项目对资金的需求量。供需关系的逆转，造成了现实中的诸多难题和困扰，也引起了理论界的关注。其中，被投资企业的估值是个普遍关注的问题。

西方估值技术和中国现行估值技术

在西方发达国家经济体系中，私募股权投资估值具备了成熟、系统的理论及方法，估值理论及方法主要分为四种类型：现金流量贴现法、相对估价法、资产评估法和期权法。

现金流量贴现法的基本原理是，一家公司理论上的价值等于其未来自由现金流量进行折现后的净价值。现金流量贴现法的基础是限制定律，即任何资产的价值等于其预期的未来全部现金流量的现值总和。因此，如果能够得到完全信息，应用现金流量贴现法进行估值是一种比较科学准确的估值方法。根据企业自由现金流量选择的不同，可以将现金流量贴现法分为红利贴现法、股权自由现金流量贴现法、公司自由现金流量贴现法以及经济增加值（EVA）贴现法等。

相对估值法的理论基础是，相似的资产应当具有相似的价值。采用相对估价法的假设前提是市场是完备的或者是有效的，只有在市场是完备（或有效）的前提下，可比资产的市场公允价值才会等于或接近于其内在价值，这样计算出来的目标资产的价值才有可能反映它本身的内在价值。

资产评估法的假设前提是，企业是由一系列彼此独立的单项资产的集合体，公司的价值取决于公司构成要素资产的评估价值之和。它通过对目标公司的净资产进行加总，来确定公司的价值基础，是从构成企业整体资产的各要素资产重建的角度来考察企业的价值。

期权法时利用期权定价模型（如 BS 模型）对具有期权特征的资产进行价值评估，它主要是随着高新技术企业的发展而兴起的，应用的领域相对较小。

目前中国主要采用相对估价法，该法的具体操作办法是：挑选与非上市公司同行业的可比或可参照的上市公司，以同类公司的股价与财务数据为依据，计算出主要财务比率，然后用这些比率作为市场价格乘数来推断目标公司的价值，通常就是指我们所说的 P/E 法，即市盈率法。市盈率法是目前国内市场上最常见的企业估值方法。市盈率法包括历史市盈率法和未来市盈率法。

历史市盈率法是指企业用上一年度或过去十二个月的利润为基数对企业进行估值，其计算公式如下：

企业价值 = 企业上一年度或过去十二个月的利润 * 市盈率倍数

未来市盈率法是指企业用下一年度或未来十二个月的利润为基数对企业进行估值，其计算公式如下：

企业价值 = 企业下一年度或未来十二个月的利润 * 市盈率倍数

市盈率倍数一般是在参照同行业的上市公司的市盈率的基础上进行确定的。举个例子，拟融资企业是一家餐饮行业的公司，假设当前餐饮行业的上市公司的市盈率平均为 20 倍，对于同行业且规模较小的初创企业，参考的预测市盈率需要打个折扣，也就是说，在私募中该企业合理的市盈率倍数应该为 10 倍左右。当前，在国内市场上，私募基金能够给出的市盈率倍数一般也就是在 7 ~ 10 倍左右。

假设一家私募基金同意以 10 倍的市盈率对该企业进行估值，如果该企业上一年度的净利润为 1 000 万元人民币，预计下一年度的净利润为 1 500 万元人民币，那么，采用历史市盈率法，该企业的估值为 1 000 万 * 10 = 1 亿；采用未来市盈率法，该企业的估值为 1 500 万 * 10 = 1.5 亿。如果基金同意投资 3 000 万元，以历史市盈率法进行估值，基金能拿到 30% 的股份，若以未来市盈率法进行估值，基金只能拿到 20% 的股份。

很显然，如果企业盈利持续高速增长，采用未来市盈率法对企业进行估值对企业更有利，因此，在与私募基金谈判的过程中，企业家要争取采用未来市盈率法对企业进行估值。

因为未来市盈率法采用的盈利数额是建立在预测的基础上的，为降低风险，私募基金往往会要求在投资协议中增加一条对赌条款，对公司估值进行调整，按照公司实际做到的利润对公司价值和股份比例进行重新计算。

投资后估值 = P/E 倍数 × 下一年度实际利润

还是上面的例子，如果企业下一年度的实际利润只有 1 000 万元，企业的价值就只有 1 亿元，相应的，投资人应该分配的股份应该 30%，企业家需要拿出 10% 的股份出来补偿投资人。3 000 万/1 亿 = 30%

当然，这种对赌情况是比较彻底的，有些投资人也会相对“友善”一些，给一个保底的企业估值。比如上面例子，假如投资人要求按照公式调整估值，但是承诺估值不低于 1.2 亿，那么如果企业的实际利润只有 1 000 万元，企业的估值不是 1 亿元，而是 1.2 亿元，投资人应该获得的股份就是 25%：3 000 万/1.2 亿 = 25%。

在对企业进行估值的过程中，投资者还要注意一个问题：该估值是投资后估值还是投资前估值。所谓投资后估值是指把投资基金新投入的资金作为企业价值的一部分。而投资前估值是指企业的价值不包括投资基金新投入的资金。举个例子：假设一家企业估值为 1 个亿，基金拟投入 4 000 万，如果采用投资后估值法，基金所占的股份为 4 000 万/(1 亿 + 4 000 万) = 28.57 %；如果采用投资前估值法，基金所占的股份为 4 000 万/1 亿 = 40%。由此可以看出，采用投资前估值还是投资后估值对企业影响还是很大的，采用投资前估值对投资者更有利。

当然，投资者应当知晓，对于企业来说，也是希望保证其利益最大化的。对于企业来说，最好的方式就是让更多的私募基金对企业感兴趣（经济学原理：如果需求大于供给，价格就会上涨）。

企业在首轮融资中，投资者往往会尽最大可能压低企业的估值。但是，在后续融资中，如果有新的投资者想介入，已介入基金就会帮助企业提高企业估值以免稀释自己的股份。如果企业在完成首轮融资后，没有新的投资者对公司感兴趣，已介入基金就会要求企业平价或降价融资，这样，已介入基金就会以同样的投资拿到更多的股份。还有，新基金在加入次轮融资时当然又会想尽办法压低企业的估值。因此，企业家在选择私募基金和与私募基金谈判的过程中，往往会遇到复杂而又矛盾的情形，但是最重要的一点是，时间和市场不等人，不要因为双方估值分歧而错过投资和被投资机会。毕竟对于投资者来说，目前中国资本市场给予企业的估值天价而言，拿到好的项目才是重中之重。

中国的估值困境及其产生机理

在上文所提及的四种方法中，西方最主流的是现金流量贴现估值法，该方法逻辑结构系统严谨，但假设条件严格，计算方法比较复杂，在中国较少被应用。而期权估值法的参数估计及计算过程冗繁、复杂，即使在西方成熟经济体的应用也不广泛，在中国的应用则更少。因此，在资金供给超过优质项目对资金需求的背景下，私募股权投资机构对优质项目的竞争很剧烈，它们往往避繁就简，采用最直观也最简单的相对股价法或者资产评估法，尤其是相对估价法，受到普遍的欢迎。相对估价法或者资产评估法虽然可以大大简化估算过程、提高决策速度，但对项目估值的精确性却大幅下降。另外，随着对优质项目的竞争越来越剧烈，项目估值水平水涨船高，估值偏高的风险显现。

因此，中国私募股权投资陷入了一个估值困境：若采取相对估值法或资产评估法，简单、快速且有助于提高决策效率，但估值精确性下降、估值风险提高；若采用现金流量贴现法，可以提高估值的精确性，但计算过程复杂，降低了决策速度。几年来，上述估值困境一直未得到有效的解决。

中国私募股权投资陷入估值困境的表面原因是：资金供给逐年增长，超过了优质项目对资金的需求量，形成了资金供给过剩的局面。在资金供给过剩的情况下，资金对优质项目的追逐和竞争加剧，客观上要求私募股权投资机构提高决策速度，由此必须提高估值速度，于是造成了上述的估值困境。然而，当近期市场行情不好，资金供给大幅下降的情况下，私募股权投资机构仍然采取最简单的相对估价法或资产评估法，究其原因，主要在于现金流量贴现法难以应用：在中国的非上市公司私募股权投资中，历史经营数据和财务数据的可得性与权威性比较差，未来经营数据和财务数据也难以估算。

进一步分析，致使企业未来的自由现金流量难以准确估计的深层次因素主要有三方面。

第一，企业所在产业的竞争结构的不稳定，影响了企业未来自由现金流量的准确测算。由于中国经济腾飞和经济转型这两大重要特征，企业在享受经济高增长带来的增长效应同时，也不断受到新兴的同行企业的冲击，这造成了中国经济结构和产业结构的不稳定。在这种不稳定情况下，微观企业在竞争中的前景具有很大的不确定性，这造成了企业未来现金流的不连续性，加大了现金流预测的难度。

第二，国内企业独特的竞争逻辑，影响了企业未来自由现金流的估算。国外企业竞争逻辑的核心是企业运营效率的竞争，企业的管理水平、营销成本、管理费用、财务成本等运营层面的效率，决定了企业能否持续经营与盈利。国内多数企业则处于规模化阶段，中国企业竞争的核心逻辑是能否构建独特的竞争壁垒，形成先于竞争对手的优势。在这样的逻辑下，企业当前的盈利水平和财务表现是次要的，能否构建起独特的竞争壁垒则是最关键的。这种竞争优势或者竞争壁垒主要是指企业是否具备独特的资源或者商业模式，包括专属特许经营权、核心技术专利、独有的地域便利、关键的矿产资源、难以复制的商业模式等。正是由于企业竞争逻辑的不同，私募股权投资机构无法仅以目前的盈利水平和财务表现来预测企业未来的自由现金流量，从而使现金流量贴现法难以被应用。

第三，企业内部管理层的不确定性给企业未来自由现金流量的估算带来了困难。企业管理层在企业运营中发挥的作用是难以替代的，也是每个企业独有的资源之一，企业家能力是企业成长与价值的关键因素之一。中国职业经理人市场极其不成熟，企业一旦出现企业家危机，难以在短时间内找到合适的替代者。这意味着一代企业家过去之后，企业的成长将走向另一种模式。私募股权投资是一种财务投资行为，一般参股而不控股，因此私募股权投资企业的本质也是投资企业家，如果企业的经营表现和业绩受到冲击，投资也会面临损失风险。由此可见，企业内部管理层的不确定性给企业未来发展带来了极大的风险，从而影响了企业未来自由现金流量的准确估算。

综上分析，造成中国私募股权投资估值困境的实际原因是现金流量贴现法难以在中国适用，而其深层次的原因是企业所在产业的竞争结构不稳定、国内企业独特的竞争逻辑、企业内部管理层的不确定性等三个方面，它们是造成估值困境的根源。

估值困境的解决思路

面对企业所在产业竞争结构的不稳定这一问题，产业结构虽然不稳定，但是它的演变趋势有规可循。科尔尼公司的研究结果显示，产业演进往往遵循 S 型曲线模式，一般要经历四个阶段，即初创阶段、规模化阶段、集聚化阶段、平衡和联盟阶段。初创阶段一般是供小于求，企业生产的产品局部垄断，盈利空间较大；规模化阶段时行业竞争加剧，盈利空间受极大的挤压；集聚阶段则是供过于求，行业洗牌逐步展开，盈利空间趋于稳定；在产业演进到平衡和联盟阶段，产业已经形成了比较成熟的市场和竞争结构，产业演进到寡头竞争格局。在当前估值环境下，首先要分析企业所在产业的竞争结构，如果产业竞争结构不稳定，则需要对产业演进趋势进行分析，以此来运用现金流量贴现法获得比较准确的企业估值。

在分析国内企业独特的竞争逻辑时，我们需要在分析产业竞争结构的基础上分析企业所拥有的各种资源，看它们是否为该企业所独有，能够给该企业构成竞争壁垒和竞争优势，以及构成的壁垒和优势能否持续保持，并最终成长为具有垄断优势的企业。

考虑企业内部管理层的不确定性时，传统的判断方法是利用可观察到的信息来判断企业家未来若干年内出现危机的可能性。但是由于信息不对称的存在，我们应设计机制，使得投资者在信息不对称的情况下判断管理层的准确信息。由此可以设计一个合适的机制，促使企业家形成自我筛选拟合自我激励机制，从而降低或者屏蔽企业家危机风险的出现。

基于以上三方面的探讨，我们可以得到中国私募股权投资估值困境的总体解决思路：第一是分析企业所在产业的竞争结构，重点分析产业竞争所处的阶段以及未来的演进趋势，以此判断产业需要多长时间走向稳态竞争，以及走向稳态竞争阶段后，行业的总体规模、增长速度、盈利水平等，由此来估算产业的产值和利润水平等；第二是分析企业具备的竞争壁垒或竞争优势，重点分析企业竞争优势的可持续性，一起确定企业未来的竞争地位，从而估算企业未来能够占据市场份额；第三是设计合适的机制，使企业家主动发出其真实信号，以此修正对企业的估值。通过以上三步，可以对产业规模及盈利水平，企业未来每一年的竞争地位以及市场份额进行比较准确的估算，从而估算企业未来每一年的现金流量，从而使用现金流量贴现法进行比较准确的估值。

案例：京东商城融资与估值倍增

公司背景

1998 年 6 月，刘强东在中关村创业，成立京东公司，目标定位于 IT 零售连锁，稳步发展；2003 年“非典”爆发，存货积压、资金紧张，京东不得不改变传统经营模式，涉足电子商务领域；2004 年 1 月 1 日，“京东多媒体网”电子商务网站正式上线，京东关闭线下业务，专做线上，刘强东野心勃勃，要打造中国最大的乃至最后成为惟一一个电子商务企业，发展初期以利润换市场；2008 年，京东遭遇配送系统和第三方快递公司的时效性和服务品质差的瓶颈，刘强东决定自建物流体系，对资金始终有庞大的需求；2004 ~ 2010 年，京东分别实现年销售额 1 000 万元、3 000 万元、8 000 万元、3.6 亿元、13.2 亿元、40 亿元、102 亿元，却每年都只能勉强盈亏平衡。

投资方介绍

今日资本

今日资本是一支专注于中国市场的国际性投资基金。目前，今日资本独立管理着 6.8 亿美元的基金，主要来自英国政府基金、世界银行等著名投资机构。作为一个高度本土化的国际投资基金团队，投资团队坐镇国内，成员均拥有丰富投资经验。在中国的投资项目有京东商城、悠哉旅游网、赶集网等。

老虎环球基金

由 Julian Robertson 创立于 1980 年的老虎基金是举世闻名的对冲基金，到 1998 年其资产由创建时的 800 万美元，迅速膨胀到 220 亿美元，并以年均盈利 25% 的业绩，列全球排名第二。其中，1996 年基金单位回报为 50%，1997 年为

72%，在对冲基金业里，老虎基金创造了极少有人能与之匹敌的业绩。在中国的投资项目有学而思、京东商城、VANCL、乐淘等。

数字天空技术（DST）

· 数字天空技术投资集团（Digital Sky Technologies）成立于2005年，是俄语和东欧市场最大的互联网投资者，也是全球专门专注于互联网及相关企业的领先投资集团之一。数字天空技术投资集团是一家由俄罗斯和西方领先的金融机构支持的未上市公司，在中国的第一站投资就瞄准电子商务领域京东商城。

融资分析（见图2.2）

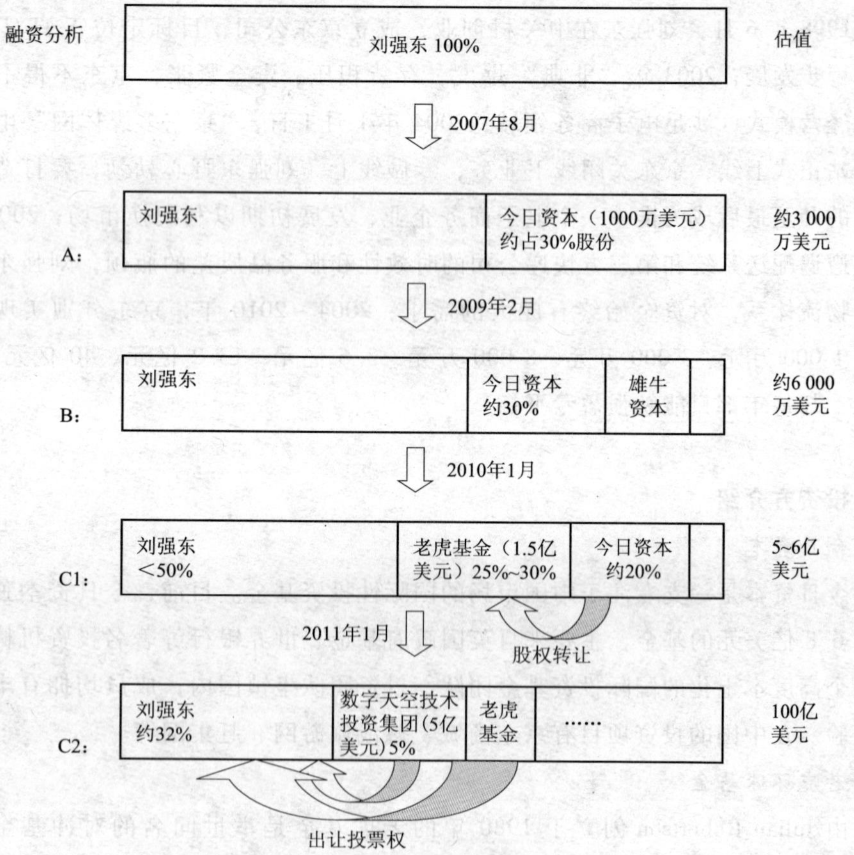

图2.2 京东商城的融资与估值变化

（1）第一轮融资

2007 年 8 月，国际著名的风险投资基金今日资本投资 1 000 万美元，获得了超过 30% 的股权，估计此时京东的估值在 2 500 ~ 3 300 万美元之间。

此次融资目的在坚持纯线上的电子商务模式，颠覆中国电子商务的传统发展：打破现有电子商务线上与实体店铺同步运营的销售模式；改变消费者的传统消费模式，并以用户为中心，在服务和保障方面趋向灵活、便捷与完善，树立 3C 产品保障与服务的新标杆。把京东商城从多媒体外设的、非常小的行业的 B2C 上，带到一个全新商务平台的 B2C 上。所融资金主要被用于物流配送体系、财务体系、品牌推广、网站改版等的改造。2008 年，京东产品扩大到 3C 家电，销售额突破 10 亿，稳居 3C 产品 B2C 行业第一。

（2）第二轮融资

2009 年 1 月 12 日，京东商城宣布获得来自今日资本、雄牛资本以及亚洲著名投资银行家梁伯韬的私人公司共计 2 100 万美元的第二轮联合投资，具体为雄牛资本领投 1 200 万美元，今日资本跟投 800 万美元，而梁伯韬先生个人投资 100 万美元。

金融危机爆发后，风投资本的投资行为更趋谨慎，资本市场大势转冷，其融资进程较预期晚了两个多月，并且在公司估值方面，京东商城也做了相当大的让步。据京东创始人刘强东透露，较今日资本 2006 年 11 月给予的估值，此次公司估值增长了近 10 倍，但还是比董事会预期了价格低了 40% 左右。融资后，公司目前的估值约为 3 亿美元。

此次获得的风投 70% 将用于物流、配送以及售后服务的系统改造上；余下 30% 主要用于商品种类的扩充。目前京东商城的商品种类为 18 000 多种，计划在年内扩充到 20 000 到 22 000 种左右。此外，京东目前在上海和北京的库房均为 1 万多平米，计划在今年 6 月底两地库房均扩充到 3 万多平米。

（3）第三轮融资

① 2010 年 1 月 27 日，该公司已获得老虎环球基金领投的 C1 轮风险投资，该投资第一笔资金 7 500 万美元资金到账后，新资金中将有 50% 用于仓储、配送、售后等服务能力的提升。

这次的融资被拆分成了 C1 和 C2 两轮，是为了避免股权的稀释。目前京东商城已陆续在全国购置 1 200 亩土地用于打造物流仓储平台，届时将能够支撑数百亿元的销售额。并加快在二三线城市的布局，今年至少新增 30 家城市配送站，此外，京东商城全国客服中心今年也将全面扩容，坐席将由此前的 150 个提升至 400 个，计划在国内 B2C 企业中率先实现 7×24 小时全天候服务。

值得注意的是，就在京东宣布获得的超过 1.5 亿美元的风险融资三天前，苏宁电器旗下电子商务平台苏宁易购网正式上线。而国美电器方面也透露消息称，今年 3 月份，国美电器或将打造出新的电子商务交易平台。不过公司副总裁徐雷表示，2009 年我国网络购物用户规模已达 1.08 亿人，年增长 45.9%，而目前京东 610 万的注册用户份额还非常小，中国的用户市场是足以支撑 2～3 家全国性的综合类网上商城。

② 2010 年 12 月 3 日，京东商城董事局主席兼 CEO 刘强东今日表示，此前第三轮融资中的第二期资金已经到账，金额为 7 500 万美元，投资方仍然为第一期资金的出资方老虎环球基金。

第二期资金到账后，两笔融资总额超过 1.5 亿美元。京东商城的第三轮融资成为金融危机以来中国互联网市场金额最大的一笔融资。

1.5 亿美元新资金中将有 50% 用于仓储、配送、售后等服务能力的提升。随后京东商城并购 B2C 网站千寻网、加大对百货市场投入，并杀入母婴、图书等市场，并在成都设立了分公司。刘强东还透露明年将在成都买地，总投资高达 15 亿元。

京东商城还陆续在北京、上海、成都三个城市，建立单体面积超过 10 万平方米的超大型物流中心，加上广州原有的物流中心，全国拥有 4 个一级库房，实现每隔 600 公里都将有一座京东商城的仓储中心或库房，同时其城市配送站也增至 50 个城市以上。

经过三轮融资后，京东 CEO 刘强东表示公司会在 2010 年启动上市计划。从公司目前架构来看，纳斯达克会是首选地。

京东商城稳坐中国的最大 B2C 公司宝座，不过存在的问题也是不可避免的。

京东商品的综合费用率为 6.7%，而综合毛利率 5%，显然这是一个亏损的财务比值，京东以低价夺取市场的策略，是建立在亏损的基础上。惟一的解决办法只有继续做大规模，降低综合费用率，直到费用率小于毛利率时才能止亏盈利。而要继续做大销售规模，保持高达 300% 的增速，需要源源不断投入巨资。换句话说，就是要扛住亏损继续大把烧钱，直到烧出京东的真金。

（4）第三轮后续

2011 年 4 月 2 日，京东商城宣布已完成 C 轮融资，融资金额 15 亿美元，其中 11 亿美元资金已经到账。这是中国互联网市场迄今为止单笔金额最大的一笔融资，新的一轮融资将为京东商城 2013 年启动的上市计划铺平道路。

本次融资的投资方包括了俄罗斯投资者数字天空技术（DST）、老虎基金等共 6 家基金和一些社会知名人士，其中 DST 集团投资了 5 亿美元。此前，DST 集团已经参与投资了包括 Facebook、Groupon 在内的最成功美国互联网公司。

京东商城董事局主席兼首席执行官刘强东表示，“潜力巨大的中国电子商务市场，以及拥有健康商业模式和出色市场业绩的电子商务企业，越来越多地吸引了国际知名投资机构的关注。此次融资的成功，对于迅速发展的京东商城乃至中国电子商务行业都有着非常积极的意义。”

新的 15 亿美元融资将几乎全部投入到物流和技术研发的建设项目中。京东商城计划今年将同时开工建设 7 个一级物流中心，未来三年共投资 50 ~ 60 亿人民币进行物流建设。此前，京东商城将 2009 年初获得 B 轮融资的 70% 资金用于物流体系建设。

数据显示，京东商城自 2004 年上线以来，已连续六年保持超过 200% 的增长，预计 2011 年销售额将达到 240 ~ 260 亿元人民币，约为去年销售额（102 亿元）的两倍。来自艾瑞咨询的数据表明，截至 2010 年第四季度，京东商城以 33.9% 的市场份额继续排名中国网络零售商第一位。

高估值问题

刘强东于 2004 年创办的京东商城，尽管六年来尚未盈利，但此前公开的融资已经完成了三轮（分别为 A 轮、B 轮、C 轮），累计融资金额超过 1 亿美元。据多位参与京东融资的投资界人士透露，三轮融资之后，其公司估值从最初的约 2 000 万美元升至第三轮融资后的约 5 亿美元，公司还没上市已荣登中国 B2C 电子商务产业融资之冠。

而在最新的 C 轮后续融资中，又获得了包括 DST 在内的超过 10 亿美元的融资，而中信产业基金最新的5亿美元领投计划中，京东商城5亿美元融资出让股份约为20%～25%，据此计算，京东商城的估值约在20～25亿美元。较四年前首轮融资所作的2 000万美元估值，在4年内估值已翻了100～125倍以上。

较两家已完成上市的B2C公司麦考林与当当网，京东商城的新一轮融资超过了2倍多。两家上市公式IPO融资额分别为1.29亿美元和2.72亿美元。

在公司估值不断增长的背景下，随着公司融资规模的不断扩大，刘东强所占的股份比例也在逐步被稀释。在C轮融资后，今日资本仍持有京东商城约20%股份，老虎基金持股25%～30%之间，加之其他投资人股份，刘强东及其团队所持股权应已低于绝对控股要求的50%。而在D轮融资结束后，刘强东自身所占股权将面临又一轮被摊薄。据专业人士估计，如果接纳中信产业基金领投的5亿美元，刘个人及管理团队持股比例将进一步稀释至大约32%。

面对持股权的稀释，刘东强采取一系列措施保证了控制权的掌握。通过在投资条款中设置不同权力等级的投票权限，从而实现了在投票权上其团队仍然对公司战略和运营拥有绝对控制。此外，投资者对京东商城未来发的乐观和对刘强东本人能力的信服，也使得他的个人权威至少在目前还没有遇到挑战。多位京东商城投资方人士在采访中均表示出对京东商城业绩增长的认可。刘强东最令投资者信服的能力之一，是其对公司业绩预测的准确把握。

(1) 优势：

京东商城能实现估值的突飞猛进离不开其良好的经营。对于做好电子商务的要素，刘强东认为是效率和成本。在效率方面，为了甩开同业竞争，刘强东擅长打价格战，出招往往“势大力沉”。从创业初期开始，京东商城最乐于标榜自己产品价格低于线下零售价10%到20%。在压低成本方面，刘强东的经验是，通过走量来不断增加自己在供货商面前的议价能力。他多次对外表达过对京东发展路径的解读——“越大越安全”，这个“安全底线”要求的规模在他看来是年销售额达到500亿元。

对比同行竞争者，京东商城在“用定位满足需求；用营销建立品牌；用价格占领市场；用规模设置门槛；用速度赢得竞争”这五个方面可算是“抢点意识”最强的一家电商企业。但是业内人士都清楚，真正显示公司“内功”的是“用数据驱动运营，用技术支撑增长；用管理控制成本，用系统提升效率”。

（2）劣势：

京东商城在享受着融资蜜月的同时，也面临这 5 大迷途。

① 逃对赌质疑

京东商城刚刚完成第三轮融资的代价非常大，被迫跟 PE 签署对赌协议，3 年内销售额要达到 750 亿元，否则刘强东就要出局走人。

② 急寻增量

一种观点认为，当京东商城成长到一定规模时，再实现以往 2～3 倍的成长速度已不可能。而另一种观点认为，京东未来增长潜力依然巨大。在急速膨胀的泡沫面前，不少电子商务、团购网站似乎都忘记了这样一条最基本的准则：并非所有商品都适合在互联网上销售。京东商城也是一样。

③ 奢侈品赌博

2011 年 3 月底，在获得号称国内互联网市场“单笔最大融资”之后，京东商城宣布在加大物流的同时，计划下月推出一家独立的奢侈品 B2C 网站（Toplife），该网站将专注于奢侈品的在线销售。但是电子商务能够在几年内获得快速发展，很大程度上是因为低价，而奢侈品不是以低价吸引用户。而且从用户体验的角度来说，人们在买奢侈品时所带来的虚荣心和满足感，电子商务往往乏善可陈。

④ 价格战不可持续

在每一次高调挤入新领域，低价几乎无一例外地成为京东的“杀手锏”。最典型的例子，莫过于 2010 年 11 月京东商城进军图书市场，很快与当当挑起了多轮明争暗夺的价格战。不过，在竞争对手的围攻下，京东的价格优势已经变得越来越不明显。

尽管电子商务企业越来越强调服务和体验，但对终端消费者而言，最敏感的仍然是价格。商品在低价促销时，的确会吸引不少用户购买，而一旦恢复价格，优势就很难体现，一定会遭遇细分行业里稳坐前三企业的强势挑战。

⑤ 被资本绑架

京东屡次高调的动作背后，总是离不开两个字：融资和物流。在经过多轮巨额融资之后，创始人股权被稀释已是不可避免的事实。经过三轮融资之后，刘强东及其创业团队的股权已被稀释至 32%。

案例：雷士照明公司的估值博弈

各方简介

雷士照明 & 吴长江

10 多年来，雷士一直保持高速增长，通过自主研发体系，开展持续创新运动，为大众提供高品质、节能、优美的人工照明环境。产品涉及商业、建筑、办公、光源电器、家居等五大领域，特别是商业照明一直保持行业领先地位。

吴长江现任雷士照明控股有限公司总裁。男，1965 生，重庆铜梁人，雷士照明控股有限公司总裁。1992 年“下海”创业，1998 年组建雷士照明公司。目前，公司已是国内规模最大的灯具生产制造商。

亚盛投资 & 毛区健丽

毛区健丽女士，是亚盛投资创始人，总裁，拥有 25 年金融从业经验。

毛区健丽女士于 2002 年创立了亚盛投资公司。亚盛投资是一家关注中国企业的投资及财务顾问公司，致力为中国的顶尖企业及力求在中国拓展业务的国际跨国公司提供国际化的优质财务顾问服务。透过亚盛的直接投资和战略辅导，亚盛帮助高质量的新兴中国企业快速成长。亚盛的成功案例包括橡果国际、雷士照明等。

亚盛投资在雷士照明上市过程中，仅用了四年时间，创造了超过 9 000 万美元的收获，投资收益高达近 20 倍。

有人说：“隐藏幕后的‘资本猎手’毛区健丽，在雷士募资一役中展现了惊人财技，在协助雷士照明募资时，计谋、心理战、代持股、顾问费折股等等，无奇不用，吴长江更是哑巴吃黄连有苦说不出。”

又有人说：“表面上看，当时毛区健丽在‘赌’雷士公司能过得了这些关槛；事实上，一个优质企业遇到暂时风险，企业价值随之降低，毛区健丽在这个特定时间窗口内发现、并抓住了这个企业的价值洼地。这使得毛区健丽女士和亚盛投资创造了自己职业生涯的一个新高度。”

谁对谁错，我们有各自的判断，而从这场企业家与投资人的“对抗”中，却可以发现能明显影响企业估值的某些不可计量的因素，比如对信息的掌握度。

雷士明估值变化过程

1998 年底，吴长江和他两个高中同学杜刚与胡永宏，分别出资 45 万元、27.5 万元、27.5 万元，以 100 万元的注册资本创立了雷士。从公司的股权架构看，初期的雷士照明算是一种同学式家族管理模式，吴长江管理生产并担任董事长，是占比 45% 的单一大股东，而相对于两位同学的合计持股，他又是小股东。

当时中国的照明业初起，吴长江和两位同窗在这种“有控制权、但又被制约”的结构下，合力将企业迅速做大，创业第一年销售额便超过 3 000 万元，第二年超过 6 000 万元。

不过随着企业的快速增长，雷士开始出现一些新的问题：由于小区域的经销商多而散乱，参差不齐，在管理上给厂家造成了巨大的难题。在这样的境况下，吴长江决定对雷士照明进行渠道变革，并在行业内首推以依靠各地大经销商为核心管理单元的运营中心模式。

而与此同时发生变化的是股东之间的心态。由于吴长江全面负责企业运营，凡是外界提及雷士，言必及吴长江，其他两位股东觉得“公司又不是他一个人的”，感觉很不爽。因此，吴长江这一颇具超前意识的渠道变革遭到了另外两位股东的反对。

到了 2003 年，股东间的关系越来越紧张，由于股东意见不统一，甚至连公司会议都无法进行。面对这样的情况，胡与杜理所当然地认为公司无法长久经营，于是提出只要公司有收入就马上分红，2004 年一直在分红。然而，他两各自的股份相对吴长江较少，分红随之也较少，这样，胡与杜两位股东心理进一步不平衡，并向吴长江提出分红一致的要求。后来妥协的结果是，吴长江把自己的股份向其他两位股东分别转让 5.83%，而代价几乎是无偿的。于是三人的股份形成 33.4%、33.3%、33.3% 的均衡状态，三位股东在企业的工资、分红也完全均等。

然而，股份是均等了，三位股东的关系却并未因此而改善。2005 年，随着雷士的销售渠道改革，三位股东的矛盾全面爆发，其他两位股东激烈反对吴长江的改革方案。

吴长江在与时任摩根士丹利董事总经理的刘海峰接触后明白，想要获得进一步私募融资，必须先解决股东问题。于是，吴长江下定决心后，开始计划下一步棋。“客观讲，雷士分家这个导火索是我点燃的。因为这个事情迟早要解决，早解决要比晚解决好。”吴长江曾公开表示。

“如果能够赢得经销商，就等于能够搞政变。”吴长江正是明白这一点，当时采取了一个“以退为进”的策略，自信向胡、杜两位股东提出，以 8 000 万出让自己所有的股份给胡、杜，彻底离开雷士，因为他认为自己与经销商站在统一战线上，另外两个股东是“玩不转”这家企业的。胡、杜欣然同意，随即签署协议。

然而，吴长江离开不到一周，预料中的情形便发生了：胡、杜两位股东遭遇雷士全体经销商的“倒戈”，要求吴长江重掌企业，其余两股东被迫各拿 8 000 万元彻底离开企业（如图 2.3）。由于雷士账上并没有足够支付股东款的现金，最终达成的协议是，两位股东先各拿 5 000 万，半年内付清剩余款项。

被两位同窗抽走一个亿的资本之后，雷士账上几乎变成“空壳”，因而吴长江真正的挑战便是公司的资金问题。“从 2005 年底到 2006 年的下半年，我惟一做的事情就是‘找钱’，其他的一概不管。”吴长江说。

2006 年 3 月，心急如焚的吴长江找到了“企业教父”级人物——联想集团的柳传志，希望能借到资金。柳传志在了解雷士的一些情况后，甚为欣赏这位后辈企业家的理念与魄力，他打算通过旗下的“联想投资”向雷士入股。但是考虑到联想投资的项目决策程序较长，时间可能得拖个 3 ~ 6 个月，柳传志于是先向朋友借了 200 万美元给吴长江。

经柳传志介绍，一位与联想控股有合作的低调广东女富豪叶志如，通过其私人拥有的 BVI（维京群岛）离岸公司“正日”，借了 200 万美元给雷士，借款期限为半年（见图 2.4）。

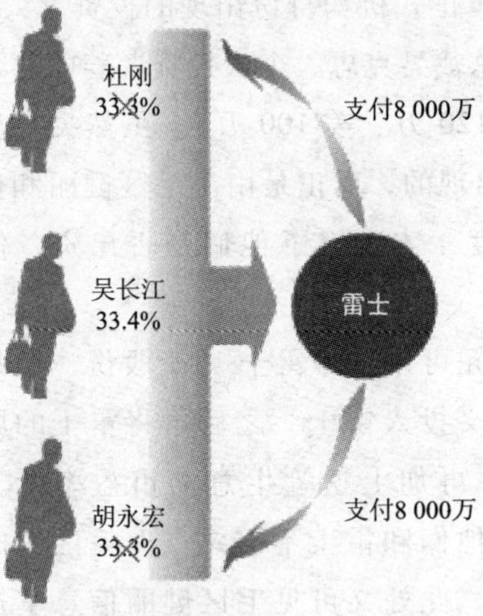

注：本文的股权结构仅表达基本含义，
实际结构图更复杂，下同。

图 2.3　两股东撤资形成“股转债”

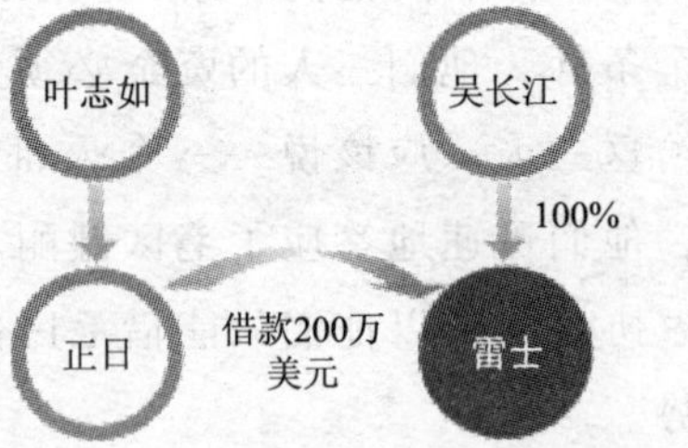

图 2.4　雷士明从正日公司获得借款

自 2005 年底，毛区健丽就开始与吴长江有了一定的接触。由于她是亚盛投资的总裁，专门从事融资顾问服务，于是很自然的，她成为了雷士一个全权的“金融保姆”。她不仅了解雷士股东纠纷的整个背景，而且知道吴长江极度缺钱的状况。

其实，无论一个企业家把企业做得多好多大，与投资人在资本运作方面相比，肯定处于劣势地位。吴长江也不例外。于是，毛区健丽揽起了协助吴长江融资的活，她带着自己的团队开始对雷士提供全方位的金融服务，包括帮助吴长江在境外设立离岸公司、搭建离岸股权架构、引进资本方、设计融资交易结构等等。

当时，毛区健丽看到吴长江在找联想，为了显示诚意，先期和朋友夏雷一起向雷士提供了 2 000 万元的借款，以帮助雷士渡过难关。这无疑是毛区健丽快速判断企业，而联想四平八稳走程序的差别之处，同时这也和毛区健丽一直和雷士有交流有关，较知根知底。此处便可见毛区健丽信息掌握的优势。

此后，夏雷便开始关注雷士的运营管理，而毛区健丽关注财务控制和资本运作。

不出几个月，毛区健丽便找到了三个以非正式机构身份出现的投资人："涌金系"掌门人魏东的妻子陈金霞、优势资本总裁吴克忠、个人投资者姜丽萍，他们三人合计出资400万美元（陈180万、吴120万、姜100万）。虽然吴克忠是在操作优势资本，但显然还是以个人投资者出现的，而正是由于毛区健丽和他们的关系紧密程度，或者是对项目的肯定程度，才决定了他们是否出资，何时出资。

毛区健丽向他们承诺，投入这400万美元可以获得雷士10%股份，但是有一个条件，他们三人的资金必须先以她的名义投入雷士，之后再将雷士的股份转给这三人。应该说，三个人都是生意人，再加上这笔生意的市盈率低，所以，他们迅速地答应了毛区健丽。但是由于他们和雷士不够熟，而毛区健丽有独家协议，所以他们只能借毛区健丽进雷士。此处又可见毛区健丽信息掌握的优势。

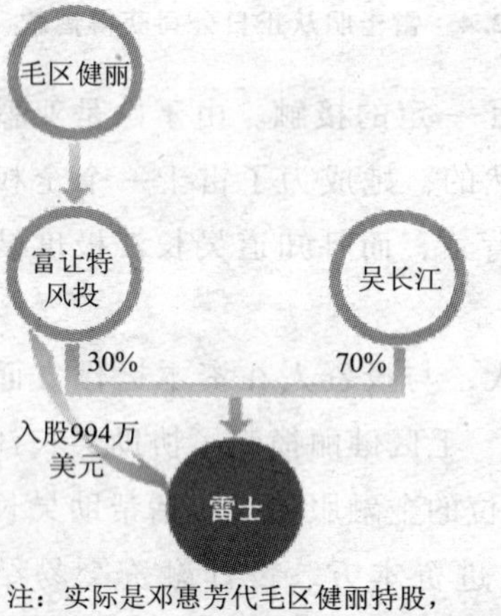

图2.5　毛区健丽入股雷士照明

2006年6月27日，毛区健丽抢在联想做出投资意向之前，掏出自有资金494万美元，再加上应收取的融资顾问费折算成100万美元，另以从吴克忠等人处募集的400万美元，合计994万美元，购买了雷士30万股股份，占比30%（见图2.5）。此处变现整个事情的精彩之处，左手跟雷士谈的30% 894万美元，右手跟其他人谈的10% 400美元，用借别人的钱，给自己抬轿子。所以先和雷士谈，然后再转身提价，跟三个投资人谈，投资人接受，等于钱的事情妥了，自己留的20%股也升值了。

2006年6月28日，毛区健丽随即把雷士10%的股份（10万股）转手兑现给了出资400万美元的陈金霞等三人（见图2.6）。

虽然毛区健丽东拼西凑加上自己的资金，替吴长江找到了近900万美元的现金，但是雷士的资金缺口依然很大。

2006年8月，在毛区健丽的牵线搭桥下，吴长江和软银赛富的首席合伙人阎焱有了第一次见面。在见阎焱之前，朋友千叮咛万叮嘱，唯恐吴长江"表现不

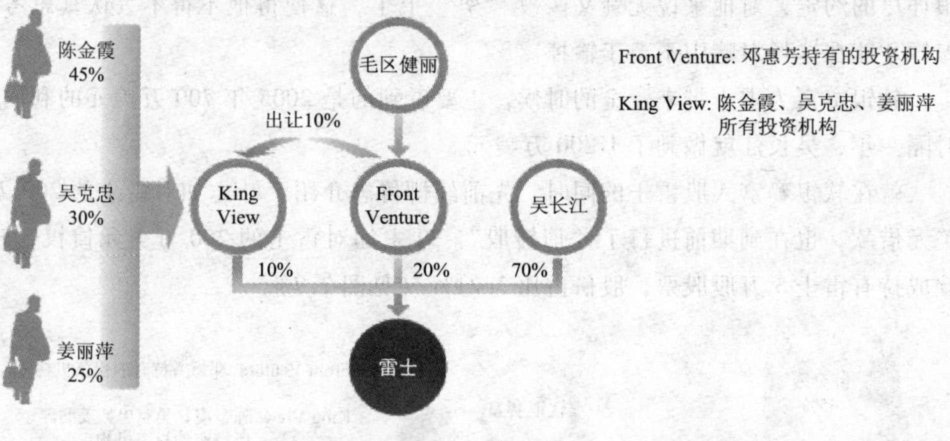

图 2.6　毛区健丽出让 10%雷士明股权

好”。这种担心不无道理，传统产业一向很少受到大的风投机构的青睐，照明行业也还没有这方面的先例。不过吴长江表示，自己这性格，怎么也装不来。

吴和阎两人一聊，发现还有些渊源：阎焱是南昌航空大学毕业的，吴长江是西北工业大学毕业的，两个人都是工科出身，都学飞机制造专业。“即便软银赛富进来了，头几年公司赚到的钱必须用于公司再投入。PE 投资为的也不是那点分红，我们更盼企业能早日上市。”吴长江非常坦诚地说。双方一拍即合，一个小时后这桩交易的框架便成形了。

8 月 14 日，软银赛富投入的 2 200 万美元到账，获得了雷士照明 35.71% 的 55.5 万股 A 类优先股。

不过软银赛富对雷士照明也有一定的约束：每年的绩效、奖金、转让限制、优先购买权、赎回权等都做了明确的要求。比如在赎回权的协议中规定，如果雷士照明未能在 2011 年 8 月 1 日前上市，软银赛富有权要求吴长江回购投资股份，并支付投资累计利息。

“这些条件既苛刻又不苛刻，苛刻的是，企业一旦操作不慎，每条条款都足以压垮企业，另一方面，我对自己的企业非常了解。比如对赌，对方要求 30% 的增长就不错了，我则坚持认为，要达到 50% 以上，并写进协议。”

吴长江回忆，这个时候跟风投谈判，还没什么经验。但企业缺钱的事实，又将自己有意无意地推上与风投合作的平台。风投进入对每个条款甚至细节都做了很详尽的约定，对他来说无疑又像被“架”上了，这使得他不得不去认真思考，怎样才能在这场对赌中不至于输掉。

软银赛富为雷士带来资金的时候，主要看到的是 2005 年 700 万美元的利润，时隔一年，吴长江就做到了 1 200 万美元。

就在软银赛富入股雷士的同时，先前经柳传志介绍，叶志如对雷士的 200 万美元借款，也在到期前进行了“债转股”。叶志如对雷士的 200 万美元债权，转变成持有雷士 5 万股股票，股份占比 3.21%（见图 2.7）。

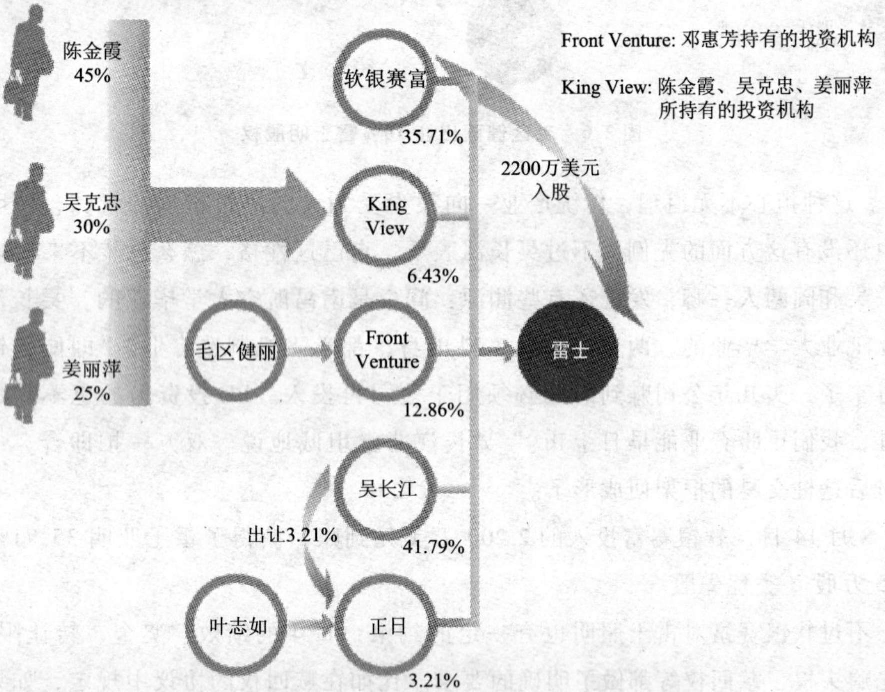

图 2.7 软银入股及叶志如债转股

这半年下来，随着三笔资金的先后进入，雷士总共募得资金折合人民币约 2.6 亿元，除去支付股东杜刚、胡永宏的 1.6 亿元，还有余款补充运营资金。解决了股东问题以及资金问题之后，雷士从此走上了稳健的扩张道路。

如表 2.2，结合吴长江的融资过程，我们可以发现，不同的投资方对雷士估值所用的市盈率倍数有很大的差异。

表 2.2　　雷士明融资估值中的市盈率倍数

股　东	股　份	市盈率倍数
吴长江	41.79%	NA
软银赛富	35.71%	8.8
毛区健丽	12.86%	3.5
陈金霞、吴克忠、姜丽萍	6.43%	5.7
叶志如	3.21%	8.9

首先，以毛区健丽的名义合计入股的994万美元，对应雷士的市盈率估值只有4.7倍（依据雷士2005年净利润700万美元推算：994/30% ÷700 =4.73倍P/E值）。通常而言，企业的第一轮融资，投资方给出的估值一般是8－10倍市盈率，吴长江只卖到了正常价格的一半左右。

可以看出，毛区健丽本人实际只投入了494万美元真金白银，即获得了雷士20%的股权。相较于陈金霞等三人投入400万美元只占有10%股份，毛区健丽实际是以3.5倍的超低市盈率入股雷士的（依据雷士2005年净利润700万美元推算：494/20% ÷700 =3.53倍P/E值），而陈金霞等三人则是以5.7倍的市盈率入股的（依据雷士2005年净利润700万美元推算：400/10% ÷700 =5.71倍P/E值）。

其次，可以推算，软银赛富以2 200万美元获得了雷士照明35.71%的股份，其入股雷士的市盈率估值约为8.8倍（依据雷士2005年净利润700万美元推算：2 200/35.71% ÷700 =8.80倍P/E值）。这个价格是毛区健丽先前入股估价的近2倍，客观地说，软银赛富入股的价格还是较为合理的。

无论是较毛区健丽先注入的叶志如的200万美元资金，还是较毛区健丽后注入的软银赛富的2 200万美元资金，入股市盈率皆高于毛区健丽的入股市盈率。

图2.8所示是毛区健丽历次出让雷士股票及收益情况。实际上，毛区健丽个人只投入了494万美元现金，而获得了雷士20万股股票（占当时20%股权）。截至雷士上市之时，毛区健丽向其他一些机构投资者及个人投资者，分批出售了部分雷士股票，合计套现近1 200万美元。除开她手头依然还剩有占初始持股量近70%比例的雷士股票，仅此1 200万美元套现金额，已经远高于她当初的投入

数额。这部分近 14 万股股票按照雷士当前的股价计算，其市值大约 8 000 万美元。毛区健丽以 494 万美元的投入，至今获得了 9 200 万美元的收益，这是令人垂涎的近 20 倍回报。

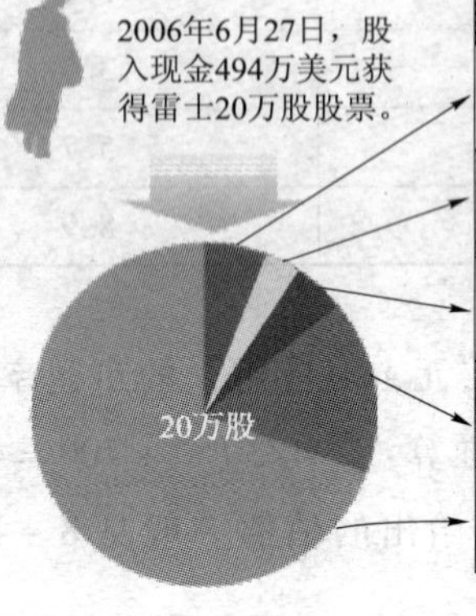

交易事件	交易价格
2008年1月2日，转让11 993股雷士股票给深圳创新投。	78万美元
2008年1月2日，转让6 458股雷士股票给优势资本总裁吴克忠。	24.5万美元
2009年10月1日，转让1万股雷士股票给贝恩资本董事竺稼。	200万美元
2010年5月20日，雷士上市时配售3.3万股(按1:1 000分拆配售)。	888万美元
雷士上市后，手头依然不觉持有138 549股股票，也按1:1 000分拆。	目前市值近8 000万美元

图 2.8　毛区健丽历次出让的股份及收益

结语

正是由于对雷士照明公司经营状况、私募投资市场等各方面信息的全面掌握，毛区健丽才能在帮助雷士度过财务难关、重回正常发展轨道的同时，又保证自己丰厚的投资收益，实现了与雷士照明的双赢。

从企业估值角度来看，毛区健丽相对于其他投资人，的确以 3.5 倍的超低市盈率入股了雷士。但反观各方在雷士照明上所投入的时间和精力，以及先期毛区健丽向一个存在股东纠纷、管理团队不稳定、现金流断裂等多种风险的企业投入 2 000 万元借款所承担的风险，毛区健丽所拿到的“地板价”也就有理可循了。

从大方面来说，毛区健丽和亚盛投资是值得同行尊敬的——她们在雷士照明项目上把私募投行“护航”的服务功能发挥到了极致：不仅“救人之急”，协助雷士公司度过了危机时期；同时“受人之托”，把海外上市必需的架构设计、结构重组和协议控制等工作做成了；更重要的是“成人之美”，成功实现了雷士公司和赛富基金的联姻；雷士上市之后更是“各方欢喜”，企业、基金、个人投资者和亚盛投资都乐得其所。

正如资深投资人所说，在公司业务上，投资人永远谈不过企业家；但如果要谈资本、上市，企业家也难以谈过投资人。私募投行或融资顾问在企业融资发展的道路上是必不可缺的，这也是国内 PE 行业爆发式增长的原因。

在投资人与企业家的估值博弈过程中，各自所掌握的信息就显得尤为重要。毕竟，在真刀真枪的资本市场，企业家的任何破绽，甚至心理破绽，都可能成为投资人压低入股价的筹码；而企业家任何未明确传达的企业风险，也可能会成为投资人失败的导火索。

案例：三九药店贱卖之谜：1 000 家连锁店整体叫价 300 万

2001 年，为了迅速占领药品零售终端，三九医药集团高薪聘请世界最大的会计师事务所普华永道为顾问，专门帮助该集团制定了一份宏伟的 5 年发展规划。该发展规划的要点如下，一是远景目标，要成为中国最大的、全国性经营的、提供综合性健康产品和服务的连锁零售企业；二是网点数量，到 2005 年，直营店数量达到 3 500 ~ 3 700 家，加盟店数量达到 6 300 ~ 6 500 家，门店总数达到 1 万家；三是销售目标：到 2005 年实现年销售收入 95 亿元，市场占有率达到 7% ~ 8%；四是资本运作目标：规划期末进行资本运作，实现公开上市。

三九连锁于 2001 年 5 月 29 日发起设立，成立之初注册资本为 2 000 万元人民币。到 2005 年，该公司经过两次增资扩股，注册资本已变更为 1.72 亿元。经过 5 年的发展，该公司先后投入 3.37 亿元资金（1.72 亿元股权投资 +1.65 亿元短期借款），通过收购、新建药店等方式，已经拥有 800 多家直营连锁药店。但是三九连锁药房并没有带来预期的效果，根据三九医药的公告，医药连锁业务与公司的长期战略发展方向不一致，且三九连锁盈利能力不佳，连年产生巨额亏损，发展连锁店曾在三九的战略上占有重要地位。三九集团当时的战略是三九连锁店网络、药品经销网络、中医诊疗网络及三九健康网的“四网合一”。三九试图通过创建三九连锁药店，实现从制造型企业转向服务型企业的目标。

与当初 5 年发展规划的初衷相比，三九连锁的发展步伐不仅严重滞后，其现状也与初衷存在较大的差距：

一是该公司原计划从投入第二年（2002 年）即进入盈利阶段，但是 6 年过去，仍然在亏损的泥潭中挣扎；虽然亏损总额呈现逐年递减的趋势，但是三九医药集团已经无法承受这种长痛。

二是该公司原计划在发展直营店的同时，在各地直营店周围逐步吸引加盟店加盟，并在规划后半期将主要精力放在加盟店拓展上；但是从发展历程来看，该公司基本只发展了直营店，药店加盟工作基本放在了次要位置。

更为重要的一点是，三九连锁的发展远未起到支撑三九医药集团的作用，反而成为一种负担，严重影响了集团其他板块的发展。

早在 2005 年 10 月 31 日，三九医药就发布公告称打算转让所持有的三九连锁的股权。公司认为，由于医药连锁业务与公司长期战略发展方向不一致，且三九连锁盈利能力不佳，连年亏损，所以三九医药打算卖掉这部分股权。此后，三九医药将全面退出医药零售业。

三九医药公告显示：截至 2005 年 9 月 30 日，三九连锁未经审计的资产总额为 6.06 亿元、负债总额为 5.90 亿元，净资产为 -577 万元，短期借款余额为 1.65 亿元。2005 年 1 - 9 月份实现主营业务收入 6.3 亿元，净利润 -2 948 万元。经评估，以 2005 年 6 月 30 日为基准日，三九连锁总资产为 22 373.46 万元，总负债为 22 409.72 万元，净资产为 -36.26 万元。

虽然三九连锁有千家连锁店，但由于非常分散，每个地方一两家店，不能形成一个地方的整体联动局面与对手抗衡，相反，每个地方都还要派人管理，这种布局造成管理成本很高，药品的配送成本也很高。对于三九医药来说，过于分散的药房，已经不是优势而是沉重的负担，由于管理成本过高，300 万元有无人愿意接手，还是一个问题。尽管此次三九连锁 1 000 多家药店打包转让只开出了 300 万元的价格，但该人士并不认为这个价钱便宜。最终，三九医药免费送给人家都有可能。

2006 年 10 月 27 日，三九医药发布公告称，其在三九连锁药店的股权，已于 10 月 9 日被北海太合经贸有限责任公司以 400 万元获得。其实，早在 2005 年 10 月 31 日，三九医药就对外表示将转让持有的三九连锁所有股权，当时香港鹰旺投资、上海华氏大药房、哈药集团等多家公司表示意向，但最终在产权交易所的挂牌价仅为 300 万元。

如今，三九 1 000 家药店整体“打包”出售却只开出了 300 万元的价格，平摊到每家药店的售价仅为 3 000 元。有业内人士称，三九医药连锁此次出售每家药店仅按照开业成本来算，亏损就高达 20 万元左右。三九医药 300 万元的开价只是买入三九连锁体系的初期投入，随后的整合成本可能比这个数字大很多。

三九医药连锁药店无人接受的深层次原因在于，谁也不知道三九连锁药店以及“三九系”的“资金黑洞”究竟有多大、有多深。据了解，当时“三九系”整体银行债务约在102亿元左右。其中，三九医药债务约为33亿元；三九生化（深圳交易所代码：000403）、三九发展（深圳交易所代码：600614）两公司债务合计21亿元；两家上游控股公司三九集团、深圳三九药业有限公司的债务合计逾33亿元；其余子公司辅业债务约在14亿元。

看 VC 如何控权

一份完备的创业投资契约不仅要明确创业投资者与企业家之间的委托－代理关系，更应该在两者之间有效地配置风险企业的决策权与控制权。

在创业投资领域，契约关系是理论研究和实践操作的关键。一份完备的创业投资契不仅要明确创业投资者与企业家之间的委托—代理关系，更应该在两者之间有效地配置风险企业的决策权与控制权。关于创业投资契约中决策权与控制权分配的理论著述甚多，而 Carsten Bienz 和 Uwe Walz 在共同发表的文章《有关风险投资契约中决策和控制权变化演进的实证分析》（Evolution of Decision and Control Rights in Venture Capital Contracts: An Empirical Analysis）中，从实证角度分析了 VC 契约中决策权与控制权分配的演进与发展，并探讨了现实对理论研究的支持性，其选取的 464 个契约样本均来自于 1990 至 2004 年间的德国创业投资市场。

首先对德国创业投资市场进行简要介绍：由于保守、惧怕风险，1997 年之前，德国创业投资的发展速度缓慢，缺乏活力，特别是证券市场和股票投资公司在创业企业和中小企业投资领域中所起的作用不明显。1997 年 3 月，类似“NASDAQ”的德国“新市场”的成立，为创业投资提供了新的退出渠道，同期互联网浪潮的掀起也激发了大量创业机会以及创业激情，促使创业投资业快速发展起来。自 2001 年开始，受“泡沫经济”的影响，全球经济发展放缓，创业投资业由高峰转入低谷，投资额和筹资额均大幅下降，德国的创业投资业也由高潮转人调整之中。2003 年 6 月，基于创业板市场的低迷和德国证券交易所的整体战略调整，“新市场”被正式关闭。

创业投资的显著特点之一就是 VC 通过合约将投票权、董事会权、现金流权、清算权及其他控制权的分配分开进行。该文的作者把整体的决策控制权细分为三个部分：经营控制权，清算权，以及退出权，并试图从一个结构化的角度来分析创业投资契约中的决策控制权分配。在风险企业的正常运作中所运用到经营控制权又可以细分为多个类别：投票权、董事会权、现金流权以及经营权（否决权）；若创业投资最后以失败告终，VC 会以清算的方式将其强行结束，这就涉及到对清偿权的控制；相反，创业投资成功后，VC 通常会选择 IPO 或者股份出售的形式退出，所以对退出权的掌控也关乎其利益得失。

创业投资契约中所运用的融资工具概述

作者将所有的融资工具大致划分为四大类：权益类、债权—股权组合类、可转换类、债务类，各种类别的投资工具在样本契约中的运用情况数据描述如表 2.3：

表 2.3　　私募股权投资的投资工具

		权益类		债权—股权组合类	可转换类	债务类		总计
		纯权益	附有清算优先权			非标准化债务	纯债务	
第一阶段	#	7	1	26	1	5	26	67
1990 - 1997	%	10.45	1.49	38.80	1.49	7.46	38.81	100.00
第二阶段	#	31	37	114	17	2	52	257
1998 - 2000	%	12.06	14.40	44.36	6.62	0.78	20.23	100.00
第三阶段	#	13	47	37	19	4	18	140
2001 - 2004	%	9.29	33.57	26.43	13.57	2.86	12.86	100.00
总计	#	51	85	177	37	11	96	464
	%	10.99	18.32	38.15	7.97	2.37	20.69	100.00

在 464 个创业投资契约里使用最多的融资工具是债权—股权组合类（占 38.15%），其次是纯债务类（占 20.69%）和附有清算优先权的权益类（18.32%）。

从时间角度进行纵向比较，可以看出：在第一阶段（1990 ~ 1997 年），只有在 40% 契约中，VC 采用股权形式投资，而到了第三阶段（2001 ~ 2004 年），这一比例上升到了 75%。从债权投资为主向更大比例的股权投资形式的演变表明：VC 越来越倾向于参与到企业成长上升过程所带来的潜在利益分享之中。同时这与理论研究结果也是一致的，即在融资过程中，VC 参与企业控股权，可以为风险企业带来有价值的附加利益。

相对于美式契约，德国市场上 VC 契约的不同之处有：债务融资的比例相对较高，以及可转换证券的使用相对较少。但是收益与权利分配模式与可转换证券有很强相似性的债权—股权组合式的证券在这一市场上的使用比较多。虽然有以上两点的不同，但是从融资工具的角度看，随着时间的推移，德国市场上 VC 契约的设计向美式风格趋同的倾向还是非常明显的，各种带有优先清算权的权益类形式被越来越多地运用就是很有力的证明（使用比例从 1.49% 上升到 33.57%）。

经营控制权在创业投资契约中的分配状况

在创业投资契约的设计过程中，对许多既有区别又有联系的控制权的配置是分开进行的。该文作者将其所考察的经营控制权细分为：投票权、董事会权、现金流权以及经营权（否决权），并在这些细分的层面上进行实证研究。

第一，投票权以及董事会权。

作者的统计数据表明：当 VC 对风险企业进行分阶段投资时，其所享有的平均投票权从第一轮投资的 29% 上升到投资的 51%；并且到了创业投资的后期过程，53% 的契约显示 VC 已经掌控了股东大会的多数投票权，并能控制 62.5% 的董事会。

从 1990 年至 2004 年期间，创业投资契约中商定的 VC 的投票权所占比例从 18% 上升到 45%。2001 年之后，VC 在 41% 的契约中享有股东大会的多数投票权，并能控制 50% 的董事会。

随着投资活动的发展，VC 控制的投票权与董事会权水平都在显著地上升，但是在量上并非完全吻合，由此说明：VC 有能力将投票权与董事会权进行分离。这一现象的出现主要源于在创业投资契约中加入的某些特别条款，或者保护性条款。例如，在公司章程中规定“VC 可以不经过选举就能够在董事会中安排三分之一的席位”；VC 也可以要求投资企业同意在股东协议中加入“由 VC 提名候选人”的条款等等。

第二，现金流权。

在德国创业投资契约中，VC 所享有现金流权与投票权基本是一致的。同时，作者将其实证研究结果与 Kaplan and Strömberg 在美国市场上的发现进行比较之后断定：德国的 VC 已经将其在风险企业中所占投票权和现金流权比例提高到了美国市场水平——这是趋同效应的另一例证。

但是，在一些情况下，现金流权与投票权会出现偏离。原因之一在于，VC 对其分配到的现金流享有下行保护，譬如在利用债务性工具对风险企业进行投资的情况下。通常 90% 的下行保护都会覆盖到 VC 的初始投资额。

此外，在创业投资契约中，德国的 VC 对股份兑现条款的运用只占 12%，这与美国市场上的情况是不一样的。

第三，否决权（经营权）。

VC 所持有的否决权可以针对一系列广泛的管理性以及结构性决策，包括：对股东协议的改变、资产出售、资本结构改变、商业计划、财务决策、员工规模、公司解散、董事会利润分配、股东利润分配的否决权。作者对契约中有关这些否决权分配的演变进行了数据性分析，结果如下：

（1）在分阶段投资情况下，VC 所持有的否决权并未随着投资时间的拉长而增加。事实上，到了第三轮（以及之后）投资，VC 对风险企业在资产出售、商业计划的变更、财务决策以及员工规模改变等方面上的否决权水平下降了很多。

随着投资合作关系的发展，VC 会逐渐将自己手中的操作控制权让渡给创业企业家，尤其是在企业的财务表现能在极大程度上证明承诺投资回报是可信的时候。

（2）从 1990 年至 2004 年，VC 在契约中所持有的否决权水平也是呈上升趋势的。

（3）当创业投资的预期期限不同时，VC 在契约中所持有的否决权比例也是不同的，一般预期期限越短，VC 持有的否决权水平会越高。作者的实证数据表明，相对于持续期为 7～10 年的创业投资契约，VC 在期限为 1～3 年的契约中所持用的否决权利更多一些。

清偿权/终止权在创业投资契约中的分配状况

当 VC 认为创业投资并未带来其最初预期收益，或者难以继续维持时，VC 会行使自己手中的清偿权，抑或是终止权。在 464 份样本中，86% 的契约中规定了 VC 可享有的某些清算权利，这表明了清算权利对 VC 的重要性。

对于 VC 来说，在契约设计时，要得到清偿权，可以通过三种途径完成：对企业进行债务性投资，使用分阶段投资方式，或者加入看跌期权的条款。在清算过程中，债务要求权是优先于股权的，但是通常情况下，VC 在企业中所占的股权比例要高于债权比例；分阶段投资有别于一次性注资，所以，当风险企业表现欠佳时，VC 可以决定资金撤离，而不再进行后续投资；持有看跌期权，允许 VC 在某一预定时间要求风险企业向其支付一定量合同约定的金额。

这三种清算权利并非完全替代，也非完全互补。作者对其样本契约进行分析后发现，在 20% 的契约中同时使用到了债券—股权组合式融资、分阶段投资，以及看跌期权。有关看跌期权的条款运用与分阶段投资策略之间虽然存在着负相关关系，但是结果不是很显著。

从 1990 年至 2004 年间，VC 所享有的清算权比例是在发生变化的，如图 2.9 所示：

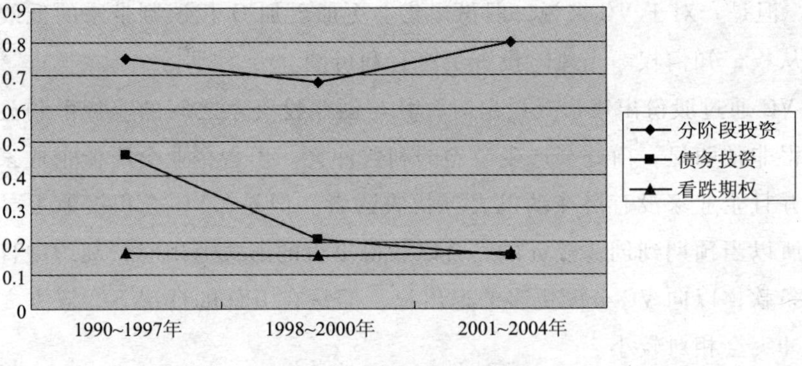

图 2.9　VC 的清算权比例

在第二阶段，即从 1998 年至 2000 年，德国创业投资市场处于相对蓬勃发展时期，VC 所持有的清算权比例是下降的，尤其是由债务融资形式给 VC 带来的清算权。但是到了第三阶段，分阶段投资策略的使用显著提高。这一结果正是源于 VC 所经历的有效学习过程：通过减少债务工具的使用，利用其他清算权形式，VC 分离现金流权与控制权的能力在进一步提高。创业投资者现金流权和控制权的不对称安排，有利于解决创业投资中的双边道德风险问题。

还有其他因素，也可能会影响到不同清偿权利的使用。例如，当 VC 对小企业进行投资时，利用债务形式要求清偿权保护的情况比较多。同时，随着预期投资期限的增长也会导致对债务的应用比例提高，而分阶段投资的情况会减少。

VC 与创业企业家之间信息不对称的程度也影响着清算权的配置，这也证明清算权的分配可以起到一定的信号功能，以暗示 VC 对创业投资的不确定性水平。同时，由于企业家个人能力的不可让渡性，企业家的不尽职会导致道德风险问题的出现。因为创业企业家有可能在 VC 投入风险企业资金后，提出重新谈判，从而使 VC 的初始既得利益受损，这样 VC 就面临着被“套牢”的局面。采取债务性投资以及分阶段融资的策略可以在一定程度上有效地解决这一问题。

四、退出权在创业投资契约中的分配状况

在创业投资的退出过程中，VC 与风险企业之间的利益冲突是很明显的，因为退出途径的选择不仅决定了货币利益的分配格局，而且企业家和投资者最终获得的非货币利益也是非对称的。为了保证继续持有控制权，创业企业家倾向于使用 IPO。但是，对于 VC 来说，股份出售会更加更加 O 权谈判带来的低效率形式退出，从权，知情权。当风险投资最终有利可图。

当 VC 通过股份出售形式退出时，其与创业投资家之间的非货币利益的不对称会变得非常明显，由此会产生激烈的利益冲突。出售企业会降低企业家的私人利益，并且企业家没有潜在动机去寻找收购者。但是，VC 会积极地去寻找潜在买主。所以当预期到创业投资最终会以股份出售的形式退出时，契约中肯定会出现相应条款，以向 VC 分配更多的退出权。但是在 IPO 的情况下，双方之间的潜在利益冲突会相对较小。

预期的退出模式与相应的退出权利（或者条款）是紧密联系的。当 VC 希望通过 IPO 退出时，契约中通常会规定背负权以及优先注册权；而当 VC 希望通过股份出售的形式退出时，与此相关的某些条款就可能在契约中出现，例如领售权，尾随权，优先购买权，防稀释条款，信息权。

对这些权利和条款的简要解释如下：

“背负权”（Piggyback Rights）：风险企业的股票上市时，VC 要求其持有的一定比例股票登记出售变现，公司必须尽力首先为该部分证券注册上市，优先股投资人可要求公司将其股票全数上市，称为“背负权”。

领售权（Drag-Along Right）：VC 强制公司的原有股东（主要是指创始人和管理团队）和自己一起向第三方转让股份，原有股东必须依 VC 与第三方达成的转让价格和条件，参与到 VC 与第三方的股权交易中来。通常是在有人愿意收购，而某些原有股东不愿意出售时运用，这个条款使得 VC 可以强制出售。

创业者同时还可以要求尾随权（Tag-Along Right），这是主动行使尾随出售股权的权利，在同等条件同等价格下行使。这个看上去似乎和领售权一样，但是，本质的区别在于，一个是主动，一个是被动。

优先购买权（Preemption Rights）：这个条款要求公司在进行 B 轮融资时，目前的 A 轮投资人有权选择继续投资获得至少与其当前股权比例相应数量的新股，以使 A 轮投资人在公司中的股权比例不会因为 B 轮融资的新股发行而降低。

防稀释条款（Anti-Dilution Protection），风险投资人对某公司进行投资时，通常是购买公司某类优先股（A、B、C……系列），这些优先股在一定条件下可以按照约定的转换价格转换成普通股。这个条款其实就是为优先股确定一个新的转换价格，以防止其手中的股份贬值。

对于各种不同退出条款在所有契约中的应用比例，作者进行了统计，如图 2.10 所示：

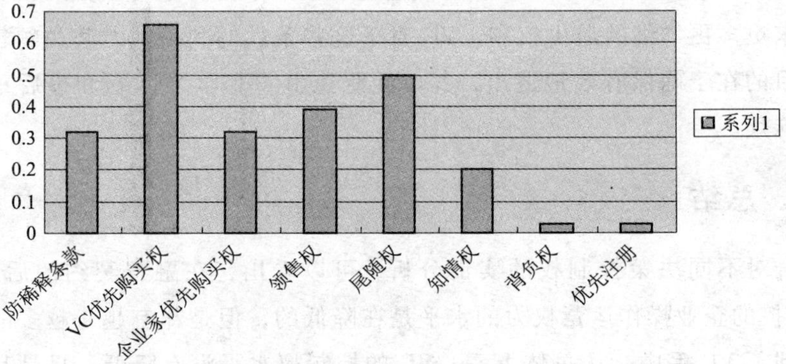

图 2.10　各种退出条款应用比例

由图 2.10 可得，有关优先购买权、尾随权、领售权的条款存在于 1/3 到 2/3 的契约中，这说明在德国的创业投资退出中，股份出售是应用比较多的渠道。而背负权与优先注册权的较少应用说明：IPO 的使用是相对有限的。

此外，作者从时间角度分析了 VC 所控制的退出权水平的变化趋势。如图 2.11 所示，从第一轮投资到第三轮（以及之后投资），VC 在契约中所要求的退出权比例都是呈现上升趋势，而不论退出方式是股份出售还是 IPO。很明显，如果 VC 想要早点从创业投资中退出，就必须掌控更多的退出权。越是逼近最终退出期限，VC 所控制的退出权利越多。

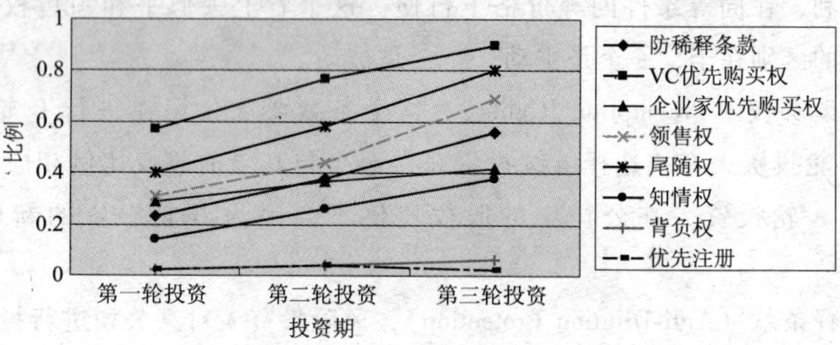

图 2.11　各种退出条款的应用比例

随着 VC 与风险企业合作关系的延长，VC 对于退出权，尤其是股份出售权利的控制水平在提高。同时，契约的选择和安全性设计也是在权衡监管以及流动性需要的基础之上完成的。对于 VC 来说，掌握退出权可以保证在投资退出时达到其对流动性的要求。如果 VC 不能在企业的决策中占有绝对多数的投票权，他们会要求更多更详细的退出权利。VC 对于这些条款的利用，尤其是领售权、尾随权，目的在于确保有效地退出，并以此避免由“套牢”问题和事后重新谈判带来的麻烦。

五、总结

结合对不同决策控制权的实证分析，可以看出，在融资契约的后续阶段，VC 所掌控的企业操作运营权力的水平是在降低的，但是却有越来越多的退出权利转移到了 VC 手中。从总体上看，VC 的控制权水平没有降低，只是其结构发生了变化。所以不能就此认为 VC 意在降低其对风险企业的控制和影响力，相反，到了投资的后期阶段，对退出权的控制会变得更加重要。

源于经济政治以及传统等因素，较之于成熟的 VC 市场，创业投资在德国起步较晚，相对落后。但是 Carsten Bienz 和 Uwe Walz 的实证研究发现，虽然最初的 VC 缺乏经验与技巧，但是他们经历了很有益的学习过程，并且日益感受到完善的契约设计以及特定的决策控制权将会给其带来的巨大收益。虽然存在着法律和制度框架的不同，但是从决策控制权配置的演变趋势中可以看出，在德国的 VC 市场上，创业投资契约设计方式越来越向美式风格趋同，这表明这一市场已逐渐走向成熟。

拆解可转换证券中的反稀释条款

可转换证券可以债券或优先股的形式发行，其持有者可以在一定时期内按一定比例或价格将其转换为一定数量的另一种证券（一般指普通股）。在全球范围内，可转换证券已经被广泛地应用到风险投资中。由于可转换证券的发行者可以通过增加可转换证券的数量等一系列手段来减少可转换证券的价值，从而“稀释”可转换证券持有者的转换权利，因此可转换证券在发行之初就附带着一系列的反稀释条款。

缘起

一个有趣的现象是：尽管可转换证券的运用在全球已经有半个多世纪的历史，但是对反稀释条款的系统性的学术研究却依旧寥寥无几。事实上，由于反稀释条款具有技术性高、数理性强、复杂性大的特点，即使是很有经验的业内人士，对于最常见的反稀释条款，也存在着一知半解的情况；尤其是对于一些从事法律工作的业内人士而言，他们很可能出于对数学的惧怕，直接将其他交易合同中的反稀释条款不加钻研地拷贝到新的交易合同中，有时甚至只字未改，使这些条款在新合同的特定环境下显得牛头不对马嘴。风险投资家似乎和企业家一样具有惰性，往往等到项目进展不顺利而发生再融资等稀释事件的紧要关头时，才开始对那些已成白纸黑字的反稀释条款咬文嚼字，这样一来反倒更容易使风险投资家和企业家之间原本已经紧张的谈判气氛加剧，举步维艰。这样的咬文嚼字其实早在反稀释条款订立之初就应该进行了，因为即便是其设计上的细微差别，都可能导致利益分配上的巨大的差异。但是，就连研究反稀释条款的权威学者 Stanley Kaplan 教授也无可奈何地承认：“要形成一个系统性的、解释众多反稀释条款的单一理论，其难度超乎寻常”。因此，学者 David Ratner 不禁呼吁：“任何报告，只要它能够阐述这一神秘领域（指可转换证券的反稀释条款）的基本问题或者相关选择的，都是受欢迎的。”

在这样的背景下，Michael A. Woronoff 和 Jonathan A. Rosen 在 2005 年完成了这篇《理解可转换证券中的反稀释条款》，并发表于《福特哈姆法律评论》第 97 期（*Understanding Anti-dilution Provisions in Convertible Securities*, Fordham Law Review, Vol. 74, p. 129）。本文的作者 Woronoff 先生，曾经担任著名的世达律师事务所（Skadden）的合伙人，目前是 Proskauer Rose LLP 公司的合伙人，并在加州大学洛杉矶分校（UCLA）担任“风险投资和新创企业”课程的讲师。另一位作者 Rosen 先生是纽约大学法学院的法学博士，同时是一位风险投资家，目前在 Shelter Capital Partners 这家私募基金中担任助理合伙人。Woronoff 和 Rosen 的这篇文章，旨在为从业者和学者们提供一个思考所有反稀释条款的系统性方法，即：所有类型的反稀释条款，总体上都是对特定的信息壁垒和代理成本的合理应对。换句话说，不同的投资对象和不同的投资环境，给投资者造成不同的信息壁垒和代理成本问题，不同的稀释危机均来源于各种信息壁垒和代理成本的组合，相应地也需要不同的反稀释条款的保护。

概念

Woronoff 和 Rosen 为了推出这一结论，首先界定了反稀释条款背后牵涉到一些基本概念，包括：信息壁垒、代理成本、可转换证券、稀释，和稀释性事件。

信息壁垒：Woronoff 和 Rosen 所述的信息壁垒产生于初始投资发生的那一刻，可以分为两种。一是信息不对称，即可转换证券的发行方没有将他所拥有的信息可靠地传递给投资方。基于不同的信息集，双方会对标的证券形成不同的估值，针对这种信息壁垒的反稀释条款能够斩断双方估值上的差异。二是定价不确定，即发行方和投资方都不拥有构建企业合理估值的完整信息，双方都可能高估了标的证券的价值，针对这种信息壁垒的反稀释条款能够同时转移双方高估企业的风险。根据有效市场理论，完善和流动的市场能够保证大型公众公司的市场价值反映所有相关的信息；因此 Woronoff 和 Rosen 认为，较之私有公司（这里的私有公司包括流动性差的小型公众公司，下文同），大型公众公司面临的信息壁垒要小很多，因此应对信息壁垒的反稀释条款往往见诸私有公司的可转换证券之中。

代理成本：当资金代理方和资金所有者存在利益上的冲突时，便形成代理成本；对可转换证券而言，企业家是代理方，投资方是资金所有者。Woronoff 和 Rosen 认为可转换证券稀释性事件发生的那一刻，便产生代理成本；代理成本是所有类型的公司都有可能面临的风险。

可转换证券：可转换证券往往在发行之初就规定一个转换价格，用可转换证券的初始购买价格除以该转换价格就是每份可转换证券行使转换权之后的普通股份数。反稀释条款通常就在可转换证券的转换价格上做文章。可转换证券可以运用在以下四种情况下：

（1）发展阶段公司的筹资工具，即 VC 的投资工具。

（2）成熟阶段私有公司的筹资工具，即 PE 或其他机构投资者的投资工具。

（3）广泛交易的大型公众公司的筹资工具，是企业降低资本成本的手段之一。

（4）兼并或再融资的工具。

四种情况的信息壁垒和代理成本的性质和程度各有不同，因此面临的稀释风险也各有不同。

稀释：对权益证券而言，有两种稀释的概念。一种是比例稀释，即投资者对投资主体持有比例的减少，通常发生在投资主体新增发行股票或可转换证券之时，一般不存在针对纯粹的比例稀释的反稀释条款。反稀释条款所针对的，是第二种稀释——经济稀释，即投资者持有的投资额其本身经济价值的减少。这可能是对初始投资价值的稀释（Dilution from Initial Investment），也可能是对当前价值的稀释（Dilution from Current Value）。这里的初始投资价值又称“完整经济价值”（Full Economic Value），其含义顾名思义，即最初投资时的金额；当前价值又称“立即执行价值”（Immediate Exercise Value），即转换为普通股之后所得到的价值，也就是可转换证券所代表的普通股的市值。以下面的例子加以说明：

例 2－1：初始投资价值的稀释

T＝0 时，A 以每股 1 元的价格购买 D 的 1 000 股普通股；

T＝1 时，B 以每股 0.75 元的市场价格购买 D 的 1 000 股普通股。

则 A 经受了初始投资价值的稀释，从最初的 1 000 元下降为 750 元，但是其当前价值并没有受到稀释。

例 2-2：当前价值的稀释

T=0 时，A 以每股 1 元的价格购买 D 的 1 000 股普通股；

T=1 时，D 的市场价格为每股 3 元，而 B 以每股 1 元的市场价格购买 D 的 1 000 股普通股。

则 A 的初始投资价值并没有遭到稀释，仍然为 1 000 元，但是 A 经受了当前价值的稀释，从 T=1 之前的 3 000 元下跌为 T=1 之后的 1 000 元。

Woronoff 和 Rosen 的独到之处，在于把两种经济稀释（初始投资价值的稀释和当前价值的稀释）与两种市场不完善（信息壁垒和代理成本）分别对应起来，提出了如下的观点：

（1）当信息壁垒成为主要矛盾时，投资者在可转换证券发行伊始便面临不完整的信息的难题，很可能由于高估标的资产而遭遇初始投资价值被稀释的窘境，于是相应的反稀释条款便通过调整转换价格以消除这种信息壁垒（简而言之，信息壁垒对应初始投资价值的稀释风险）。

（2）当代理成本成为主要矛盾时，投资者最可能面临当前价值被稀释的风险，相应反稀释条款设计的主要任务就是使可转换证券的持有者对稀释性交易发生之前行使转换权和稀释性交易发生之后行使转换权无差异（简而言之，代理成本对应当前价值的稀释风险）。

稀释性事件：包括（1）股票股利，股权分割；（2）收购和合并；（3）现金和资产的分红；（4）公司资产出售并分发利得；（5）普通股的增发；（6）股票期权、认股权证和可转换证券的发行和增发；（7）股票回购。如果没有合约性的保护条款，可转换证券所享有的转换权利随时可能因为公司的各类行动而遭到稀释。

分析

在上述概念界定的基础上，Woronoff 和 Rosen 主要针对三类稀释性事件，对反稀释条款进行了详尽的分析。这三类稀释性事件是：（1）普通股的结构性改变；（2）普通股的低价发行；（3）现金或资产的分红。由于每一事件具有不同性质和程度的信息壁垒和代理成本，因此会采取不同形式的反稀释调整。

（1）普通股的结构性改变

股权分割、股票股利等普通股的结构性改变，一方面造成可转换证券的比例稀释，另一方面也引发了其当前价值的稀释。举例说明：

例 2－3：普通股的结构性改变

T＝0 时，

A 拥有 1 000 股 D 的普通股，占其市面流通普通股的 100%；

B 拥有 1 000 股 D 的优先股，可以转换成 1 000 股普通股（转换后将占 D 普通股的 50%）；

T＝1 时，D 实行了 9:1 的股权分割。

则在 T＝1 之后，A 拥有 9 000 股 D 的普通股，而 B 按转换后的情况计算只拥有 1 000 股 D 的普通股，占 D 普通股的 10%。

假定股权分割之前，D 的普通股一直保持在每股 1 元的价格上；则拆分之后，A 持有的市值仍为 1 000 元，然而 B 的市值按转换后计算，缩水为 111(＝1 000/9)元。

由上例可见，当面临普通股的结构性改变时，普通股的持有者和可转换证券的持有者之间存在着利益上的对立。以股权分割为例，它能够使原普通股持有者的持股比例提高（持有总市值不变），同时使可转换优先股持有者的持股比例下降，转换后的持有总市值缩水。由于股票是否执行股权分割等结构性改变，决定权在被投资企业的董事会和管理层，而董事会和管理层只对普通股的持有者承担受托责任，不对可转换证券的持有者承担任何责任；同时股权分割又能使董事会和管理层的持股比例提高，他们何乐而不为呢？此时资金代理方（董事会和管理层）和资金所有者（风险投资家）发生了利益冲突，即出现了上文所述的代理成本问题。

因此，普通股的结构性改变是一类典型的代理成本问题，对风险投资家等出资方而言是必须加以制止的一种行为。在所有类型的可转换证券的发行中，出资方都会设计专门针对普通股结构性改变的反稀释条款，它们往往规定在普通股结构改变的同时调整可转换证券的转换价格，使其持有者在稀释性事件发生的前后对被投资公司保持相同的持股比例。例如，当股票被一分为九时，可转换证券的转换价格将被调整为原来的 1/9；在上例中，B 拥有的 1 000 股优先股将可以被转换为 9 000 股普通股，对 D 的持股比例仍为 50%，持股总市值仍为 1 000 元。

（2）普通股的低价发行

根据概念部分的界定和例 1、例 2，可以得出：当普通股的发行价格低于可转换证券的转换价格时，发生初始投资价值的经济稀释；当普通股的发行价格低于当时的市场价格时，发生当前价值的经济稀释。针对这两种普通股的低价发行，可转换证券可以分别运用“转换价格保护”和“市场价格保护”两类反稀释条款。

① 转换价格保护

转换价格保护这类反稀释条款主要针对初始投资价值被稀释的风险。转换价格保护分为两种形式：完全棘轮条款（Full-ratchet Approach）和加权平均价格条款（Weighted-average Approach）。

A. 完全棘轮条款

完全棘轮条款规定，稀释性发行时，原可转换证券的转换价格应等于该稀释发行的发行价。举例说明：

例 2－4：完全棘轮条款

T＝0 时，

公司创立者拥有 400 万股普通股。

A 以购买总价 100 万元购买 100 万股可转换优先股（以下称为 A 类可转换优先股），这 100 万股优先股最初可以转换为 100 万股普通股（即初始转换价格为 1 元每股）。

T＝1 时，

B 以购买总价 25 万元购买了 100 万股可转换优先股，这 100 万股优先股可以转换为 100 万股普通股（即其转换价格为 0.25 元每股）。

◆ 当 A 类可转换优先股受完全棘轮条款的保护时：

在 T＝1 之后，A 类可转换优先股的转换价格自动下降为 0.25 元每股，即该 100 万股 A 类可换转优先股能够转换为 400 万股普通股，总价值仍为 100 万元。

◆ 当 A 类可转换优先股不受任何保护时：

在 T＝1 之后，该 100 万股 A 类可换转优先股只能转换为 100 万股普通股，总价值下跌为 25 万元。

完全棘轮条款设计的目的是为了完全性地保护投资者们——特别风险投资家们——免受由信息壁垒引起的错误定价的伤害；该条款假定，在信息壁垒严重的情况下，初始投资发生经济稀释的风险在投资定价之初就已经存在，之后发生的公司低价再融资仅仅是对该经济稀释的证实；因此，不论公司低价再融资发行规模的大小，该经济稀释的全部风险均应由原普通股持有者（特指公司创立者和管理层）来承担。

但是，对于企业家们而言，除了信息壁垒，市场的整体不景气等其他因素都可能导致标的资产价值的下跌，因此估值下跌的风险应该由风投家和企业家共同承担。而且，风险投资家们也清醒地意识到，完全棘轮条款的运用将会造成企业创立者们的持股比例大幅缩水，从而导致企业家们缺乏股权激励而不思进取的恶果。因此，在现实的交易合同中，完全棘轮条款的运用并不常见。Fenwick & West LLP 法律公司的统计就发现，从 2003 年 4 月到 2005 年 3 月的风险投资交易中，只有 5% ~14% 的风险投资交易合同使用了完全棘轮条款。

总之，使用完全棘轮条款的第一前提是高度的不确定性。因为只有在高度不确定的前提下，信息壁垒才是初始投资价值稀释的罪魁祸首，投资者才能够使用该条款规避巨大的估值风险。

B. 加权平均价格条款

加权平均价格条款规定，调整后的转换价格应是初始转换价格和新增发行价格的加权平均值。公式如下：

公式 2 -1：加权平均价格条款

典型的加权平均转换价格公式为：

$$CP_1 = (CP_0 \times O_0 + \$)/(O_0 + I)$$

其中，

CP_1 = 调整后的转换价格；

CP_0 = 初始转换价格；

O_0 = 稀释性发行之前，发行在外的普通股数量；

$\$$ = 稀释性发行收到的对价；

I = 稀释性发行的普通股数量。

另外，O_0 分为广义的 O_0 和狭义的 O_0 两种情况：

◆ 广义 O_0：现有的所有股票期权、认股权证、可转换证券被行权之后，发行在外的普通股总数；

◆ 狭义 O_0：广义 O_0 的某一特定子集；

O_0 的范围越狭窄，CP_1 越低，加权平均价格条款的保护作用越强。

从上述公式可知，与完全棘轮条款不同，加权平均价格条款下的转换价格会随着新增发行规模的大小有所不同：一般情况下，新增发行规模越大，转换价格调整越大；反之则反是。而且，在加权平均价格条款下，调整后的转换价格高度地依赖于初始转换价格的高低。这两个特点从理论上看都缺乏基本的合理性：一是初始投资经济稀释的风险早在初始投资定价之初已经埋下，与后续新增发行的规模并不相关；二是初始转换价格与调整后的转换价格也毫无干系，因为在信息壁垒的作用下，初始转换价格本身就是一个错误的定价。因此，加权平均价格条款在理论上是站不住脚的；但是在实务操作上，加权平均价格条款却得到了相当广泛的应用。在前述的同一份报告中，Fenwick & West LLP 法律公司统计得出，从 2003 年 4 月到 2005 年 3 月的风险投资交易中，有 86% ~93% 的风险投资交易合同使用了加权平均价格条款。甚至在一些包含了完全棘轮条款的可转换证券中，完全棘轮条款也被限定在特定的适用时限中，超过这个时限后，转换价格的调整将使用加权平均价格条款（参见 Bagley 和 Dauchy，《企业家的商法指南》，2003，P. 461）。

也许可以这样理解加权平均价格条款的合理之处：由于引发初始投资价值下降的原因纷繁复杂，导致本应由企业家来承担的那部分损失比例难以确定，因而加权平均价格条款的使用虽然不是最准确的，但可能成为企业家和风险投资双方都能接受的最好方案。

C. 转换价格保护的适用性

完全棘轮条款和加权平均价格条款这两类转换价格反稀释条款广泛见诸私有企业发行的各类可转换证券中，但却始终不为大型公众企业的可转换证券所采纳。这其中究竟有什么原因呢?

应该从初始投资价值的下跌说起。有三种理由可以解释投资者初始投资价值的下跌：（1）信息壁垒造成可转换证券发行之初高估标的资产；（2）企业经营不善；（3）相似投资价值的普遍下跌。结合这三种理由，转换价格保护条款对大型公众公司的不适用性可以从理论和实务两个方面加以解释。从理论上说，根据有效市场假说，大型公众公司的初始投资价值已然体现了所有的相关信息，这所有相关的信息自然包括了对经营不善的预期，因此它们几乎不存在因信息壁垒和经营不善导致初始投资价值被稀释的问题，所以大型公众公司可转换证券的持有者们理应承担起初始投资价值下跌的剩余风险，而不应再觊觎通过转换价格保护条款来消除该风险。从实务上说，大型公众公司可转换证券的转换价格往往最初就设定在市场价格之上溢价发行，因此其后发生普通股低于转换价格发行的情况也是意料之中，也就不应对这种下跌加以保护。

而对于私有公司而言，一是存在严重的信息壁垒问题，二是信息壁垒问题的严重性又造成可转换证券的购买价格无法准确反映企业经营不善的风险，因此投资者们所面临的初始投资价值被经济稀释的风险巨大，迫切需要通过转换价格保护条款来规避这一风险。由于风险投资恰好存在严重的信息壁垒问题，因此风险投资的交易合同中随处可见转换价格保护这样的反稀释条款，事实上这些条款为风险投资的风险规避提供了一条有效的途径，并且促成了可转换优先股在业内的广泛运用；但有意思的是，诸多论文在探讨为什么风投家偏好可转换优先股的原因时，对转换价格保护条款却只字未提。

② 市场价格保护

市场价格保护反稀释条款主要针对当前价值被稀释的风险，其公式如下：

公式 2－2：市场价格保护

典型的市场价格保护公式为：

$$CP_1 = CP_0 \times (O_0 + \$ / MP_0) / O_1$$

其中，

CP_1 = 调整后的转换价格；

CP_0 = 初始转换价格；

O_0 = 稀释性发行之前，发行在外的普通股数量；

\$ = 稀释性发行收到的对价；

MP_0 = 稀释性发行前普通股的市场价格；

O_1 = 稀释性发行后，发行在外的普通股数量。

根据上述公式，调整后的转换价格与初始转换价格之比应该等于按市价再发行的普通股数量与低价再发行的普通股数量之比。举例而言，若低价再发行之后，普通股的数量与按市价发行相比翻倍了，则可转换证券的转换价格应调整为初始转换价格的一半。值得注意的是，使用市场价格保护公式的首要前提是不存在信息壁垒，即不存在初始投资价格被经济稀释的风险，这一前提只有对大型的交易活跃的公众公司而言是正确的，因此不难发现市场价格保护条款只见诸大型公众公司的可转换证券中。

事实上，投资者购买大型公众公司可转换证券的动机往往有二：一是对风险的规避，即可转换证券的持有者较之普通股持有者而言，在企业破产之时享有优先清偿权；二是分享公司股价上升的利得，即当公司股价上升之时，可转换证券的持有者可以按原先约定的较低的转换价格转换为价格较高的公司普通股。但是，当公司按低于市价的价格进行普通股再发行之时，可转换证券的持有者将只能按原定的转换价格行使转换权换得普通股；而以低价购买公司再发行普通股的人则享受到了比市价更低的优惠价格，明显占了便宜；此时，可转换证券的持有者即面临当前价值被稀释的风险。另外，与普通股的结构性改变相类似，公司是否按低于市价的价格再发行普通股，决定权在董事会和管理层，他们只对原普通股的持有者承担受托责任，不对可转换证券的持有者承担任何责任；而低价再发行往往按比例优先配售给原普通股的持有者，因此在缺乏市场价格保护条款之时，可转换证券的持有者们将白白地把这个便宜送给原普通股的持有者。可见，可转换证券的持有者所面临的这种当前价值稀释的风险，是一种典型的代理成本，体现为资金的代理者（可转换证券的发行者）损害资金的所有者（可转换证券的持有者）的利益。

进一步地，若可转换证券不受市场价格保护条款的保护，其持有者最明智的做法可能是赶在公司低价再发行之前行使转换权，与普通股持有者共同享受低价再发行的好处，然而这样就丧失了可转换证券风险保护的功效，如果将来公司破产，这些原可转换证券的持有者们将不再享有优先清偿权。而在理想的市场价格保护条款之下，可转换证券的持有者们对于低价再发行之前行使转换权与低价再发行之后行使转换权将无差异，既保护了他们免受当前价值稀释的风险，又保留了可转换证券的附带权利。

综上所述，Woronoff 和 Rosen 认为：针对普通股低价发行的不同情形，可转换证券应运用不同的反稀释条款以保护其持有者的转换权利不受侵蚀。可以将这部分的框架梳理成表 2.4 所示：

表 2.4　　对普通股低价发行的保护

投资对象	“稀释”来源		稀释类型	反稀释条款类型	
私有公司（包括流动性差的小型公众公司）	信息壁垒	信息不对称	稀释初始投资价值	转换价格保护	完全棘轮条款
		定价不确定			加权平均价格条款
大型流通的公众公司	代理成本		稀释当前价值	市场价格保护	

（3）现金或资产的分红

当公司向普通股持有者分发现金或资产红利时，普通股的价值通常会下跌；此时，对于可转换证券的持有者而言，并没有发生比例稀释，但确实发生了经济稀释，因为公司的价值由可转换证券的持有者手中流入了普通股持有者的手中。同样地，现金或资产的分红也是由董事会和管理层拍板，他们同样只对普通股持有者负责，但他们同样也是可转换证券持有者们的资金代理人；因此，现金或资产的分红也是引起可转换证券经济稀释的一类代理成本问题。对这类稀释的保护普遍见诸各类公司发行的可转换证券中，采取的形式包括以下四种：

① 反稀释条款，调整转换价格。

② 禁止公司任何分红的条款。

③ 事先告知条款，允许可转换证券的持有者享有充足的时间，以行使转换权利并享受现金或资产分红。

④ 参与性条款，承诺可转换证券持有者与普通股持有者一样，能够在将来行权之后，获得其相应比例的现金或资产分红。

如果对现金或资产分红的保护以反稀释条款的形式出现，则转换价格的调整公式如下：

公式 2-3：针对现金或资产分红的反稀释条款

典型的转换价格调整公式为：

$$CP_1 = CP_0 \times (MP_0 - D) / MP_0$$

其中，

CP_1 = 调整后的转换价格；

CP_0 = 初始转换价格；

MP_0 = 稀释性事件发生之前，普通股的市价；

D = 每股分红的价值。

伴随着这一类反稀释条款的运用，可转换证券持有者的持股比例会相应增加，因为他们虽然没有取得相应的分红，但是转换价格调低，转换比例增高，将来行权后所获得的普通股数也相应增加。

Kaplan 的研究表明，由于存在着多种可行的保护措施针对现金或资产分红，在实务大约有一半的可转换证券使用了其他的保护措施而非反稀释条款。

评述

Michael A. Woronoff 和 Jonathan A. Rosen 结合他们宝贵的从业经验，完成了这篇内容丰富的《理解可转换证券中的反稀释条款》。文章的确有很多创新之处，一是为从业者和学者们提供了一个分析各类反稀释条款都可以适用的尺度，即两种典型的市场不完善状态：信息壁垒和代理成本；二是将这两种市场不完善和两类经济稀释（初始投资价值稀释和当前价值稀释）一一对应，从而使复杂问题简单化；三是结合了三种常见的稀释性事件（普通股的结构性改变，普通股的低价发行，现金或资产的分红），详尽地剖析了不同的稀释起源，稀释类型，反稀释手段，及其实务运用。

本文不但提供了一个系统性的方法和整体的框架，而且还提供了详实易懂的事例和简明直白的公式，可以帮助不熟悉反稀释条款的读者尽快地了解反稀释条款的来龙去脉，同时帮助熟悉反稀释条款的读者运用一个全新的角度总结反稀释条款的方方面面。

对于中国的读者而言，尽管我国目前法律法规还不允许可转换优先股的存在，但是众多外资 VC、PE 的涌入已经将可转换优先股等可转换证券带入了国内的投资领域。因此对国内的创业者而言，学习可转换证券的各类条款并精确理解其含义，对于招商引资具有非常现实的意义；而对于正在国内从事投资的各类风险投资家而言，借鉴国外同行的理论实务，并在形势允许之际及时加以运用，则意义深远。

以可转换优先股方式进行风险投资一定是最好的吗？

理论上最优的可转换优先股，在现实中一定是最优的投资工具吗？

美国数据的研究均支持了可转换优先股是美国风险投资活动中最优的投资工具。但在没有类似美国税收优惠的加拿大，并不存在这么一种单一形式的最优风险投资工具，不同类型、不同性质的代理问题将显著影响风险投资工具的选择。

代理问题的产生同企业家、风险投资家以及风险投资交易的性质特点息息相关，因此，在风险投资活动中，应根据交易的特点和参与方的性质所引发的代理问题来选择恰当的投资工具，设计恰当的阶段投资方案，组建恰当规模的风险投资团，并要求恰当数量的董事会席位等，而不能一味迷信于理论上最优的可转换优先股。

在以美国为对象的风险投资研究诸多文献中，较多地支持了可转换优先股是风险投资中采用较多的投资工具的结论。其中原因可从法律、机构、合约设计等角度来解释。但很多文献都并没有考虑到这种投资方式在美国有着特殊的税收优惠对于美国风险投资方式的影响。那么，在一个不存在类似美国税收优惠的地区，可转换优先股是否仍是风险投资实践中使用最频繁、最优的投资工具呢？事实上，不同类型、不同特点的企业所拥有的代理问题千差万别，从而要求风险投资家在风险投资过程中，设计不同的分期阶段投资方（Gompers，1995），组建不同的风险投资团（Lerner，1994）以及索要不同数量的董事会席位以实施适当的监管（Gompers & Lerner，1999）。因此，期盼所有风险投资企业使用同样的风险投资工具，而不管实际存在的千差万别的代理问题，是令人惊讶、难以理解的。风险融资方案的设计实际就是资本结构理论在风险投资领域的延展与应用，在所有相关研究都认为公司的资本结构应该根据可能的代理问题进行相应调整的今天，还认为风险投资具有单一的最优投资方式是难以让人信服的，尤其是风险投资过程中的委托代理问题不仅缤纷复杂，而且十分显著。

根据 Sandler（2001）和 Minz（1997）的研究，加拿大并不存在与美国类似的税收优惠。Cumming 教授在《金融公司杂志》（Journal of Corporate Finance）上发表的《风险融资的资本结构》（Capital Structure in Venture Finance）一文，就专门采用了加拿大的风险投资活动案例数据来考察加拿大的最优风险投资方式，并检验了不同风险投资工具的使用与交易特性以及风险投资家和企业家特征的相关关系。Cumming 教授是 University of Alberta 商学院金融系和经管法系的助理教授，他发现在加拿大的风险投资活动中不存在单一最优的投资工具（如可转换优先股），风险投资中投资工具的选择的确与交易方的性质和交易的特征相关，不同的交易方的性质和交易的特征引发不同的代理问题，进而导致投资工具选择的差异。

这篇文章采用的数据是基于 Macdonald & Associates，Limited（Toronto）收集的 1991 年到 2000 年间加拿大风险投资家（公司制及有限合伙制）对不同类型的企业所进行的 3 083 例风险投资案例。以前相关课题研究采用的数据仅限于有限合伙制风险投资家的风险投资活动，但 Gompers & Lerner（1996，1999）指出，美国的有限合伙制风险投资家在投资工具的使用及可投资对象上往往面临着一些限制：如对债权投资的限制，对已公开上市公司、欲进行收购的公司（Acquisition/Buyout）以及处于转型期公司（Turnarounds）的投资受限等。加拿大的数据不仅包括了有限合伙制风险投资，还包括了公司制风险投资，而且风险投资的公司类型非常多样化，各种类型的公司都使用了形式多样的融资工具，可以说，加拿大的风险投资不受上述美国风险投资的限制，数据所包含的信息更全面。

Cumming 教授按风险投资家的组织性质以及企业家所处的发展阶段将数据分为四组：有限合伙制风险投资家对处于种子期和扩张期的企业的投资活动、公司制风险投资家对处于种子期和扩张期的企业的投资活动、有限合伙制风险投资家对处于夹层期、收购期和转型期的企业的投资活动、公司制风险投资家对处于夹层期、收购期和转型期的企业的投资活动，以考察加拿大数据和美国数据的不一致，是否是由于两国数据库中对风险投资的定义不同所引起的。这四组数据的基本统计图表如下：

表 2.5　　有限合伙制风险投资（种子期和扩张期）数据汇总

有限合伙制风险投资家	普通股	优先股	债券	可转换优先股	可转债	普通股与债券	其他组合	总计
总计	817	172	231	241	266	167	148	2 042
种子期	530	122	127	153	149	83	88	1 252
扩张期	287	50	104	88	117	84	60	790
投资额 < $1m	628	112	187	173	209	133	101	1 543
投资额 > $1m	189	60	44	68	57	34	47	499
投资占比 < 1/3	216	65	42	121	68	30	64	606
投资比 1 - 2/3	155	47	48	43	50	44	29	416
投资占比 > 2/3	446	60	141	76	148	93	55	1 019
组团投资	395	122	97	167	121	82	100	1 084
生命科学	247	51	51	61	63	20	29	522
其他高科技	422	96	107	158	154	93	103	1 133
雇员 < 50	500	90	130	155	150	102	71	1 198
第一轮投资	300	55	85	78	100	74	59	751
2 ~ 5 轮投资	418	101	123	139	130	85	63	1 059
6 ~ 11 轮投资	93	16	22	22	35	8	23	219

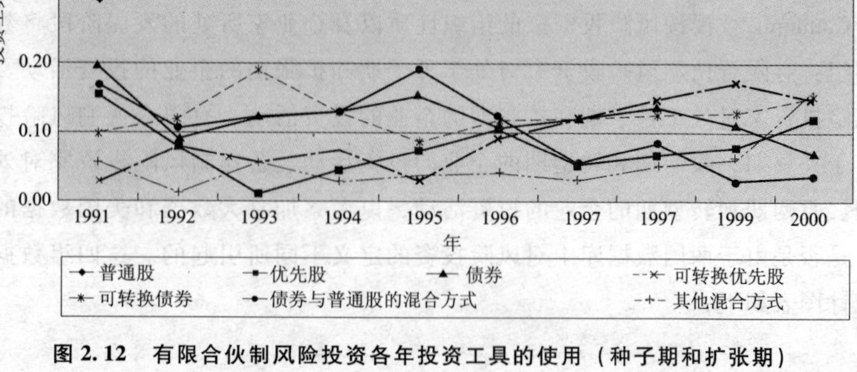

图 2.12　有限合伙制风险投资各年投资工具的使用（种子期和扩张期）

表 2.6　　公司制风险投资（种子期和扩张期）数据汇总

公司制风险投资家	普通股	优先股	债券	可转换优先股	可转债	普通股与债券	其他组合	总计
总计	146	32	110	72	58	85	67	570
种子期	71	17	38	35	26	30	33	250
扩张期	75	15	72	37	32	55	34	320
投资额 < $1m	88	18	65	35	42	57	49	354
投资额 > $1m	58	14	45	37	16	28	18	216
投资占比 < 1/3	45	13	10	30	23	23	42	186
投资比 1 - 2/3	43	8	46	23	17	28	9	174
投资占比 > 2/3	58	11	54	19	18	34	16	210
组团投资	96	21	57	55	40	52	52	373
生命科学	36	3	20	13	9	9	7	97
其他高科技	81	23	52	53	40	49	50	348
雇员 < 50	79	16	50	43	31	42	23	284
第一轮投资	53	11	52	34	19	35	22	226
2 ~ 5 轮投资	80	18	51	33	26	46	27	281
6 ~ 11 轮投资	12	3	7	5	13	4	18	62

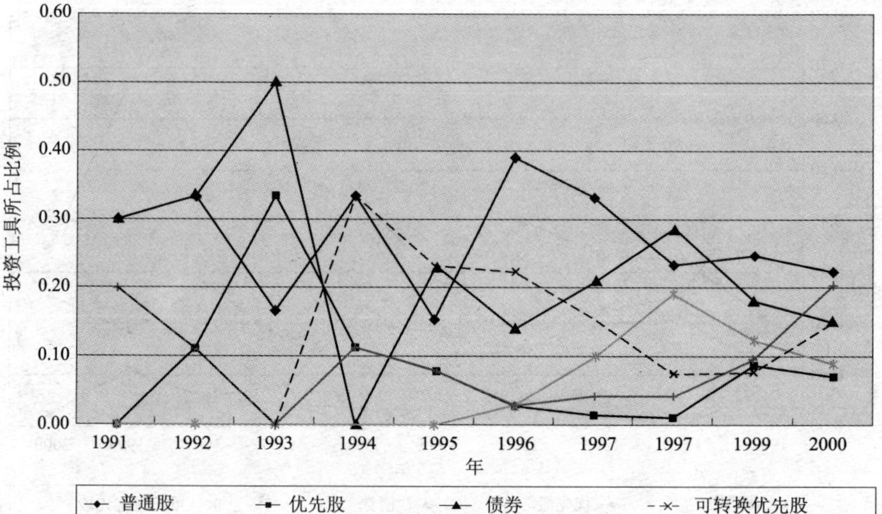

图 2.13　公司制风险投资各年投资工具的使用（种子期和扩张期）

表 2.7　有限合伙制风险投资（夹层期、收购期、转型期）数据汇总

有限合伙制风险投资家	普通股	优先股	债券	可转换优先股	可转债	普通股与债券	其他组合	总计
总计	125	12	84	14	42	46	10	333
收购期	51	3	23	3	15	17	5	117
转型期	23	4	22	6	11	10	5	81
公开上市公司	149	18	17	11	32	13	8	248
投资额 < $1m	80	9	58	10	23	33	7	220
投资额 > $1m	45	3	26	4	19	13	3	113
投资占比 <1/3	23	3	8	3	6	7	3	53
投资比 1－2/3	20	2	17	5	6	12	1	63
投资占比 >2/3	82	7	59	6	30	27	6	217
组团投资	48	5	28	9	14	20	4	128
生命科学	24	1	4	2	4	0	1	36
其他高科技	30	5	24	7	9	10	4	89
雇员 <50	43	5	25	5	15	18	3	114
第一轮投资	42	2	31	5	18	18	5	121
2~5 轮投资	67	8	47	6	27	27	5	180
6~11 轮投资	13	2	6	3	1	1	0	29

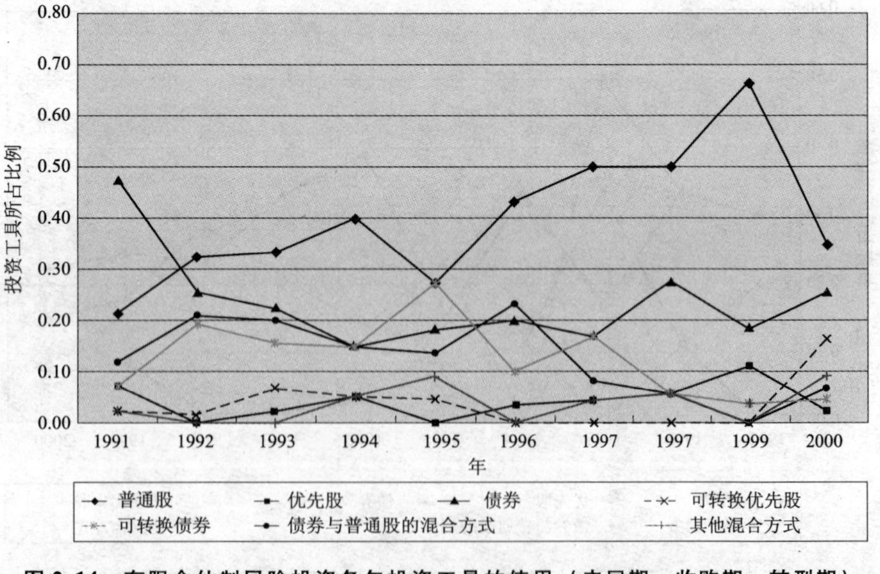

图 2.14　有限合伙制风险投资各年投资工具的使用（夹层期、收购期、转型期）

表 2.8　公司制风险投资（夹层期、收购期、转型期）数据汇总

公司制风险投资家	普通股	优先股	债券	可转换优先股	可转债	普通股与债券	其他组合	总计
总计	32	8	37	8	15	31	7	138
收购期	21	6	26	3	7	22	5	90
转型期	2	2	5	1	3	6	1	20
公开上市公司	4	1	3	1	3	3	0	15
投资额＜＄1m	13	4	17	8	8	16	3	69
投资额＞＄1m	19	4	20	0	7	15	4	69
投资占比＜1/3	9	4	17	3	5	10	4	52
投资比 1－2/3	7	1	0	3	1	3	0	15
投资占比＞2/3	16	3	20	2	9	18	3	71
组团投资	17	5	19	6	6	14	4	71
生命科学	5	1	2	0	3	1	0	12
其他高科技	8	2	16	7	5	6	3	47
雇员＜50	8	1	8	3	9	11	2	42
第一轮投资	20	5	25	2	9	20	6	87
2～5 轮投资	10	3	12	5	6	11	1	48
6～11 轮投资	2	0	0	1	0	0	0	3

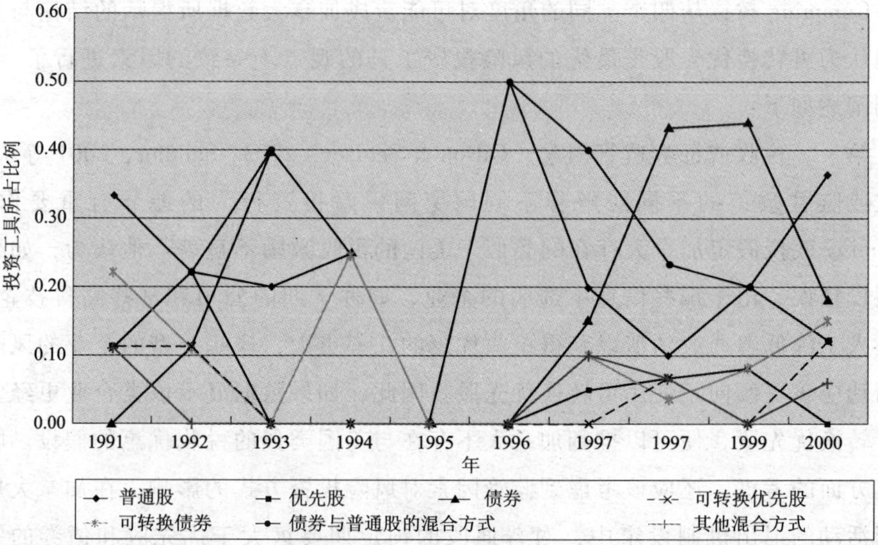

图 2.15　公司制风险投资各年投资工具的使用（夹层期、收购期、转型期）

总的而言，Cumming 教授考察的 3 083 个案例中，使用普通股进行风险投资的占 36.33%，接下来是纯债券、可转债、可转换优先股、债券和普通股的混合方式以及普通优先股，其占比分别为：14.99%、12.36%、10.87%、10.67% 和 7.27%，最后，其他一些较少使用的投资方式共占全部投资的 7.53%（见表 2.5 至 2.8）。同时，Cumming 教授研究的数据表明，不论是对何种类型的企业投资都采用了一系列范围非常广的投资工具，而且随着时间的推进，数据并没有表现出向某一特定投资工具收敛的趋势（见图 2.5 至 2.8）。这个结果与前人利用美国数据得出的可转换优先股总是最优的风险投资方式的结论不一致。

Cumming 教授指出如果一国特有的法律法规有利于使用特定类型的风险投资工具，那么数据将会显示该类投资工具将主导所有的风险投资活动。但表 2.5 至 2.8 的数据所显示的不同类型投资活动采用的投资工具的异质性和图 2.1 至 2.8 显示的各种投资工具的使用频率随时间发生的变化，都意味着，除加拿大一国所具有的法律法规特点之外，还有其他一些因素，比如之前讨论的代理问题，对解释不同投资工具的使用非常重要。因此，非常有必要对众多的影响因素进行实证检验，来评估在一个不受如美国税收优惠限制的环境中，风险投资证券工具选择的决定因素。

Cumming 教授从四个不同的角度对可能造成加拿大数据所揭示的结论与学界普遍认为可转换优先股是最优的风险投资工具的观点不一致的因素进行了分析，分别阐述如下：

第一，税收或证券监管因素。Gilson & Schizer，2003，Sandler，2001 等认为，税收或监管政策的不同对解释不同国家间风险投资行为的差异有重要作用。Cumming 教授假定加拿大存在的类似于美国的税收激励不显著。他认为，如果这一假设错误，由于那些信息不透明的企业，如种子期的公司和某些高科技企业，通过人工降低普通股估值以获得税收优惠的几率更大，这些类型的企业的风险投资活动应该更倾向于使用可转换优先股。因此，如果数据显示该类企业更经常使用可转换优先股，便可以推翻加拿大不存在与美国类似的税收优惠的假设。除了税收方面的考虑，还应该考虑到监管因素对风险投资方式的影响。在加拿大风险投资活动的退出机制设定中，对普通股的锁定期要远大于优先股和债券的锁定期，因此，从理论上说，使用普通股的频率应该较小，但数据结果显示，普通股是加拿大最常用的风险投资方式（36.33%），因此，加拿大数据特征与美国数据特征之间的差异应该更显著。尽管1991年到2000年间加拿大的税收政策和证券监管政策没有发生实质性变化，Cumming教授仍在其使用的回归模型中设定了一个年固定效应因子来捕捉年与年之间监管因素的变化对不同类型的企业采用不同类型的投资工具的概率的影响。

第二，是否存在中性突变（Neutral Mutation）。从理论角度而言，不同类型的投资工具可能在功能上是相似、对等的，比如纯债券和优先股。如果这个假设成立的话，那么不同类型企业对功能相似的投资工具的使用频率应该也是相似的。

第三，学习效应。随着经验的积累，风险投资者的行为应该越来越理性化，从而趋向于选择理论上最优的可转换优先股或类似的工具进行风险投资。Cumming教授在其使用的回归模型能够中也利用了年固定效应因子来捕捉数据年与年之间潜在的变化。

第四，企业或交易特性。在不同类型的企业和不同类型的交易中，可能某些特定的代理问题更加突出，增加了采用特定投资工具来移除或减小该类代理问题的可能。而且，特定类型的投资工具可能不适用于特定类型的企业，如债券就不适用于缺少现金流来支付利息的企业。Cumming教授在文章中考虑了七类代理问题。

（1）道德风险。在具有企业家道德风险（即企业主为代理人，风险投资家为委托人），但不具备双重道德风险的风险投资交易中，如向处于创业早期，企业主行为难以被监控的企业投资，此时将企业的剩余索取权交予企业主更为有效，风险投资家更应使用债券或优先股这类投资工具。

（2）双重道德风险。当风险投资家的行为同样对企业的成功与否非常重要的时候，应将部分剩余索取权交予风险投资家以达到更好的项目操作效果。可以选用的投资工具包括普通股、债券和普通股的混合，尤其是一些带有期权性质的工具，如可转换优先股。这类交易包括向具有强硬的技术功底但管理技能很差的高科技企业主的风险投资。

（3）三边谈判。在初始风险投资家注入风险投资后，企业主为了降低资本成本，可能将企业的一部分控制权交予第三方。企业家的这种行为最可能发生在企业临近破产的前夕，即之前提到的转型期。解决这类问题的一种方式是使用可转换优先股或可转债（Berglöf，1994），风险投资家在景况不好的时候拥有控制权以防止企业家将控制权转让给第三方，而在景况好的时候将控制权转换为具有上升潜力的股票。

（4）风险投资团的代理问题。很多风险投资交易都是分期、组团的。一般而言，参与早期、前阶段投资的风险投资家数量要明显少于参与后阶段投资的风险投资家数量。早期的风险投资家所拥有的信息量要明显优于后阶段风险投资家，后阶段风险投资家依赖于早期投资家提供的信息进行风险投资决策。若此时，早期的带头风险投资家拥有企业的剩余所有权，他们就有动机向后阶段的风险投资家提供错误信息。Cumming（2003）认为，采用债券或优先股的形式可以降低早期投资者误导后期投资者的几率，同时，他还认为外部风险投资者应该拥有相对于内部风险投资者的优先权，否则内部风险投资家有动机诱使外部风险投资家投资于净现值为负的项目，将外部投资者的财富向内部投资者转移。

（5）短期利润操纵。在分阶段风险投资过程中，企业家可能修饰公司的经营状况、财务状况等，使其优于企业的实际情况，以促使风险投资家进行下一轮投资。当风险投资家拥有可转债或可转换优先股时，企业主将失去粉饰企业短期盈利状况的激励，因为一个质量好的信号将引发转换，从而导致企业家的股票价值被稀释。在信息不透明的企业，这种操纵短期利润的代理问题更为突出，如处于早期创业阶段的企业或高科技企业。

（6）抢劫（hold up）。这类代理问题中的一种是，当企业家无法按照贷款合约支付利息时，风险投资家可强迫企业实施破产，此时风险投资家便有机会要求与企业家重新谈判，签订新的、更有利于风险投资家的投资合约。风险投资家组团进行投资可以有效地降低该类代理问题。

（7）债券的其他代理问题。债券与很多类型的代理问题相关，如风险转移、资产剥离等（Green，1984；Jensen & Meckling，1976）。因此，当企业这一类型的代理问题比较严重时，将不适合使用债券作为投资工具。

在实证检验部分，Cumming 教授首先对所有的数据进行了比例比较（proportion comparison）和均值检验，并计算了相应的相关系数矩阵。

比例比较主要用于当保持其他交易特性不变时，检验按照某一交易特性划分的不同类型的风险投资活动，对某一特定投资工具的使用频率是否一致，如有限合伙制风险投资家和公司制风险投资家使用普通股投资的频率是否一致，保持其他交易特性不变。在统计意义上显著的检验结果有，有限合伙制风险投资家较公司制风险投资家，种子期企业较扩张期企业，1990～1998 年较 1999～2000 年，生命科学企业较其他类型高科技企业，更倾向于更多使用普通股投资；而风险投资家多于一家时（风险投资团），则更倾向于更少地使用普通股；处于夹层期、收购期或转型期的企业比处于种子期或扩张期的企业更多地使用债券融资，而生命科学企业比其他高科技企业更少地使用债券融资。

均值检验考察了使用不同类型投资工具的投资额均值及投资额占比均值之间是否存在显著的差异。检验结果显示，利用优先股或其他工具组合（包括债券、普通股、优先股、可转债、可转换优先股之间的不同组合）进行投资的投资金额显著偏高，而利用普通股、可转债以及债券和股票组合进行风险投资的投资金额显著偏低。就投资占比而言，普通股、债券的投资额占比明显较高，而优先股、可转换优先股和其他工具组合的投资额占比明显偏低。

相关系数矩阵计算了使用投资工具（普通股、优先股、债券、可转债、可转换优先股、普通股和债券混合以及其他组合方式）与风险投资家性质（有限合伙制、公司制）、风险投资交易特性（绝对投资额、相对投资额、组团投资、投资轮次、投资时间）、企业家性质（企业发展阶段、雇员数量、行业、所在地区）之间的相关关系。其结果显示，被人们认为功能上相当的投融资工具的相关系数之间存在显著差异，比如，就种子期的企业而言，促成使用债券和优先股的因素明显不同（相关系数分别为 0.07 和 -0.11）。因此，可以认为之前 中性突变的猜想不成立。

Cumming 教授还采用了多元 logic 回归模型来分析投资活动特性对投资工具选择的影响。以具有一定特征的风险投资活动使用某种投资工具的概率来表示检验结果。Cumming 教授选定了 9 类变量作为该概率模型的影响因素，分别是：风险投资家组织类型、风险投资企业所处阶段、企业雇员规模、风险投资规模、是否组团进行风险投资、投资轮次（第 1 轮、2～5 轮或 6～11 轮）、企业性质（生命科学或其他高科技）、所处区域以及年固定效应因子（以控制市场、行业、监管变化以及学习效应）。

Cumming 教授发现，模型的检验结果中没有任何统计意义上显著的证据可以证明种子期的企业使用可转换优先股的概率更高，因此，不能推翻之前关于加拿大具有与美国类似的税收优惠的假设，可以认为前人利用美国数据所得出的结论与加拿大的差异是由美国存在的税收优惠所造成的。就学习效应而言，只有少量的证据显示在后几年使用可转换优先股的概率升高，但同时，数据检验结果显示在这段时间其他的一些投资工具，尤其是普通股的使用频率也明显升高，因此，Cumming 教授认为不存在任何随时间变化不同类型的风险投资活动向使用某一特定投资工具收敛的趋势（也可观察图 2.5 至 2.8）。除此之外，Cumming 教授还观察到了如下一些结论和现象：

公司制风险投资家比有限合伙制风险投资家使用债券、债券和普通股混合的方式进行投资的概率分别高出 7% ~8%、7% ~8%、2%，而使用普通股、优先股进行投资的概率则分别低了 12% ~13%，3%，但两者使用可转换优先股投资概率相当。公司制风险投资家比有限合伙制风险投资家更倾向于使用债券类投资方式的结论与公司制风险投资家的激励性报酬安排较低、稳定生命周期较短、且不喜欢对企业家进行积极管理的事实相符（Gompers & Lerner，1999）。

种子期的企业使用普通股的概率比非种子期的企业高 5 到 7 个百分点，但使用债券或债券和普通股混合方式的概率较低，分别低 3 到 7 个百分点和 3 到 4 个百分点。Cumming 教授的解释是处于种子期的企业一般没有足以支付债券利息的收入现金流，同时，使用债券所引发的代理成本在种子期尤为显著。而且，种子期的企业使用优先股融资的概率总是比其他阶段的企业高出 4%（在 99% 的置信水平下显著）。一种合理的解释是，随后阶段可能发生的风险投资基金组团投资中存在的代理问题使得投资者要求其收入独立于其他投资者的收入的需求提高，而优先股的使用可以使得风险投资团中各个投资者的收入相关独立，从而减小该类代理问题的影响（Cumming，2003）。Cumming 教授在表四表五中做的检验结果也显示，具有多家风险投资基金参与性质的企业比单个风险投资基金参与的企业使用优先股进行融资的概率高出 5 个百分点，与前面的解释相符。

雇员数量少于 50 人的企业使用可转换优先股的概率较高（多 3 个百分点），而使用优先股的概率则较低（少 2 个百分点），这与可转换证券多被用来给小规模企业融资的观点相符。

高科技企业使用可转换优先股的概率更高（高出3~6个百分点），但并不更倾向于使用可转债。Cumming教授认为这是因为高科技企业一般不具备支付可转债券实施转换之前所要求利息的能力，但这类企业中双重道德危机、三边谈判和短期盈利粉饰的代理问题非常严重。这个结果表明，前人关于可转换优先股的研究结论有可取之处，但在不存在美国税收优惠的环境下，可转换优先股只在某类特定代理问题显著存在时才被风险投资家们使用。

风险投资家对企业的投资额和相对于其他投资者投资额的相对比例是非常重要的变量，因为它们与风险投资家的议价能力和谈判能力息息相关。相对投资额50%的提升将提高风险投资家使用普通股、债券和可转债的概率（2%~5%），降低使用可转换优先股、优先股或其他组合的概率（2%~5%），而绝对投资额每提高一百亿美元，将使风险投资家使用优先股投资的概率增加0.5%~0.9%，使用可转债的概率降低0.7%~1.4%。Noe & Rebello的模型（资本结构模型，不仅限于风险投资）指出，投资者和企业家的相对投资额对资本结构的影响取决于企业家和投资者之间代理问题的相对重要性。Cumming教授的检验结果从广泛意义上来说，与这一观点相符。

收购期企业使用普通股融资的概率较高（多9~14个百分点），而使用可转换优先股的概率较低（低10个百分点），这是因为这一类企业大多已在公开市场上上市和交易。相比而言，转型期的企业更常使用债券进行融资（增量概率为8%~9%），而更少使用普通股融资（增量概率为-11%），造成这一现象背后的原因可能是由于这一类型（多数已上市但面临破产）的企业很难再发行新股进行融资。

尽管可转换优先股的债权和股权相结合的特性可以较好的符合风险投资家和企业的需求，满足双方在投资收益（资金成本）、投融资风险等各方面的要求，从而成为风险投资中较好的投资工具，且众多学者对于美国数据的研究均支持了可转换优先股是美国风险投资活动中最优的投资工具，不管风险投资活动的特点如何，但Cumming教授的研究结果表明，在不存在类似美国税收优惠的加拿大，并不存在这么一种单一形式的最优风险投资工具，不同类型、不同性质的代理问题将显著影响风险投资工具的选择。代理问题的产生同企业家、风险投资家以及风险投资交易的性质特点息息相关，因此，在风险投资活动中，应根据交易的特点和参与方的性质所引发的代理问题来选择恰当的投资工具，设计恰当的阶段投资方案，组建恰当规模的风险投资团，并要求恰当数量的董事会席位等，而不能一味迷信于理论上最优的可转换优先股。

Cumming 教授的研究结果是与其他国家或地区（欧洲、澳大利亚以及亚洲和其他地区的发展中国家）的相关研究结论相符的，并不是由加拿大的法律法规特性及风险投资活动的特点所决定的，因此在全球范围内具有普遍适用性，这对于风险投资活动如雨后春笋般蜂拥而出的中国有着非常重要的指导意义。

GP：风险面前的契约选择

风险投资是投资于未上市的具有高成长性的新兴中小企业的资本。作为全球最大的风险投资市场美国，以双重委托代理机制，即资本与风险投资管理者和风险投资管理者与企业家为特点的风险投资，在契约设计和投资风险监控方式上始终面对来自外部环境不断变化的挑战，并在此基础上进行自我创新。

下文将对美国顶尖金融类学术刊物上发表的一篇研究报告予以解读，在此基础上透视风险投资管理人面对初创企业所具有的内部风险，外部风险和执行风险，如何在投资契约条款设计上进行风险控制，同时在最后对比风险认知度上的一个中西方差异。

风险投资家与企业家的代理问题及其风险

发表于《金融学杂志》（Journal of Finance）2004 年 10 月号的这篇题为《特征，契约和相关行动：来自风险投资分析的证据》（Characteristics，Contracts，and Actions：Evidence form Venture Capital Analyses）的文章，是由芝加哥大学商学院和美国国民经济研究局（NBER）的 Steven N. Kaplan 教授等人合作发表的。文章的分析基于 11 家风险投资公司（VC）投资于 67 家的企业的资料，包括股权认购协议、企业商业计划和风投公司对投资所作的内部分析等历史资料，作者首先总结了委托代理问题在风险投资领域的表现形式，进一步探讨基于代理问题衍生出的风险，将 VC 投资于创业企业所考虑的风险分为内部因素风险、外部因素风险和执行风险三大类，最后考察风险投资管理人如何在不同风险面前做出契约选择，具体涉及到契约设计中的股权分配，董事会席位分配，资金分批介入，回购权和清算权等条款。结果显示内部风险因素如企业家索取权问题，在风投契约的设计和监控中是重中之重，但是风险共担机制在契约中建立的重要性却不显著。此外，VC 对企业更强的控制依赖于更多的管理层介入，更高的股权激励设计引入投资契约意味着风险投资将会提供更多的非融资类额外支持，在下文的介绍中，将对引言中提及的三类风险与契约选择的关联性进行讨论。

在公司治理以及商业契约设计中面临的委托代理问题，在 VC 行业体现的十分突出，贯穿于信息的共享、投资契约的设计和事后监控各个环节。为了更好地理解 VC 管理人在风险面前的契约选择，就必须了解其面临代理问题的性质，由此才能深入探讨代理问题衍生出的风险，以及如何通过创造性地设定契约条款，管理和控制风险，把潜在的不确定性降到最低，锁定资本退出后的收益。NBER 的报告正是基于这个清晰的逻辑，根据美国风险投资理论界的经典文献，总结出了四类 VC 所面临投资管理人与企业家之间的代理问题。

第一，VC 对企业家获得资本后不作为行为的担忧。企业家在获得风险投资后，并朝着最大化企业价值的方向努力，道德风险产生于 VC 对企业内部信息的不可观测性。业界通行的激励机制设计是将企业家的薪酬与绩效绑定，根据研究显示，信息不对称的程度应与契约设计中的绩效绑定条款严格程度高度正相关。从现实中思考这一类的代理问题，我们不难找到企业家挥霍浪费企业资源的案例。假设初创企业的企业家在获得风险投资之后，没有将资源使用在既定的企业战略上，支撑企业的发展和盈利，而是消耗性地运用于职务消费和个人享受，企业未来的成长和风险投资的回报是很难得到保证的。投资事后的道德风险很难在投资事前的信息不对称条件下予以确认和规避，只能最大限度地运用事后激励设计和监控的补偿手段，这是通行有效的途径之一。

第二，VC 对企业家本人品质和了解程度与企业家本人对自身的了解程度高度不对称。对于这个问题，除了薪酬与绩效绑定之外，契约设计中 VC 保留在特定情况下强制清算投资企业的条款作为解决方式之一。风险投资管理人在面对“投人还是投项目”的投资理念争论中，对企业家本人素质的重视始终处于一个形而上的高度。然而，企业家品质的量化标准是什么，企业家品质认定的随意性有多大，企业家又在伪装真实品质的作为上有多高明，都是很难给出明确解释的难题，信息的高度不对称更在个人品质这一抽象概念上衍生出更大的风险。

第三，VC 投资后面临企业决策过程中与企业家的最终决策权争夺。决策权的争夺在 VC 管理人与企业家的谈判中始终是一个矛盾的焦点，作为投资管理人，虽不以永久控制企业为目的，并不愿意把全部的赌注都押在企业家个人的判断和选择上，特别是后文分析到的内部风险和不确定性较高的企业；另一方面，作为企业家自身而言，无论从感情还是利益的角度，都不愿意在自己一手策划创办的企业中失去话语权，问题的激化所产生的高企业内部风险是投资人不愿看到的。

第四，企业家索取权所产生的投资控制效益，即企业家凭借自身对初创企业具有决定性价值的人力资本为筹码，威胁离开企业进行索权，由此导致对 VC 的更强控制。VC 可以通过赋予企业家本人更多的企业股份来从一定程度规避此类问题的产生。企业家自身所具有的人力资本对于初创企业的影响力是巨大的，国内风险投资案例中的当当网风波就上演了一幕企业家逼宫的不愉快片断，诸如此类的代理问题产生的风险必须在契约设计中予以考虑。

代理问题的复杂化激发了投资人对潜在投资风险的更多考虑，投资契约的选择必须建立在对风险分析的基础上，相关已有的研究理论显示，VC 契约的设计与代理问题衍生出的风险高度关联，随着业界代理问题更频繁的产生，VC 管理人也在契约设计中更多的采用强有力的控制条款、清算权设计条款和创始人股份兑现条款对风险加以控制。

美国国家经济研究局的研究成果所选取的样本是 11 家 VC 企业投资于 67 家公司，VC 提供以供分析的历史材料包括投资协议条款协议清单，股权购置协议，企业商业计划和 VC 对所投资企业的内部分析报告。

从表中可以看出，选取的风险投资企业集中于美国本土，主要是加州地区，平均企业历史 16.7 年，平均参股基金个数 11.2 个，平均规模 17.422 亿美元规模在 2002 年基本上处于美国前 100 名。所投向创业公司的时间集中于 1996～1998 年，投向的行业分布比较均匀，包括生物科技，互联网，软件，电信，医疗和零售等行业，网络行业的比重稍大于其他行业，平均承诺投资额为 970 万美元，至 2002 年 10 月 31 日，平均已投资 550 万美元，所投资公司仍有 23 家处于持有状态，16 家公开上市，16 家出售，13 家清算退出，下文对 VC 风险的权衡和面对风险的契约选择将完全基于这一样本基础。

NBER 的研究将 VC 所面临的风险分为三大类：

第一，内部风险，包括管理层素质，历史绩效，所投企业的内部不利因素，所投企业的其他投资人影响，投资优劣程度和监控成本，企业估值。这些因素中以管理层素质风险对投资人敏感性最大，投资人认为管理层的素质风险将直接导致企业未来决策和发展的不确定。经过对样本 VC 的问卷调查，结果显示管理层素质卓越是投资人做出投资决策的最主要原因，67 家投资案例中，高达 60% 的公司是通过管理层的高素质征服了投资人。相反，所投公司的历史绩效的在 27% 的项目中成为投资原因之一，可能的一个解释是公司大多为新设立，并无历史业绩可供投资人参考。此外，企业的高估值仅在 20% 的投资决策中得到投资人重视，VC 内部估值模型对创新型产品和服务价值的低估，成为投资人对企业估值持一定怀疑态度的最后主要原因。作为内部风险所考虑的诸多方面，管理团队素质风险在统计权重中，所占比例 61% 为最高，现实的一个解释是，企业初创者通常特立独行，能否建立起一支坚强有力的管理团队成为投资管理人的最大顾虑。除此以外，对监控风险的一定比例考虑表明 VC 不愿对所投资的企业倾注大量时间，作为一个监控和顾问的角色，VC 并不想过多的干预企业日常事务。具体来讲，企业家的素质对于投资管理人是否投资具有决定性影响，企业家的人格魅力和道德感染力正在成为能够吸引风险投资资本关键因素，阿里巴巴的马云，蒙牛的牛根生等企业家的典范正是在高度不确定性的市场环境中凭借自身的品质赢得了投资人的信任。

第二，外部因素考虑，包括市场规模，消费者认识度，市场竞争程度，市场推出条件等。由于这些外部因素很大程度超出了企业管理团队的控制能力，可以认为投资管理人和企业家之间在这一层次的风险认知上，信息是比较对称的。数据显示，潜在巨大和高增长市场规模在投资人 69% 的投资决策中得到投资人的第一位重视，市场竞争程度和消费者认知因素两者在投资人 30% 的投资决策中给予最高程度的重视，而便利的市场推出条件仅在 16% 的投资决策中成为重要的风险考虑因素。在外部风险考虑中，市场的竞争程度成为最重要的考虑因素，在项目中所占比例为 40%，其次是市场规模风险为 31%，消费者认知度风险为 22%。外部风险在风险投资行业中的不可控性既从一个方面成就了风险投资的高收益性，也决定了其自身与企业家共同面对的失败可能。

第三，执行风险，主要涉及产品技术和商业模式的执行程度度量。这一部类风险的区分主要目的在于捕捉企业决策执行与企业家人力资本的关联度。问卷数据显示，至少在 40% 的项目中，企业所提供的产品设想，技术实力和商业模式成为最终打动投资管理人的主要原因。在 40% 的投资项目中，最大程度的风险考虑放在了商业模式上，产品和技术执行风险仅限于 31% 的投资项目。商业模式能否赢利，产品和技术是否真如企业家的商业计划所言立竿见影，种种摆在投资人面前的问号推动着投资契约条款制定的不断创新。

在探讨投资契约条款之前，报告中首先对风险投资对所投公司以上三类风险的操作层面管理予以总结，通过表 2. 9 我们可以对美国风头资本对风险的操作管控有一个粗略的认识：

表 2. 9　　风险投资对所投公司风险的操作管理

	数量（%）	操 作 手 段：
管理团队构建干预		（1）员工薪酬体系设计 （2）安排融资条款
注资前协助企业搭建管理团队	11（16%）	（3）引入信息和内控系统
注资后协助企业搭建管理团队	29（43%）	（4）帮助企业剥离核心业务 （5）执行货币保值项目
两者兼有	34（51%）	（6）聘请外部市场咨询顾问
企业战略和商业模式设计干预		（7）协助设定市场计划 （8）协助并购
注资前协助构建企业战略	6（9%）	（9）制定商业计划，预算和财务预测 （10）监控研发和产品质量管理
注资后协助构建企业战略	20（30%）	（11）设计定价模型 （12）技术服务支持
两者兼有	23（34%）	（13）协调投资人关系

统计显示，在样本观测的 67 个企业投资项目中，VC 协助企业进行管理团队建设的现象比较普遍，有 16% 的项目在投资前进行，43% 的项目进行于投资后，剩余超过一半的投资项目采取事前事后的双重干预机制。综合来讲，风险投资进入后普遍进行了所投企业管理团队的搭建，事前搭建操作的不确定性较大成为投资人的顾虑所在，而事前事后双重干预的渐进运作模式增加了投资人的胜算；企业在战略和商业模式的修正上，VC 协助企业在投资前开展所占的比例只有 9%，而事后所占的比例为 30%，两者兼有也是源于信息资源的充分把握后决策的稳

妥考虑，这其中采取的许多操作手段已在国内有所应用，如员工薪酬制度的设计，商业计划和预算的改进，信息和会计系统的应用，还包括企业最终股权转让的协助。

针对风险的契约设计

更进一步，契约的选择与不同风险之间的敏感性关系究竟是怎样的呢？契约条款的选择是否是在针对特点的风险而设定？本文的作者通过不同风险和不同契约条款之间的多元线形回归模型给出了答案，投资管理人在风险面前的契约选择策略一目了然。

研究报告将风险对契约条款设计的影响分为三个方面进行数据处理和分析：

第一，企业家股权分配条款，具体包括企业家个人的股权占比，股权分配针对业界标准考核的敏感性和企业家股份兑现。首先，通过样本数据的回归显示，企业的内部和外部因素风险与企业家的股权占比呈负相关，即如果所投企业拥有较高的内外部风险，则投资人在股权分配上会予以企业家本人较低的比重，并留出股权激励和再分配的更大空间，以此制约企业家的道德风险行为，结果同时还显示在契约设计中股权分配的重要性远大于企业家绩效工资的设计，成为契约谈判中最敏感的议程；其次，通过财务表现和非财务表现反映出的企业经营绩效，以业界标杆进行考核而决定的控制权分配机制，在内部风险考虑较多的状况下使用频繁，内部风险因素在数据回归中的敏感系数远大于其他风险考虑，同时该条款的使用增强了 VC 对初创企业的投资动机，VC 将该条款的设计视为对内部风险因素度量和控制的有效手段。此外，企业家股份兑现条款的设计仅与执行风险因素高度关联，两者呈高度正相关关系。用一句通俗的话来概括，贤者多得，股权的分配条款很大程度上取决于投资人对企业家本人的信任。

第二，控制权分配条款，以董事会席位分配为主要参考变量。回归结果显示，外部与内部风险因素与 VC 的董事会控制程度高度正相关，即如果所投企业面临较高的内外部风险，则在企业的董事会席位分配中，投资人会予以 VC 派驻董事席位较大的比例，甚至超过原企业领导班子的比例；在选取投票权分配作为参考变量的第二次回归中，得到了类似的结果。从这个意义上讲，无论是企业家自身的素质，还是市场外部风险的不确定，都对企业经营决策阶段的投票共同产生着影响，投资人的谨慎性从这一分析结果当中可见一斑。

第三，资金分期介入和清算权条款。资金分期介入在报告的分析中被划分为同一投资项目内分期和不同投资项目间分期两种模式进行处理，结果显示项目内分期资金介入与企业内部风险因素的考虑高度关联，VC 通过设定具体的企业经营目标控制内部风险，注入企业的资金与 VC 为企业设定的绩效指标绑定，形成损失容忍度内的试错机制；投资项目间分期资金介入使用与外部风险的增加高度关联，反映了外部环境因素而非代理问题是这一条款产生的最主要根源。此外，三类条款即股份回购权，VC 的清算权和防股权稀释条款在报告的分析中呈现不同的特征：股份回购权在外部风险较高时频繁使用，该条款同时增强了企业的净融资吸引力，且与内部风险无关；清算条款同样也在外部风险较高时频繁使用，但该条款亦与内部风险考虑关联，结果还显示清算条款在契约设计中的引入显著地降低了执行风险；防股权稀释条款与清算条款类似，保护了不利局面下 VC 的利益，而对低质量的企业形成了屏蔽机制，结果也显示该条款的引入与企业内部风险高度关联。分析结果再次显示了投资人对内部风险的考虑贯穿与整个投资契约条款之中，作为针对一家初创企业的投资，企业家对企业的成败具有决定性影响，甚至超过了商业模式或产品本身，国外的这一研究结果正从另一个侧面揭示了风险投资行业中投资人与企业家的微妙关系。

综上所述，美国国家经济研究局的报告对风险投资契约设计研究的贡献表现为三大方面：首先是基于 VC 管理人视角的投资风险分类标准，该风险分类模式的考虑以 VC 管理人的投资操作相关联，在未来风投契约条款设计和操作流程上具有很强的实用性；其次，报告分析的结果主要来源于投资人对风险的直接评价，而不是采用较多的代理变量代替契约中的条款，内部风险的分析显示代理问题是契约设计中最重要的考虑因素，而投资样本中外部风险并没有想当然的与风险共担和监控机制的设计相关联，这可以成为今后风头契约设计改进的一个重要突破口；最后，针对不同的风险，投资人行动能力受到董事会控制，股权占比等因素的影响，面临较高的谈判成本和妥协可能，其解决方式值得进一步的研究予以支持。

现实与启示

从图 2.16 可以看出，风险投资过程经历了三个环节，其中的两个环节①和

②中存在着两级契约安排，产生了两个层次的委托代理关系。这种延长了代理链条增加了代理中的信息不对称；而环节③则需要投资银行的大力参与。在此我们将只讨论有关环节①和②中的问题。在①和②两个环节中，第一个层次的委托代理关系是一般投资者（最终委托人）将资金交给风险投资家（中间代理人）组建成风险投资机构进行投资，第二个层次的委托代理关系则表现为风险投资家（中间代理人）将公司或基金资产交由风险企业经理人员（最终代理人）进行经营。

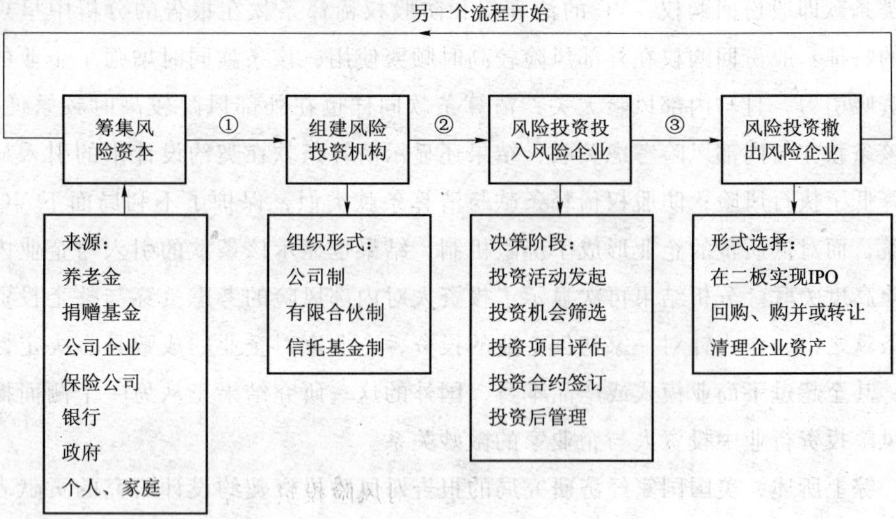

图 2.16　私募股权与风险投资周期

上述代理链条的延长增加了投资者和风险投资家之间的信息不对称，这种信息不对称表现为“逆向选择”和“道德风险”。逆向选择是指由于签约前委托人对代理人的能力、品德、类型以及代理人对投资项目成功的概率分布等均不了解，使得代理人总是倾向于夸大自己的专业管理水平和诚实信用品德，而隐瞒自己的不足和道德缺陷，这样如果投资者仅仅根据代理人的自我推介做出取舍的话，就可能选择一些夸夸其谈而专业水平和诚实信用品德均与投资者意愿相反的代理人承担投资重任。

在投资者选择好代理人之后，就可能面临道德风险的问题。由于签约后对投资项目成功的概率分布不了解、签约后代理人的投资决策与管理行为具有不可观测性，或者由于投资者不能直接观测到管理者的到底采取了什么行动而只能观测到其他的一些变量，管理者可能有偷懒和损害投资者利益的行为。

一位西方风险投资家说过，风险投资的运作原则是通过降低各种潜在的风险获取最大的资本收益。由于风险在风险投资中的重要性，风险投资家把风险分析及其规避作为风险投资的重中之重。考虑国内的现实发展状况，参考曹龙骐、郑建明等学者在广东省社科项目——《深圳风险投资与高新技术产业培育》课题中对国内投资契约条款设计中对风险关注的表述，做出总结，并以此提供中西对比的一个证据，国内研究侧重的风险分类如下：

一是技术风险。技术风险指的是技术创新企业在技术的发展方向、发展速度以及所能达到的最终结果方面的不确定性。其主要决定因素有：（1）技术成功的不确定性。一项设计能否达到设想功能，在产品最后完成之前是无法确定。在风险投资的案例中，由于技术失败造成项目失败的实例很多。（2）技术前景的不确定性。新技术从出现到趋于成熟需要一个循序渐进的过程，现有的技术知识条件能否使一项新技术得以完善，技术开发者和进行技术创新的企业是无法确定的。（3）技术效果的不确定性。它的指的是技术创新的对风险企业带来的直接经济效果，一项高新技术产品有可能给企业带来丰厚的利润，但是它所产生的内部经济效果可能一开始并不能或不能准确地估计到。如果风险投资项目带来了比较严重的负外部经济效果，而在现有的技术条件下又不可能消除影响，那技术效果就是差的。（4）技术寿命的不确定性，随着科学技术的进步，技术寿命变得越来越短，新产品也越来越快地被更新的产品所替代。在实施风险投资项目的过程中，如果更新的技术或产品比项目评估所预期的提前出现时，原有项目可能在尚未完成时就已经被淘汰。（5）配套技术的不确定性。在现代经济生活中，一项新技术的实施或转化，需要其他相关技术或工艺过程的支持，才可能形成最终的产品。在风险投资中，配套技术风险对新技术的扩散起着关键作用。例如，超前的技术创新思想可能由于现有工艺水平的限制而无法实现，或产品达不到设计要求的性能。

二是市场风险。新产品、新技术的可行性与市场需求不一致以及竞争对手所采取的反应对策等所产生的风险。在欧美国家市场风险是导致新产品、新技术产业化过程中断乃至项目失败的核心风险之一。著名的跨国公司 IBM 和杜邦公司等都有过由于市场风险招致损失的记录。市场风险主要表现在：（1）市场接受能力的不确定。由于风险企业的产品往往是新产品或现有产品的差异化产品，用户在相当时间内可能持观望态度，甚至不予接受。（2）市场接受时间不确定。从市场需求的角度看，新产品的推出到被市场接受的时滞，时滞越长，风险越大。这是因为在时滞期间内，一方面，企业为新产品开发投入资金的周转受到影响，另一方面，是其他竞争者可能在这段时间内推出功能相似或更优越的产品，导致项目失败。（3）消费者消费偏好不确定研究表明，随看经济的发展，消费者的需求越来越明显地呈现出同质化和多样化的趋势，表现为垂直差异和水平差异。垂直差异取决于消费者的收入水平，一旦收入水平上升，则其需求偏好必然趋向更高层次。水平差异主要与人的文化、观念有关，与收入水平无直接相关关系，主要表现在产品的款式、颜色等偏好上。随着全球经济的发展，人们在需求的垂直差异方面越来越小，即呈现同质化趋势，而在水平性差异方面则随着供给的丰富而更加多样化。（4）政府有关产品标准和政策变化的不确定。例如，如果风险企业开发出来的新药品上市之际，就与国家新颁布的有关规定不符，就会导致风险投资回收的难度增大或者根本无法回收。

三是管理风险。指由于风险企业自身管理方面的原因导致项目失败的风险。主要是：（1）知识产权风险。风险投资的过程是一个将科研成果转化为生产力的过程，这个过程涉及到转化过程中成果所有权，即知识产权问题。在风险投资过程中，知识产权可能引起两类风险。其中，侵权风险是在科技成果转化过程中有可能涉及到第三方的知识产权。涉密风险是风险企业方在成果转化过程中由于与第三万的合作，导致技术泄漏。（2）人力资源风险。它是在科技成果产业化过程中，由于主要技术人才离开而致使项目不能按计划实施的风险。

在上述风险中，技术风险和市场风险是直接与科技成果转化有着密切的关系的风险，也是风险投资决策和项目评估中风险管理的重点。

从比较中我们可以看出，在国内目前的风投契约条款设计研究中，已经基本具备美国成熟市场的雏形，但对内部风险因素的度量和重视上仍显得十分薄弱，未来在内部风险度量中管理层素质，历史绩效，所投企业的内部不利因素，所投企业的其他投资人影响，投资优劣程度和监控成本，企业估值等因素的监控加强成为必然趋势，与内部风险关联的企业家股权分配条款，控制权分配条款，资金分期介入和清算权条款也会更多的应用于国内风险投资行业的投资项目契约设计中。

耕耘与收获——有限合伙协议中报酬机制的安排

有限合伙协议概要

20世纪80年代，美国的风险投资历史上发生了一次很重要的制度创新，那就是有限合伙制的推出。它迅速成为美国风险投资领域的主导组织形式，为蓄势腾飞的美国经济提供了又一强有力的加速器，那么我们现在就来看看到底这种制度的魅力何在。

风险投资有限合伙制是以有限合伙的形式发起和运作风险投资基金。其中普通合伙人（即风险投资家）出资1%，其余99%的资本由有限合伙人（即风险投资基金的投资者等）提供。普通合伙人采用封闭式基金的形式管理和运作整个基金，并承担无限责任。

风险投资按组织化程度的不同可分为“非组织化风险投资”和“组织化风险投资”。前者主要指由个人或非专业机构直接进行的投资，后者指由两个以上的多数投资者集合资金进行的间接风险投资。它分为公司制、信托制和合伙制（见图2.17），有限合伙制属于合伙制的范畴，它与其他两个组织形式相比，在避税、节约成本等方面都有着很大优势。作为其核心的报酬机制，更是很大程度上有效解决了委托代理关系所产生的问题。

- 风险投资
  - 非组织化
    - 公司附属风险投资
    - 政策引导基金
    - 天使基金
    - 国有独资风险投资
  - 组织化
    - 公司制
    - 合伙制
    - 信托制

图2.17　按组织化程度划分的风险投资

风险投资行业是在非常复杂的法律环境下运作的，而学术界现有的绝大多数理论研究和实证研究都来自于经济或金融部门，对其法律和制度环境的研究很少。现任德克萨斯大学法学院教授的 Kate Livak 站在法律的角度撰写了一系列有关于风险投资治理结构的文章，在某种程度上，弥补了理论界的空缺。

《风险投资有限合伙制——理解报酬机制的安排》（Venture Capital Limited Partnership Provisions：Understanding Compensation Arrangements）是作者这系列论文的第一篇，也是哥伦比亚大学法学院 2004 年工作论文。它着重讲解了作为有限合伙制核心的报酬机制是如何安排的。

报酬机制包括三个主要的部分：管理费，即无风险的固定性报酬，一般认为它是资本金的 1.5% ~3%；第二项报酬是收益分配权（Carry），即对基金利润分配的百分比，一般认为是利润额的 20%，它是有风险的激励性报酬，直接与业绩挂钩，风险投资家想要得到更高的收益分配就必须努力工作，以使利润最大化；第三部分是分配规定，它决定了风险投资家的收益何时分配以及如何分配。

有关于报酬机制的分析文献数量相当有限，惟一的实证研究出自 Gompers 和 Lerner 的《美国风险投资合伙制中报酬机制的分析》（An Analysis of Compensation in the US Venture Capital Partnership）。但是他们的样本数据均来源于 1978 到 1992 年间，其中 90% 的协议制定于 1987 年以前。所以也没有文献将分配条款纳入报酬机制。但是作者的分析表明，分配条款无疑是影响风险投资家收益的重要因素。

学术界普遍认为不同的投资基金的报酬条款基本上都是一样的，包括 1.5% ~3% 的管理费和 20% 的收益分配权。然而作者认为风险投资家的表现是不一样的，风投基金的各种特征也不一样，所以不同协议中的报酬条款的设定也应该是不一样的，他认为：首先，在基金规模和盈利能力一定时，不同的风险投资家得到的报酬明显不同。管理费作为募集资本的一定百分比其净现值在 7% 至 18% 之间变化，而实际的收益分配权在 12.5%~30% 间变动。第二，对收益的分配条款也是影响风险投资家收益的重要因素，包括分配时间上的规定，分配方式上的规定等。第三，报酬机制中的几个因素都是同方向变化的。越知名的风险投资家会收到越高的收益分配权、越有利的分配方法，并募集到越多的基金。

管理费的研究

因为管理费是按资本金的百分比来支付的，所以使用不同种类的资本金计算得到的结果显然是不同的。前人多用“基金资产的市场价值”作为计算管理费率的基数，这是个有些理想化的概念，因为风险投资基金的资产是创业企业，对它们的市场价值评估主要通过预测，因此对结果很难达成统一。现实中管理费的计算方法有以下几种：

一是基于承诺资本的平价管理费（Flat Fee）。在这种方法下，管理费的计算基础是承诺资本。由于承诺资本在整个基金寿命内是不发生变化的，所以平价管理费是固定的数值。

作者的调查表明这种方法现在被使用的越来越少，因为使用这种方法意味着基金运作的不同阶段付给风险投资家的报酬是相同的，而风险投资家运作资金的早期是大量投入人力物力的阶段，而后才开始盈利。显然投资者若在这两个不同阶段付给风险投资家相同的报酬，他们会觉得很不公平。另一个拒绝使用平价费用的原因是投资者们认为风险投资家日后会得到对利润的分配，所以没有必要一直付给他们不变的管理费。

第二是基于承诺资本的递减管理费（Declining Fee）。这种方法的管理费仍然基于承诺资本的百分比计算，但是这个比例会在基金寿命的后几年递减，这就在一定程度上消除了投资者的担心。因此这种方法近几年得到了广泛的应用，在作者的调查样本中有30%的风险基金和44%的风险投资家使用了该种方法（一个风险投资家可能掌管几个基金）。

第三种计算管理费的方法有些复杂，它也是一个递减费用，只不过计算的基础是承诺资本和管理资本的组合。管理资本实际上就是未分配利润的资产，不像一直不变的承诺资本，它在基金运作的不同时期是不同的——在早期投资还未盈利的时候管理资本是比较少的，而当基金的运作逐渐步入轨道时它会升高，当基金向投资者分配利润的时候它又会变少。这种方法在基金运营早期产生了平价管理费，后期则产生了递减的管理费。

这种管理费的制定方法部分解决了上述的不公平现象，然而却产生了一个新的问题：如果风险投资家得到的收益基于未分配利润的资产，他们就会产生延期向投资者分配利润的动机。延迟支付的这段期间不仅可以继续获得较高的管理费，而且如果分配的是证券资产（向风险投资家增发公司股份、债券等），那么证券在这段时间升值的话，他们还可以获得额外的升值利润。

作者的调查显示目前报酬条款中有关管理费的计算方法已经开始从平价管理费法向两种递减管理费的方法转变，而基于承诺资本的递减管理费要比基于两种资本结合的管理费更普遍一些，在他的样本中使用前种方法的风险投资家数量是使用后者数量的两倍。

对于管理费率的确定，作者采用了与前人相似的方法，即先计算管理费的净现值，之后与资本数额相比得到费率。然而除了假设所有的管理费基于承诺资本计算以外，作者还假定了 11 年的基金寿命（通常基金到期后会要求展期），和 10% 而不是 20% 的折现率。前人之所以使用 20% 的折现率，是因为这可以反映收益的不确定性。但是作者认为，管理费本身是一个较固定的收入，基本没有风险，所以当我们单独计算管理费时不需要考虑如此大程度的不确定性，所以作者使用了 10% 的贴现率。

基于以上两点明显的区别，作者研究得到的管理费率在 7.12% 到 17.68% 之间变动（平均值为 13.85%）。

收益分配权的研究

在计算收益分配权时，一般将管理费视为基金的开销从利润中减去，以此作为计算的基础。但是在现实中还是有少部分“大牌”机构在计算分配权时是不减掉管理费的，也许这些大腕确实很有实力，以至于投资者们愿意多给他们一些“优惠政策”，这个中奥秘也只有他们能够了解了。

学术界普遍认为收益分配权的比例是一致的，均为 20%。作者认为这是基于过时的数据计算出来的不正确的结论。事实上，这个比例是灵活变换的。在作者研究的样本公司中最低的收益分配比例为 12.5%，最高为 30%，平均为 24%。

四、分配条款的研究

分配条款是作者着重介绍的部分，以前的文献并没有提及到收益何时分配的问题，然而它应该作为报酬机制的一个重要组成部分。因为一支风险投资基金是要投资于多个项目的，而每个项目的到期时间不同，即风险投资家退出每个项目的时间不同，并且基金的封闭期一般为 7 ~ 10 年，这就产生了每个项目的利润应该何时分配的问题，是每个项目盈利后同时给风险投资家和投资者分配利润，还是等到基金寿命结束时再分配给风险投资家利润？

一些行业内部人士表明，在决定何时分配利润的问题上，有三条主要的原因需要考虑：一是风险投资家的流动性需要。这种需要使得早期的额外收入对于风险投资家来说很重要。二是风险投资家的信用风险。这主要是投资者们常考虑的因素，因为在投资的早期就将利润分配给风险投资家后，会有可能使他们不像之前那么努力的工作。三是风险投资家为了加速现金流会在创业公司未成熟的时候就卖出所投资公司的股份，这样会使投资者们利益受损。

可见风险投资家是希望早期就分配利润的，因为这相当于给了他们一笔无息贷款，而投资者们恰恰不愿意这样做，因为这使得对风险投资家的激励约束不够。显然何时分配利润和如何分配利润的问题在很大程度上影响着风险投资家的收益，那么现实中是怎样分配利润的呢？

由于风险投资行业的参与者都是老练的、充满智慧的，所以他们创造了很多分配利润的方法，作者在这里只是列举了几种典型的方法：

（1）托管账户法（Escrow）。在这种安排下，基金寿命期内的任何时候利润都可能会被分配，然而风险投资家的利润份额会被划拨到一个特殊的 Escrow 账户里。基金到期后，风险投资家会从账户里把本金取走，这里的本金额实际上就是风险投资家应该得到的那份收益。这种方法有些类似于我们网上购物时使用的“支付宝”，即由第三方掌管着资金，直到买方收到货并确认满意时，支付宝才会把钱打到卖方的账户上。

这种托管账户的方法消除了风险投资家可能会产生的信用风险，也限制了风险投资家在早期就得到利润从而以自己的利益为重操纵资金的可能。

（2）本金贡献法。在这种制度安排下，风险投资家要等到投资者们得到的利润等于他们投入的本金额时才会得到利润分配。也就是说一旦投资者们的付出得到了正的回报，风险投资家就可以收到每个项目的盈利。

相对于以上的托管账户法，本金贡献法使得风险投资家有可能在基金存续期当中（而不是结束后）就得到收益，同样的也限制了风险投资家可能发生的信用风险。但是这种方法也有一定的缺点，假如风险投资家有现金流上的需要时，就有可能卖出不成熟的企业以期尽快结束项目拿到利润，这就使得投资者的利益受损。

（3）125%，120%等封顶法。在这种规定下，只有在分配后基金的净资产高于投资成本（一般为购买公司股份、债务时的投入）的一定百分比（如125%，120%等），风险投资家才可以得到属于他的利润份额。举个例子，假设投资者们总共向基金投入100美元，基金投资后收益了150美元，再假设一家风险投资家可以获得20%的收益分配权。在以125%封顶的分配方法下，风险投资家可用来分配的利润为25美元（150－125%＊100），在20%的收益分配权规定下，它可以得到5美元（25＊20%）。同理，在120%封顶法下，风险投资家最终可得到6美元。风险投资家应得到的利润份额中未分配的部分（如上例中25－5＝20美元），则将在基金寿命结束的时候发放，并且这部分未分配的利润产生的利息是要发放给投资者们的。

这种方法通过留下一部分风险投资家的利润，减少了他们发生信用风险的可能性。然而它也会产生上述的错误激励。

（4）再支付法。在这种方法下，每一次项目盈利风险投资家都可以获得属于他的那部分收益，但是这个收益并没有减去投入的本金，所以风险投资家需要再向基金支付由本金产生的利润。例如，假设风险投资家有20%的收益分配权，如果基金向一家公司投资100美元并收到150美元的回报，风险投资家可以得到30美元（150＊20%），同时他需要向基金再投入20美元（100＊20%），也就是说他需要归还他多拿的那20美元。

然而这样的分配方法会带来很高的信用风险，而且它更加强了风险投资家过早退出创业企业的动机，早退出意味着早进行利润分配，这样他不仅可以早些得到他的额外收益（这笔钱在风险投资家面临流动性约束时显得更为重要），而且相当于在每次分配的时候都收到了一笔免收利息的贷款。正因为这样，现实中采用这种分配方法的都不是现金分配，而是证券分配，这就在一定程度上解决了信用风险的问题，因为风险投资家为了让其分配到的证券（通常是公司股份、债券等）更有价值，会有动力继续努力工作。

作者的统计结果表明风险投资家会对他名下的所有基金都采用同一种分配方

法，但是会对现金分配和证券分配采用不同的方法。当使用现金分配的时候，120% 封顶法、100% 封顶法被使用的比较多，再支付法被使用的很少，而对比很明显的是再支付法在分配证券的时候被使用的比较多。另外托管账户法是被使用的最少的方法，显然风险投资家从这种方法下并不能得到更多的收益，所以他们倾向于使用其他分配法（见图 2. 18）。

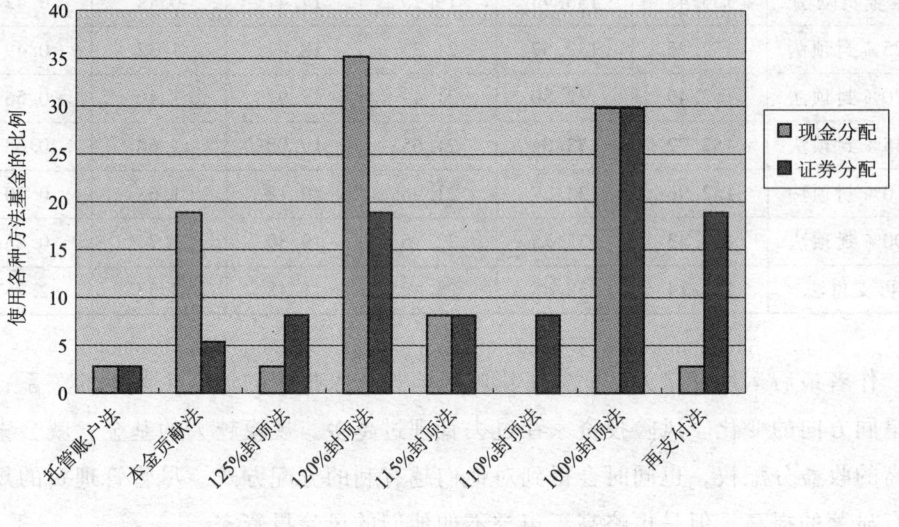

图 2. 18　基金分配方法的普遍性

那么分配方法到底在多大程度上影响风险投资家的收益呢？作者采用了情景模拟法，将风险投资基金分为三种类型：低盈利、中等盈利和高盈利基金，并对没种类型的基金设计了前期盈利（即在基金寿命的早期就获得了大部分利润）和后期盈利。之后假设承诺资本总额有 100 美元且在第一年就全部投入，风险投资家的收益分配权为 20%，且风险投资家没有向基金中投资，没有管理费，用 10% 的折现率计算风险投资家分配的利润份额的净现值（见表 2. 10）。这些假设使我们可以探讨单纯的分配方法对报酬的影响情况。比如在前期低盈利的情形下，当使用再支付法时，风险投资家在退出创业公司后，得到的收益分配的净现值为 3. 53 美元，而同种情况下使用托管账户法后，风险投资家只能获得 0. 39 美元的收益分配。可见，不同的分配方法会对风险投资家的收益分配产生很大的不同。

表 2.10　　六种情景下风险投资家收益额的净现值

	高盈利基金：前期盈利	高盈利基金：后期盈利	中等盈利基金：前期盈利	中等盈利基金：后期盈利	低盈利：前期盈利，后期亏损	低盈利：前期亏损，后期盈利
托管账户法	107.95	107.95	15.42	15.42	0.39	0.38
本金贡献法	153.43	133.75	19.79	17.47	0.42	0.42
125% 封顶法	152.25	132.57	21.33	18.87	1.32	0.49
120% 封顶法	152.49	132.80	21.49	18.97	1.40	0.56
115% 封顶法	152.72	133.04	21.65	19.08	1.60	0.63
110% 封顶法	152.96	133.27	21.96	19.18	1.63	0.70
100% 封顶法	153.43	133.75	22.15	19.39	1.74	0.85
再支付法	158.14	138.45	25.42	21.48	3.53	2.75

作者最后运用计量方法研究了影响风险投资家报酬的这三个因素的关系：它们呈同方向的变化。风险投资家在过去管理过越多、规模越大的基金，就会索要越高的收益分配权，也同时会得到对他们越有利的分配方式。尽管管理费的规模没有显著的提高，但是也略高于声誉不如他们的风险投资家。

我国这几年的风险投资业发展迅速，一时间 VC、PE 都成了热门的新兴词汇。现在在国内也存在着各种类型的风险投资机构，而本土的风险投资机构大多以公司制为组织形式。在前不久结束的第四届亚太投资峰会上，也有政府部门的代表人明确提出政策的指导方向是发展公司制，为此政府还为公司制的风险投资公司提供了很多优惠政策，比如减免部分税收等。发改委的一位司长表明中国的机构投资者，如养老基金甚至是银行、保险能否进入产业投资基金行业还尚存争论，且由于传统观念和社会信用环境的影响，在入股风险投资基金时，多数企业和金融机构坚持希望参与基金的管理，以至于和基金管理人产生很大的利益冲突，这些都表明在我国发展有限合伙制还不成熟。但是有限合伙制作为一种效率很高的组织形式，是值得重视和借鉴的。

2007 年 6 月 1 日，新的《合伙企业法》在中国正式实施，伴随而来的便是有限合伙制在中国的正式“落户”。在法案颁布不久后，6 月 28 日，中国第一家以有限合伙制组建的创业投资基金——深圳市东方富海创业投资企业也在深圳成立。目前为止已经有越来越多的本土有限合伙制 VC 成功建立了。

尽管在法律环境、金融环境上还有很多不完善的地方，但毋庸置疑的是，有限合伙制作为一种效率很高的契约形式，会得到很多风险投资机构青睐的。鉴于以这种形式成立的公司越来越多，其核心报酬机制如何来设计也成为一项迫在眉睫的任务，希望此文能给规则制定人士一些启示。

第三幕

无限盛宴在巅峰——看 PE 的资本退出与 IPO 定价博弈

风险投资的退出与资本市场机制

什么才是风险投资孵化新企业的良性土壤？如果这个问题让 Ronald J. Gilson 教授和 Bernard Black 教授来回答的话，毫无疑问，那就是一个积极健康的股票市场。他们在《风险投资是否需要一个积极的股票市场》（Does venture capital require an active stock market?）一文中给出了详细而富有逻辑的解释。

Ronald J. Gilson 教授同时是斯坦福法学院和哥伦比亚法学院的教授，Bernard Black 教授也来自斯坦福法学院，两位法律背景的教授从金融制度构建和契约关系的角度为风险投资研究提供了独特的视角。本文是两位教授 1998 年发表在《金融经济学》（Journal of Financial Economics）上《风险投资和资本市场结构：银行 VS 股票市场》（Venture Capital and the Structure of Capital Markets: Banks Versus Stock Markets）一文的缩减版。

姑且放开风险投资和股票市场，先转向另一个问题：经济增长。人类社会从原始文明的物物交换发展到农业文明、工业文明，到现在的信息生物时代，增长与进步是永恒而核心的主题。经济增长的推动力也相应的由要素推动和资本推动更多地转移到依赖技术推动。不少经济学家对技术进步和经济增长之间的关系研究做了精致的模型，尽管还无法精确地衡量某一技术创新对经济增长的贡献，但是从总量上技术进步能够促进经济增长已经成为无可厚非的事实。

其中最著名的当属熊彼特的技术创新理论。熊彼特认为："所谓创新就是要'建立一种新的生产函数'，即'生产要素的重新组合'，就是要把一种从来没有的关于生产要素和生产条件的'新组合'引进生产体系中去，以实现对生产要素或生产条件的'新组合'；作为'灵魂'的'企业家'的职能就是实现'创新'，引进'新组合'；所谓'经济发展'就是指整个社会不断地实现这种'新组合’，或者说经济发展就是这种不断创新的结果。”他提出：“‘创新’是经济增长和发展的动力，没有‘创新’就没有发展。”

而企业作为技术创新的载体之一，引出的新问题是，究竟是大企业还是小企业更适合技术创新？大企业无论是在资金还是在人力资源方面都有较大的比较优势，合乎逻辑的推断应该是大企业在技术创新以及产业化方面占有绝对优势。可是实证中小企业的创新能力却较之大企业强。新制度学派经济学家 Oliver E. Williamson 从公司治理角度给出了一个令人信服的解释：大企业的官僚机构只适合管理相对成熟的产品，不适应处于早期发展阶段的创业行为；在技术创新变化重要的情况下，大企业将市场交易整和到企业内部会导致弱的激励机制的产生。

分析到此，基本可以得出一个粗略的结论：经济发展到现今，技术创新已经是经济增长的主要推动力，而高科技小企业又是创新的主要载体，因此客观上就需要一个面向高科技小企业的创业和风险投资市场。

风险投资市场作为资本市场的一个部分，不可避免的要受到资本市场结构的影响。而当今世界，大致存在着两种资本市场结构，即以股票市场或者说以直接融资为中心的资本市场（美国、英国等）和以银行或者说以间接融资为中心的资本市场（德国、日本等）。Ronald J. Gilson 教授和 Bernard Black 教授在文章的第一块比较了两种资本市场制度结构下风险投资发展的不同特点。

在资金来源上，养老基金等机构投资者占了美国风险投资来源的很大比例，而银行则是德国风险投资的主要来源；从资金投向上，美国的风险投资较之德国风险投资更关注种子期、萌芽期等早期企业，而德国风险投资主要投向扩张期和成熟期的企业；从退出方式上，随着时间的演进，IPO 成为美国 VC 退出的最主要的方式，而德国则以回购和出售的方式为主。

在比较了美国和德国的风险投资状况，两位教授得出了美国风险投资的发展较之德国更加良性的结论。然而，他们没有对此结论给出直接地理论解释，开始转向一个看似不太相关的问题：风险投资进入企业之后为什么需要选择在合理的时候退出？

从风险投资和企业的关系角度，作者提出了一个非常独特的概念：声誉资本（Reputation Capital）。风险投资进入企业，企业家不仅提供资本和管理，还有自己的声誉资本。这种“声誉资本”被解释为一个拥有 VC 背景的公司能在交易中获得更多的可信度。例如：有能力的职业经理人更容易被吸引到有 VC 背景的公司工作，因为风险投资家的参与提供了一个可信的信号：公司很可能获得成功；原材料供应商能够给予有 VC 背景的公司更多的商业信用；客户更相信 VC 背景公司的订单承诺；更重要的是，VC 的参与将保证企业在 IPO 的时候获得高质量的承销商。

当 VC 开始一个项目，这种声誉资本同时发生作用。可是这种声誉资本的使用获益依赖于 VC 参与不同的项目，VC 需要不断地退出一个成功项目再参与一个新的项目，这种声誉资本才能获得不断使用的收益补偿，换句话说，在一个 VC 进入一个企业并随之壮大而不退出的情况下，这种声誉资本的使用补偿只依赖于这一次。因此，正是为了使得声誉资本不断地得到利用，并获得利益的最大化，VC 需要不断地退出一个个的成功企业，去开始新的投资项目。

由于风险投资基金多以有限合伙制的方式组织，针对有限合伙人（LP）和普通合伙人（GP）的关系，作者提出了第一个隐性契约（见图 3.1）。在有限合伙协议中即显性契约中（图 3.1 上半部分），有限合伙人与普通合伙人共同组成一个风险投资基金，存续期大概在 10 年左右。普通合伙人有丰富的投资经验和企业管理经验，他们负责风险投资有限合伙的运营和管理，大概提供合伙资本的 1% ~5%；有限合伙人提供合伙资本的 95% 左右，获得有限合伙权利，但是不参与资本的具体的经营管理和日常事务，只对普通合伙人行使监督职责，他们以出资额为限对风险投资有限合伙承担有限责任。

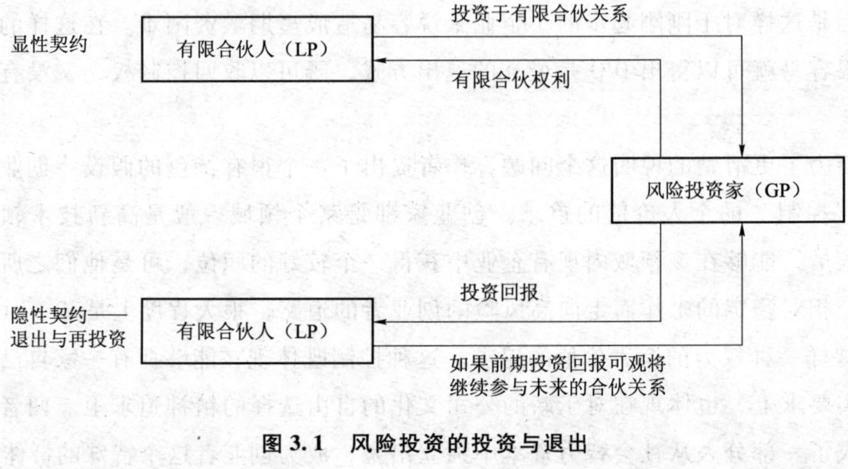

图 3.1　风险投资的投资与退出

但是同时，作者提出：（1）资本提供者必须有某种手段去评价一般合伙人的投资技能，以便确定是否继续新一轮的投资；（2）资本提供者必须就其投资行为的风险、成本和收益进行核算，以便和其他一般合伙人或其他投资形式做比较；（3）投资者需要一种手段退出一个业绩不佳的投资基金。因此，一般合伙人阶段性地将所投资的企业在公开资本市场上进行交易，既提供了以上资本提供者需要的手段或参照，同时是向投资者不断传播信号的重要手段。一旦失去这种手段，一般合伙人在资本市场上的融资就会受到遏制。而这一传播信号的手段为企业家向风险投资家融资提供了激励。一般合伙人必须不断地在风险投资市场上建立良好的声誉而有尽快结束一个成功项目的激励，等于在两者之间建立了一个隐性契约（图 3.1 下半部分）。一般合伙人为了在风险投资市场上生存下去，必须不断地结束和组建新的风险投资基金。这个隐性契约和显性契约的结合形成了有限合伙制有效运行的机制，也决定了 VC 退出的必然性。

在退出成为必然之后，又出现了一个新的问题：究竟以何种方式退出最优？目前 VC 退出大概有三种主要的形式：IPO、出售、回购。创业家是以企业的控制权为代价换取风险投资的投资的，以何种方式退出取决于风险投资家的决策。如果大企业参与风险投资基金的数量较大，就有向风险投资家施加压力的条件，一旦发现有比较成功的技术创新，大企业就有可能成为创业企业的并购者，这种意义下，创业家就是以出让企业的控制权为代价来换取风险投资的进入的。如果创业家为了收回企业的控制权，可以采取回购的方式从风险投资家手中买回股份，但是这样对于刚刚起步的小企业来说容易造成短期融资困难。在这样的条件下，很容易就可以得出 IPO 是最佳的退出方式，既可以收回控制权，又没有融资困难。

而为了更清楚的说明这个问题，作者提出了一个很有特色的假设：创业家拥有对“控制”的个人价值的追求。创业家都是某个领域一般是高新技术领域的专业人员，能够在该领域内现有企业中获得一个较好的职位，可是他们之所以放弃一个相对稳定的工作而走向高风险的创业者的道路，很大程度上是基于对“控制”这样一种权力的个人价值的追求。这种控制既体现在能够拥有一家自己公司的现实要求上，也体现在对于新的公司文化的自由选择的精神追求上。两者的结合促成了一部分人从社会智力资本中独立出来，成为创业者这个特殊的群体。

在这个假设前提下，出售或回购无疑对创业家来说是个两难的选择。为了说明 IPO 是最优选择，作者提出了第二个隐性契约的概念（见图 3.2）。在 VC 与创业家建立的合作中，VC 是以资本 + 管理 + 声誉资本进入一个企业的，创业家获得这些资源的同时，需要以转让股权的方式放弃企业的所有权。在这个合作关系中隐含了另一个契约关系，创业家把企业交给 VC 的同时获得了一个所谓的"期权"：在未来能否收回控制权。而"VC 进入一方面使得企业成功的可能性变大，企业家可能获得成功，另一方面，这种成功的'控制权期权'的获得在 IPO 的方式下得到最有效的执行"。换句话说，VC 进入企业一种隐性的激励就是把企业做大，然后 IPO，逐步的再把企业的所有权交还企业。风险投资家在上市之后逐步的退出公司，把企业的控制权交还给创业家，创业家在获得企业控制权的同时，又获得了企业进一步发展的资金。更重要的是，企业的价值能够有一个更市场化的度量。

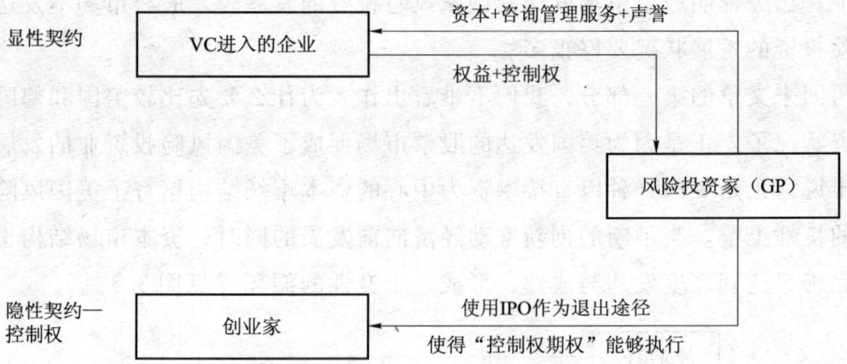

图 3.2　风险投资的 IPO 退出

理论上，IPO 能够有效地解决控制权问题，这只是对创业家而言是最优的。但是，是什么激励促使风险投资家以 IPO 的形式退出，而不是以其他形式退出呢？作者提出了两个因素：投资银行业的竞争性发展和声誉市场的压力。在企业逐步发展，达到上市的条件和标准之时，就会有投行来帮助公司上市，而投行市场的竞争越完全，越能够使得更好的投行来竞争更好的上市项目，也就是说，在企业做大的前提下，会有投行主动参与公司上市，这是投行业寻求自身利益的竞争性结果。

在上市的外部条件已经满足的情况下，什么因素促使风投家去选择 IPO 呢？这又回到了之前讨论的话题：声誉。风险投资家进入企业不仅提供资本和管理，还提供自己的声誉资本，而这种声誉资本是怎么获得的呢？就是既通过做好项目获得可观的收益，满足投资人的利益；又通过在做好项目退出的时候，能够把企业的控制权交还给创业家，满足创业家对“控制”的个人追求。在做大限度满足了这两个关系方要求的同时，风险投资家逐步积攒自己的声誉资本。在内部激励外部条件和谐的基础上，IPO 就成为一种最优的选择。

至此，文章的理论部分已经完成：即风险投资家进入企业，在企业良性发展壮大之后，退出是一种必然的选择，而通过 IPO 的方式退出，更是一种最优选择。回到文章的标题“风险投资是否需要一个积极的股票市场”，这个问题的答案已经很显然了，风险投资要退出，而且要通过 IPO 的方式退出，IPO 需要一个积极健康的股票市场，因此，风险投资的良性发展需要一个积极的股票市场。从实例上，已经证明股票市场发达的国家风险投资的发展较之股票市场不发达的国家风险投资的发展状况要好很多。

再回来文章的第一部分，我们不难看出作者为什么要先比较美国和德国的风险投资状况了。正是因为美国发达的股票市场促成了美国风险投资业的发展，更进一步说，正是美国这种以直接融资为中心的资本市场结构培育了美国风险投资发展的良性土壤。当不断的创新推动经济向前发展的同时，资本市场结构也得到日益完善，达到高度发达与成熟，形成一个良性的循环（见图 3.3）。

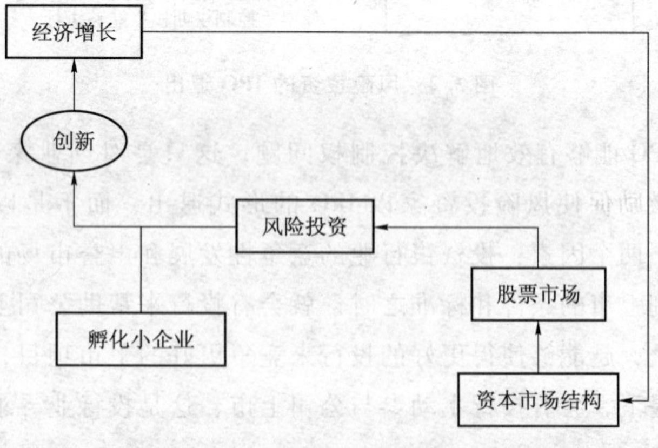

图 3.3　资本市场、风险投资与经济增长

在传统产业尚没有完全衰落，信息生物等新科技产业尚未完全成熟的时代下，风险投资孵化新企业的作用还不是很明显，但是这代表了一种未来市场性金融资源配置的新格局：在资本市场高度发达与成熟的条件下，财富将成为经济增长的推动力。在当前条件下，这种效应是通过孵化企业的成长来体现的，随着时间的发展，这种效应的体现将逐步推向企业的背后：有限合伙人 + 风险投资家 + 创业者，这是一个财富 + 智力资本的组合，是一个精英与精英的组合，这也许就是美国精英治理的思想在经济上的一种体现。

文章的结论很自然的站到了以股票市场为中心的资本市场结构一边，拥有类似结构的国家，例如：美国、英国、加拿大，风险投资的发展很良性，而以银行为中心的资本市场结构的国家，例如：德国、日本，风险投资多以银行附属、公司附属等形式存在，很多独立风险投资的效用机制没有起到应有的作用。那么在后者这种现有资本结构中如何改善机制以更好的推动风险投资的发展呢？

也许最直接有效的方式就是建立积极的股票市场，可这也是最复杂、难以短期实现的方式。因为在这些国家没有独立的风险投资机构和其他整套的附属运作机构，更重要的是缺乏高质量的职业风险投资家和合理的激励机制。因此，建立积极的股票市场只是一个长远的对策。

案例：本土创投首例 IPO 退出——同洲电子

同洲电子主要投资机构

同洲电子是获深圳市政府认定的高科技企业，从事数字电视、有线电视、卫星通信、光通信等领域宽带通信产品以及 LED 光电显示系列产品的研发和生产。同洲电子成立于 1993 年，创始人袁明当时 31 岁，作为一个内地的工程师来到深圳，在一家公司电脑部担任经理。1993 年，随着深圳和上海股市的启动，对电子显示屏需求很大，袁明意识到这个商机，开发了这个产品。经过股市腾飞的发展期，同洲电子已占据全国的 1/4 的电子显示屏市场。

之后，同洲电子又做过 VCD，GPRS 定位器等产品，出于要做长久产业的愿望，这些产品最终都被放弃。1997 年底，同洲电子开始进入数字电视领域，做数字卫星接收机，面向国际市场和国内村村通工程。在多届高交会上，同洲电子的展台总是吸引着最多的目光。年轻的同洲电子前途一片光明，众多风险投资机构也向同洲电子摇起了橄榄枝。

因为是技术型企业，同洲的创始人很早就通过科技局接触到一些风险投资者，并逐渐有意识地加深对这种新型投资方式的了解。不少创业投资公司看好同洲的发展潜力，同洲创始人袁明综合各方面考虑，最后选择了 4 家投资机构对同洲电子进行联合投资。

表 3.1　　　同洲电子联合投资体

	成立时间	注册资本	经营范围	股东结构
达晨创投	2000 年 4 月 19 日	10 000 万元	直接投资；受托管理创业资本；投资咨询；投资参与孵化器建设	湖南广播电视产业中心 73%；湖南晨达有线网络有限公司 25%；深圳市新振升实业有限公 2%。
深港产学研	1996 年 9 月	15 000 万元	直接投资；受托管理创业资本；投资咨询业务	崔京涛占 62%；深圳市延宁发展有限公司占 22.67%；深港产学研基地产业发展占 10%；刘晖占 5.33%。
深创投	1999 年 8 月 25 日	160 000 万元	投资高新技术项目和企业，投资创业投资公司或基金；高新技术信息咨询中介服务；	深圳市投资管理公司占 33.73%；上海大众科技创业（集团）股份有限公司占 20.00%；深圳市机场股份有限公司 20.00%；深圳市福田投资发展公司等 10 余家合计 26.27%。
高新投资	1999 年 12 月	10 000 万元	投资开发、信息咨询、贷款担保	深圳市投资控股有限公司占 60%；深圳市科学技术发展基金会占 20%；深圳国家电子技术应用工业性试验中心占 10%；深圳市生产力促进中心占 10%。

注：以上数据根据公开资料整理。

在这 4 家风投机构中，达晨创投隶属于湖南广电集团，具有湖南广电集团、电广传媒上市公司的丰厚行业背景和广电系统的丰富资源，有利于同洲行业知名度的提高，有利于广电市场的开拓，而且湖南本身就是同洲产品的大市场。深圳高新投是专业性创新担保机构，为同洲提供了多项担保和后续资金支持。深圳市深港产学研具有北京大学等雄厚的高校资源，为同洲公司在管理、与高校合作开发等方面提供了丰富资源；而深圳市高新投具有政府背景，可以为同洲争取多项政策支持。

2000 年 12 月 28 日，经同洲有限公司股东会决议通过，由达晨创投向同洲电子投入资金 960 万元，其中 93 万元作为注册资本，867 万元作为资本公积金；由深创投向同洲电子投入资金 384 万元，其中 37 万元作为注册资本，347 万元作为资本公积金。2001 年 2 月 16 日。达晨创投和深创投分别缴存开户行中国建设银行深圳市福田支行公司账户 960 万元和 384 万元。2001 年 2 月 7 日，股东袁明、袁华、潘玉龙、高长令与深创投、深港产学研、高新投资签订《股权转让协议》，股东袁明以 96 万元转让 1% 的股权给深创投、以 40 万元转让 5% 的股权给深港产学研、以 192 万元转让 2% 的股权给高新投资；股东袁华以 96 万元转让 1% 的股权给深创投；股东潘玉龙以 96 万元转让 1% 的股权给创新投资；高长令以 96 万元转让 1% 的股权给创新投资。上述股权转让价格均为协议价格。由于深港产学研在同洲电子规范管理及发展规划方面提供了大量建设性意见，并在同洲电子增资扩股过程中作为融资顾问成功引进了达晨创投、高新投资、深创投三家风险投资公司，故袁明个人以 40 万元向深港产学研转让同洲有限公司 5% 的股权。股权转让完成后，同洲电子的股份构成见图 3.4。

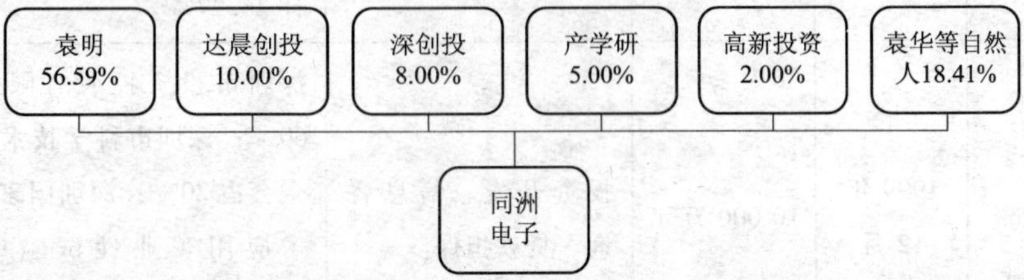

图 3.4　引入风投后深圳同洲电子有限公司股份结构图

通过这一轮融资，同洲电子获得了 2 000 万股权投资和 6 000 万银行贷款，企业立刻获得了快速发展的动力，正是风险投资在爬坡的关键时刻补充了企业的“燃料”。同时，四家创投机构利用其在高校、市场、政府、金融等方面的资源，帮助企业规范和健全了管理，尽心尽力地帮助同洲发展新的业务关系，争取政府优惠政策和专项资金支持，为同洲电子提供全方位的增值服务，成为同洲电子高速发展的重要保证。2003 年，同洲电子经过近 3 年的快速发展，产值由 2001 年的不足 1 亿元增长到 5 亿多元，利润也由不足 1 000 万增长到 3 000 多万元。

2001 年 3 月 10 日，同洲电子的袁明、刘长华、王绍荷、袁华、高长令、潘玉龙、何兴超共 7 名自然人股东和达晨创投、创新投资、深港产学研、高新投资共 4 名法人股股东共计 11 名股东签订了《关于成立深圳市同洲电子股份有限公司的发起人协议》，并于同日召开了同洲电子股东会，各股东一致同意将深圳同洲有限公司整体变更为同洲电子股份有限公司。

成功上市——皆大欢喜的结局

2004 年，同洲电子通过了证监会发审委员会的审核，当年实现产值 7 亿元，利润 5 000 多万元。2005 年，同洲电子实现产值近 9 亿元，利润 6 000 多万元。2006 年，中国重开 IPO，同洲电子作为第一批全流通发行上市的公司，于 2006 年 6 月月底在深交所成功挂牌上市。同洲电子发行 2 200 万股人民币普通股，发行价格为 16 元/股，市盈率达 24. 32 倍。

同洲电子的上市可谓一波三折，直到资本市场一系列重大制度性障碍的彻底扫除，资本市场的大门重新敞开，全流通体制下的新股发行快速推进，同洲电子才在上市排位中争取到了难得的先发优势。在这前后将近 6 年的时间里，4 家创投机构和同洲电子一起经历了诸多的风风雨雨，包括有几次险被外资收购的危机，但由于项目负责人的坚持和努力，终于渡过了难关，登陆中小板，修成正果。

而风险投资们也获得了令人满意的结果：根据首日收盘价计算，深圳达晨创投、深圳创新投、深圳高新投及深港产学研创投四家创投机构通过投资同洲电子获得了 5 年 30 倍的回报。而对于限售期后真正实现的收益，以达晨创投为例，截止 2009 年 10 月，达晨创投卖出了其持有同洲电子的一半股票，套现 1 亿多元，就已经是达晨当年 960 万元投资的 10 多倍。而托管深圳产学研的松和资本，也称已经完全退出同洲电子，收益超过 10 倍。

同洲电子的成功经验

在同洲电子成功上市后，国内风投业界一致认为“同洲经验”可以被总结为以下几点：

（1）本土创投。本土创投有五大优势：一是网络优势，项目来源众多；二是资源优势，将政府资源与优质企业充分结合，实现资源配置效率最大化；三是文化优势，熟悉内地投资环境；四是经验优势，熟悉本土企业的商务模式；五是对本地细分市场的深刻了解。在本例中，深圳创新投资的主要管理人员具有长期的政府工作经验和丰富的政府资源，与政府有关部门建立和保持密切的良好关系，可以有效地整合社会政府资源，帮助所投资的企业的快速发展。在同洲电子的投资中，深圳创新投资就背靠着深圳政府为同洲电子的发展争取到政策支持。

（2）本土上市。同洲电子的成功上市是本土创投的“里程碑”，堪比当年盛大、携程在海外的上市。由于同洲电子的示范性效应，有不少原准备赴境外上市的科技公司开始转向国内。其中重要的原因是本土市场定价明显高于离岸市场，以同洲电子为例，高达 25 倍的市盈率在国外任何一个市场是难以想像的。同时，中国证券市场也正在向更市场化、更高效的方向发展，企业没有必要舍近求远。

国际市场虽然具有融资额度大、二次融资容易、发行时间短的特点，但同时发行费用高、公司结构复杂、投资者关注程度低。能够在 A 股实现上市融资，对企业和风险投资具有难以比拟的吸引力。

（3）联合投资。对同洲电子，四家风险投资采取了联合投资的形式，发挥了不同风险投资的资金间的互补性。不同性质的创投企业能够带来的资金、市场、管理、政府和社会资源等各方面积极影响，对同洲电子进行联合投资的四家创投就具有这种互补性，“达晨创投”拥有湖南广电集团的行业背景、市场资源；“创新投”背靠深圳市政府，可争取政策支持；“高新投”是专业的担保公司，可提供担保、后续资金支持；“深港产学研”拥有北大等高校资源、管理资源和科研力量。

联合投资能够风险共担，优势互补。不仅本土的创投之间应该进行合作，本土与国际创投、与台湾地区创投，都存在着合作的必要性和广阔的前景。一直以来，风险投资在投资金额比较大的项目时，往往会采用联合投资的方式，以规避基金对单一投资项目比例的限制或分散投资风险。如今，联合投资越来越多被风险投资主动采用。从实际效果看，联合投资有助于风险投资在行业竞争加剧的形势下实现共享资源、共同发展。不同的风险投资特色不同，资源和服务能力也不尽相同，联合投资后，风投可以整合彼此的力量，通过利用彼此的项目网络、专业经验等资源，扩大项目来源，提高投资效率，并为项目提供更多的增值服务。

同洲电子当初正因为有深圳创新投、达晨等多家机构联合投资，以各自的资源为其提供服务，才获得持续发展并成功上市。

（4）精选投资。达晨创投总结出了六项标准，以此作为挑选合适投资的公司：第一，公司要有优秀的核心团队；第二，投资的必须是有广阔发展空间的高成长行业；第三，要有领先的技术水平；第四，要有创新的商业模式；第五，企业必须位于行业或子行业前三名；第六，法律关系要清晰，没有上市阻碍。这六项标准可供众多的私募股权投资者参考。

达晨创投在考察一个项目的时候，往往会专门组织一支由两三人组成的团队对该公司的人事进行尽职调查，主要是与公司的创始人，大股东或者董事长。团队主要还是看公司的创始人。“创始人品行一定要好，要有战略眼光，能带领公司往正确的方向走，另外还得有创业激情，要酷爱自己所做的事。”开始接触同洲电子的时候，同洲电子的创始人袁明就给达晨创投留校了很好的印象。其次，同洲电子的成长性、技术水平、商业模式、行业地位也是很好的，法律关系很清晰，也非常符合达晨创投的要求。

今日同洲电子——昔日英雄显颓态？

当年同洲电子从一个创业企业发展到上市公司的历程，证明了同洲电子在企业产品和服务定位、技术、市场、资本、制度、管理能力和发展战略方面有其独到之处。在同洲电子快速成长，大踏步前进的过程中，四家风险投资机构的贡献不可小觑。无论是直接投入风险投资，还是在政策、管理模式技术创新和后续融资担保等方面的支持，都是同洲电子成功不可或缺的因素。同洲电子上市成功，高达 25 倍的发行市盈率也使同洲电子管理层满意而归、各家风险投资公司赚得盆满钵满，皆大欢喜。随着限售期结束，4 家风险投资公司的投资收益随着逐步减持变为真金白银，同洲电子也慢慢淡出了市场关注的视野。那么同洲电子的现状如何呢？

同洲电子作为亚洲最大的机顶盒制造商，在上市后仍然受到热捧，被投资界看好。但近年来，长期单一的盈利产品正在成为同洲电子发展的瓶颈，目前机顶盒业务仍是企业主要收入来源。为此，同洲电子曾尝试进入 3G 手机领域，于 2007 年设立相应部门进入 3G 无线通信领域研发手机，在 2009 年推出 3G 制式手机，但尚未有所建树便陷入了“盗窃商业机密”风波，经济效益有限反而令企业声誉受到严重损害。

2011 年 2 月 14 日，同洲电子与韩国现代合作，双方将就数字电视一体机及智能电视产品的研发、制造及销售等合作。数字电视一体机产品在北美和日本占有很大市场份额，但在国内发展尚有限。同洲电子希望借此产品，转型为广电综合业务解决方案提供商，向产业链上游延展，与广电运营商、电信运营商、相关芯片等厂商建立稳定长期的合作关系。但实际上，由于三网融合虽然早已得到国务院的批准，但直到 2015 年之前都只是试点，许多政策都不明朗，并且，目前一体机产品定价较普通电视偏高，市场需求有限，由此带来的企业经济业绩好转存在较大不确定性。

近年来，同洲电子为布局转型投入了许多资金，但实际效益有限。2010 年由于研发费用的大量增加导致业绩亏损，其于 2011 年 1 月 29 日发布公告称，预计 2010 年全年亏损 1 亿至 1.2 亿元。曾经令同洲电子引以为豪的庞大研发队伍，近几年的成果无法恰当地转化为商业价值，自主研发能力大大减退，在 3G 手机的研发中，甚至出现了通过窃取对手商业机密来“创新”的不端行为。庞大的研发支出成为了企业发展途中的负担，但收益甚微。当年吸引风险投资竞折腰的卓越研发能力，在同洲电子“功成名就”后似乎慢慢消失了，这样的结果当然源于同洲电子的经营出现偏差，但也在另一个角度折射出国内风险投资在提供增值服务方面的功力依然有限。四家风险投资在接近 6 年的投资期内，虽然帮助同洲电子在管理和经营方面提高了不少，但并没有在同洲电子内部形成长效性的良性运营机制，使得同洲电子在变化莫测而又竞争激烈的市场面前，显出几分力不从心。

当然这样的结果，在赚得盆满钵满又全身而退的风投们看来，已经不再那么重要了吧。

案例：海普瑞的高价发行与高盛的高倍盈利

海普瑞的高估值

海普瑞全称“深圳市海普瑞药业股份有限公司”，成立于1998年4月21日，注册资本36 000万元，它是全球最大的肝素钠原料药生产厂商，公司在纯化、病毒灭活、组分分离和活性基团保护等方面的技术研发和工艺水平居世界前列。公司肝素钠原料药的产销量居全球第一。

2010年5月，海普瑞以新股首发，211家机构91倍的超额认购，使得海普瑞发行价定在了148元，当日收盘价175.17元（最高188元）。这是A股市场首只发行价超百元的新股，海普瑞也因此拿到了50多亿元超募资金，几乎是拟募集资金总额的6倍。京沪穗三地大型基金公司参与活跃，华夏基金共有8只基金参与申购，共投入资金56.24亿元，华安基金有6只基金申购，嘉实、上投摩根、广发、易方达参与申购的基金都是5只，其中广发基金参与申购的资金量达到38.92亿元。值得注意的是，券商自营盘、保险公司资产管理等机构报价比以往更为踊跃，一些机构的报价超过200元，甚至高达250元。海普瑞网下申购的有效申购资金最大额为800万股（折合资金为11.84亿元），方正、中信、国泰君安（99.28 0.00%）、海通、红塔等8家证券公司自营账户均以最大额申购。中小保险机构也是热情高涨，天安（4.98 2.47%）、华安、中国人保等也出现了最大额申购的账户。最为踊跃的是泰康保险，有6个账户均拨出11.84亿元参与申购。

海普瑞如此高的发行价到底合不合理？不管是投资者还是市场都应当从海普瑞高股价神话的破灭当中吸取教训。

第一，海普瑞是个高标准的原料药配套制造企业，却被作为高科技企业给予了过高的估值。根据海普瑞的数据看，这是一家肝素钠原料药生产商，为制药企业提供单一品种的原材料，而不是一家真正的制药企业。因此，该企业定价不应遵循药企的定价模式，而应与高端制造业看齐。但海普瑞的发行显然讲的是“市梦率”。2010 年 5 月 6 日，海普瑞登陆中小板，发行价高达 148 元，发行市盈率高达 73 倍，甚至远超国内外医药行业的平均市盈率，而中国真正具有原创产品的同仁堂也不过是 40 ~ 50 倍市盈率，而长期来看，医药行业只有 20 ~ 30 倍的市盈率。

根据 2010 年年报，海普瑞生产的产品分为两个等级，一是 FDA 等级的肝素钠原料药，二是普通等级的肝素钠原料药，前者占主营收入比重的 12.44%，而后者占比 87.55%，在产品中出口国外的占了 96.49%。追溯公司的财报，基本可以确定这是一家以普通肝素钠原料药为主导的企业，比其他企业稍高一筹之处在于，能够生产符合 FDA 认证的高品质产品，在市场取得了较高的溢价。

第二，海普瑞未提示最大的风险。作为制造行业，生产肝素钠的门槛并不高，因此海普瑞面临后来者的激烈竞争。由于国内竞争激烈，存在竞价后价格下行的因素，2009 年一年，我国共有海普瑞、千红制药等 50 家企业出口肝素，出口量共计 114.4 吨，同比增长 2.42%，出口金额达 11.92 亿美元，同比增长 71.68%。

并且海普瑞过于依赖单一客户，风险较大。2008 年初，美国发生“百特事件”——近百人使用美国百特公司的肝素钠药品后死亡。这一事件导致行业大洗牌，而海普瑞在洗牌和市场甄选中胜出，赢得了广阔的出口空间：海普瑞下游重要客户的全球第四大药企赛诺菲·安万特（Sanofi Aventis）等加大了对海普瑞产品的采购——赛诺菲·安万特在 2008 年的采购金额约 7 500 万元，占到海普瑞销量收入的 17%，而 2009 年采购金额增长 20 倍，一跃至 15 亿元，占海普瑞营收比例 67%。

但这一形势之后却急转直下。2010 年 7 月，山德士（San-doz）制药公司关于依诺肝素钠注射剂的简化新药申请通过 FDA 的上市批准，该新药是仿制赛诺菲的伊诺肝素钠并与其具有等效性，可防治血栓症。随着山德士的仿制药通过美国 FDA 认证，市场竞争更加激烈，海普瑞的下游客户赛诺菲的伊诺肝素钠制剂销售收入下降，对上游原料需求下降并引起降价。一季度包括海普瑞在内的肝素钠生产企业盈利大降，这是没有核心竞争力的制造企业的悲剧。山德士才是真正具有核心技术的高科技制药企业。

第三，海普瑞的财务数据存在硬伤。在高盛等投行的辅助下，海普瑞选择了最恰当的时机上市，创业板刚推出估值最高，获得出口市场成为变身高科技企业的最好装饰。高盛获得的回报颇丰。

高盛的高倍退出

海普瑞本来是一家结构相当简单的公司——拥有核心技术，三个家族成员控制着公司，几个国际大客户等等。但在当资本市场呼风唤雨的高盛成为海普瑞的股东之后，海普瑞的故事就更有噱头。海普瑞上市，高盛再次扮演猎食者的角色，它入场最晚，收获却最多。

GS Pharma 系 GS Direct 的全资子公司，GS Direct 系 GS Group 的全资子公司，即 GS Group 通过 GS Direct 拥有 GS Pharma 100% 的股权。此 GS Group 即为声名显赫的国际投行高盛集团。

2007 年 9 月 3 日，经海普瑞股东会审议通过，接受 GS Pharma 增资 491.76 万美元，当时折合人民币为 3 694.83 万元。完成增资后，GS Pharma 获得海普瑞 1 125 万股股份，占 12.5% 的股权比例。2007 年 9 月 17 日，深圳市贸易工业局以深贸工资复（2007）2616 号《关于深圳市海普瑞药业有限公司外资并购、变更设立为中外合资企业的批复》同意 GS Pharma 认购海普瑞药业增资额并成为海普瑞药业新股东；海普瑞药业变更为中外合资企业，注册资本由 2 800 万元人民币增至 6 488.231 7 万元人民币；海普瑞药业合营各方的出资比例变更为：乐仁科技、金田土科技、水滴石穿科技、飞来石科技、应时信息、GS Pharma 分别占 41.05%、35.42%、4.03%、3.5%、3.5%、12.5%。控股股东为乐仁科技、金田土科技和飞来石科技，实际控制人是李锂和李坦，二人系夫妻关系，李锂通过其控制的乐仁科技、全资拥有的飞来石科技和李坦通过其控制的金田土科技合计持有本公司 79.97% 的股权，共同为实际控制人。

2008 年海普瑞总计分红 5 200 万元，高盛因此分得红利 650 万元，高盛的实际投资额降为 3 044.83 万元。2009 年，海普瑞利用 2.7 亿元未分配利润进行扩股，总股本由原来的 9 000 万股扩至 36 000 万股。GS Pharma 持有的股份也相应扩至原来的4倍，达到4 500万股。按照两次参股的股数和价格综合计算，GS Pharma所持4 500万股股份的平均持股成本约为1.63元/股。以148元发行价计算，GS Pharma持有的股份账面价值高达66.6亿元，获利超过93倍。也就是说高盛投资海普瑞不到三年的时间获得了超过90倍的收益。

由于2010年业绩斐然，海普瑞推出了10转10派20元的大比例分红方案。对于这样的分红方案，除了海普瑞实际控制人李锂及李坦夫妇外，高盛就成了最大的赢家。按照高盛的子公司GS Direct Pharma Limited的持股比例，获得9 000万的分红，而高盛的持股成本将直接折减至0.632元，不到4年的时间，高盛成功实现了空手套白狼。

2010年5月6日，海普瑞以148元公开发行，当日收盘价175.17元（最高188）。对比148元的发行价，GS Pharma的账面浮盈达到66.23亿元，若不考虑之前的现金分红，收益率达到180倍。若以上市首日收盘价175.17元记，市值达78.83亿元，收益率达到212倍。

然而如此高的股价却没有持续多久。在次日股价冲至188.88元，在之后三日大幅跳水，累计跌幅近30%。截至2010年5月13日，海普瑞股价已经跌至135.5元，较发行价下跌了8%。从2010年5月初上市到2011年一季度，海普瑞股价围绕130元上下小幅波动。2011年4月18日海普瑞发布了2011第一季度业绩报告，报告中称一季度公司业绩下降近四成，而且预告公司2011年1~6月净利润比上年同期下降幅度将为30%~50%。公司对这一业绩变化的解释为：报告期内平均销售价格较去年同期下降所致。该报告一出，市场开始集体抛售海普瑞，4月19日，海普瑞跌停；20日，跌停；21日，跌幅7.07%；25日，跌幅7.58%。直至海普瑞除权前一天即4月28日，其股价报收87.63元，相比4月15日的收盘价128.35元，跌去31%，而这仅仅用了8个交易日的时间。股价的暴跌导致机构投资者纷纷撤出，券商也纷纷下调对海普瑞的信用评级，4月19日，国信证券在其研究报告中预计海普瑞2011年因产能无法释放，价格下滑，净利润将下降20%，并下调公司评级为罕见的“回避”。

2011年4月28日，海普瑞再次分红扩股，GS Pharma的总股本已增加至9 000万股。根据招股说明书的披露，与其他受限流通股东36个月的受限期不同，GS Pharma持有的股份受限期只有12个月，也就是说，在2011年5月6日高盛手中的 9 000 万股就全部解禁。在海普瑞诸多股东中，GS Pharma 可谓是解禁最快的股东。在此次解禁后，海普瑞流通股数量达 1.7 亿股，占总股本比例约两成。下一批解禁股的限期为两年后的 2013 年 5 月 6 日，届时海普瑞将实现全流通。

根据海普瑞 2011 年 5 月 6 日的收盘价 36.22 元计算，GS Pharma 所持海普瑞股份的账面价值已达 32.598 亿元。如果加上 2009 年的 4 025 万元及 2010 年 9 000 万元得现金分红，若 GS Pharma 抛售 9 000 万股海普瑞，其累计获得净收益将近 33.5 亿元，获利达 91 倍，再次在资本市场创造一个暴利神话。

掀起风险投资“部分退出”的盖头来

风险投资发展的潮起潮落，其退出机制一直是投资机构、高科技企业、政府、学者关注和争论的焦点。退出是风险投资最重要的一个环节，不能成功退出的风险投资项目无法给投资人带来有效的回报，创业团队和管理层也无法获得相应的收益，风险投资资金也不能有效地循环。部分退出是风险投资退出方式的一种，加拿大阿尔伯特大学 Douglas J. Cumming 教授和多伦多证券交易所资本市场部 Jeffrey G. MacIntosh 教授的《风险投资的全部和部分退出的跨国比较》（A Cross-Country Comparison of Full and Partial Venture Capital Exits）对美国和加拿大的风险投资的部分退出进行比较描述。

风险投资的全部退出和部分退出

风险投资在退出其投资项目时，可以全部退出，也可以是部分退出，仍然保留一部分股份。

在 IPO 退出方式下，风险投资很少会在 IPO 时全部出售手中的风险企业股份。通常情况下，全部退出时风险投资会在 IPO 的一年内出售持有的全部风险企业股份；部分退出时风险投资在 IPO 的一年之内只出售其所持有的部分风险企业股份。

并购退出方式较为独特。并购退出方式定义为整个企业被出售给第三方投资者。因此，从这个意义上说，似乎不存在并购退出方式下的部分退出形式。然而，在某些情况下，并购退出可以仍可视为部分退出。

在并购退出方式下，并购者通常用换股的方式进行并购，主要有四种方式：（1）被股票有较高流动性的公众企业并购。此时风险投资得到的股份相当于现金，因为这些股份的流动性高，可以在公开市场上自由地出售，兑换为现金。这类的退出可以归为风险投资的全部退出。（2）被股票有较低流动性的公众企业并购。股份也可以通过在公开市场出售转变为现金，但是，这受限于并购者企业股份的流动性，股份可能只能在一段时期内转变成现金，甚至不能转变为现金。因此，风险投资相当于同时投资了原先投资的企业和并购者的企业，这类的退出可以视为部分退出。（3）被私人企业并购。由于私人企业的股份缺乏流动性，没有一个既定的市场可以出售，而且私人企业一般会对股份出售进行制度上的限制，风险投资较难将这部分股份转化为现金，因而这种类型的退出可以视为部分退出。(4) 被其他企业的投资企业并购。投资企业进行并购活动，但这样的交易既可能是全部退出，也可以是部分退出，这依赖于股份的流动性。

在转售退出方式下，全部退出即是指风险投资将持有的所投创投企业股份全部转售给第三方投资者，部分退出就是其只转售其中的一部分。在回购退出方式下，全部退出时风险投资将持有的风险企业股份全部卖给风险企业，部分退出则只卖出其中的一部分。

在清算情况下，大多意味着风险企业倒闭。根据加拿大风险投资协会的定义，部分清算为风险投资是“即将死亡”的投资，一个还未破产的风险企业缺乏利润增长的潜力，不能再吸引风险投资对其继续投入资金和精力。

风险投资部分退出原因

风险投资者一般是价值附加型的投资者。他们投资项目时所带来的不仅仅是资本，还有经验和技术等有助于企业发展的东西。在风险投资基金的赎回日的临近，企业的价值被高估等情形下，风险投资会有较强的动机退出投资，风险投资基金需要将其投资项目转变为流动性更高的形式。因此，即使所投资的项目仍然具有一定的升值空间，它也必须选择退出，至少是部分退出。

风险投资部分退出时会卖出其持有的一部分企业股票，而不是全部。这会减少风险投资未来的潜在投资收益，但也同时会削弱风险投资对风险企业的控制力。但这并不会大幅度降低风险投资的投资成本，因为这个成本大多属于沉淀成本，已经较为固定。随着风险投资部分退出其投资项目，投资规模会减小，投资未来的经济收益也会减少，因而，部分退出不会出现在绝大部分的情况中。

风险投资退出的种类较多，情况较为复杂，样本统计较为困难，加之进行计量统计需要一定的样本数量，一般会花费较长时间，利用 Douglas J. Cumming 教授和 Jeffrey G. MacIntosh 教授文章中较早的统计数据亦可说明部分退出不会出现在大多数情况中的现象。

表 3.2　1992～1995 年北美地区风险投资退出方式统计

		退出渠道					总数
		IPO	并购	转售	回购	清算	
退出方式	部分退出	28	7	8	12	3	58
	全部退出	38	39	13	35	57	182
总数		66	46	21	47	60	240

部分退出的出现主要有如下一些原因：

在大多数的部分退出情况中，部分退出的目的是为了减轻退出时作为出售方的风险投资和购买方之间存在的信息不对称现象。部分退出情况下，风险投资会保留有部分股份。由于维持对高质量风险企业的投资比维持对低质量风险企业的投资有更低的成本，同时高质量的企业有更高的增值空间，因而部分退出是表示风险企业质量较高的一个积极的信号。所以风险投资通常会倾向于选择部分退出方式。

风险投资一般不会让风险企业自我发展，它会引入其他的对企业发展有积极作用的战略投资者来帮助企业管理和进行战略决策。但这会使得风险投资需要出让一部分股份，形成风险投资部分退出的情况。

对于资历尚浅的风险投资企业而言，最重要是在建立良好的投资记录的同时保留住最有价值的投资项目。但是，建立能够得到认可的良好的投资记录需要风险投资退出这项投资。通过部分退出的形式，风险投资既可以实现保留住有价值的投资项目，同时还可以建立投资记录。从这点上看，部分退出是一种折中的方式，可以使得风险投资建立足够的投资记录来帮助他们在未来募集投资资金，并同时保留住那些具有较大升值潜力的投资项目。

还有一些较少出现的情况，例如在一些风险投资基金里，在基金赎回日临近的时候，投资者对投资项目的偏好会出现分歧，有的投资者仍然看好并愿意持有风险投资所投资企业的股份，这部分人称为“保留者”，另外那些想要出售股份，赎回投资的人称为“赎回者”。由于“保留者”和“赎回者”的同时存在，这使得风险投资更倾向于选择部分退出。

风险投资在不同退出方式中的部分退出选择

第一，IPO 退出方式中部分退出的选择。

首次公开发行 IPO 的退出方式会产生很大程度的信息不对称。在公开上市发行股票时，公众投资者一般是最不了解真实情况的，常常处于信息的弱势地位，根据加拿大风险投资协会和 Venture Economics 的资料统计，56.5% 的风险企业都是高新技术企业。由于风险企业大多为高新技术企业，投资者更缺乏对专业技术的认识，无法深刻了解行业和企业的本身发展状况。通常投资者还会遭遇“免费搭车”的问题，投资者对企业的监督能力较弱，面临着较高的道德风险，他们寄希望其他投资者对企业进行准确的价值判断，并希望其他投资者对企业上市后的经营活动进行监督。

通过投资银行利用其的专业知识对股票定价，缺乏技术及经验和“免费搭车”的问题将得到减缓，从而使得公众投资者得到一定程度的保护。通过投资银行进行股票发行，股票在公开市场流通是对企业质量较高表示的一种积极信号。越是有名的投资银行所承销的股票，意味着该股票的质量越高。但是，投资银行利用自己的专业知识来决定是否承销某企业的股票，他们对风险企业的认识水平无法达到战略投资者和企业内部人员的程度。因此，即使有专业的投资银行参与 IPO，信息不对称的程度也相对较大。所以在风险投资利用 IPO 退出方式时，更多地利用部分退出方式可以尽量减轻信息不对称现象。根据北美地区风险投资所投资项目的退出方式统计，在 IPO 退出方式中，部分退出占到了 42.42%，是各种退出渠道中选择部分退出方式比例最高的（见图 3.5）。

第二，并购退出方式中部分退出的选择。

在并购退出方式中，企业将被整体出售给第三方的战略并购者。通常大多数并购者都是技术型的企业，这类企业大多没有充足的现金，无法利用现金并购，常用的方式是用换股并购。由于技术通常难以进行估值，对高新技术投资的风险一般要高于对非技术型企业的投资。因而，风险投资在所投资的技术型企业里持

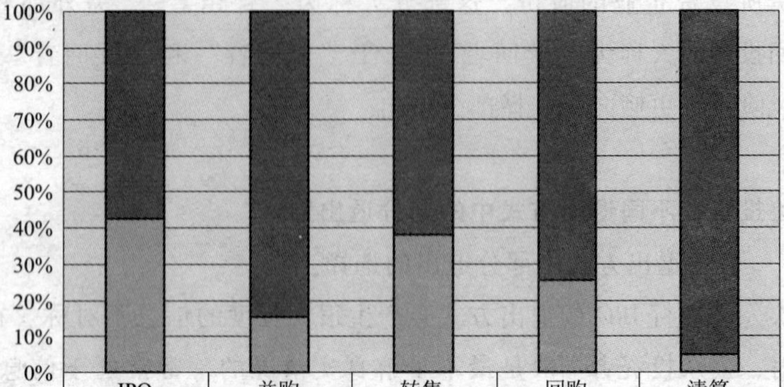

	IPO	并购	转售	回购	清算
全部退出	57.58%	84.78%	61.90%	74.47%	95.00%
部分退出	42.42%	15.22%	38.10%	25.53%	5.00%

图 3.5　北美地区风险投资退出方式

有股份将会伴随一定的估值风险。利用股份作为支付手段，是一种在并购双方解决这种风险的方法。

一个高速成长的企业有不确定的未来收益，这类企业通常会被给予一个较高的溢价。面对高溢价的企业，风险投资将会更多选择部分退出，这既是表示企业质量较高的一个积极信号，也可以使得风险投资能够享受到高溢价带来的高回报。随着投资期的延长，企业逐渐成熟，信息不对称的程度和估值风险也将降低，风险投资利用部分退出方式的可能性就越来越低。

第三，转售退出方式中部分退出的选择。

在风险投资临近赎回日时，或者在投资预期变差时，风险投资可能将股份转售给的其他的风险投资。当然风险投资可能会尽量避免这样的情况发生，但是在风险企业既不可能实现 IPO，也不可能引入战略投资者时，转售方式可能是最好的退出方式。当风险投资认为企业有一个不错的发展前景，而现有管理层和管理团队缺乏领导企业进一步发展的能力时，风险投资不会选择其他的退出方式，而会更愿意选择部分转售的方式。

这种方式可能使企业的价值增值，因一方面新的战略合作者的引入可能会减少风险投资家的潜在收益，但它也将降低原有投资者的监督和管理成本，而且新的战略合作者的经验和技能将有助于企业潜在价值的大幅提高，从而补偿了风险投资家出售股权的损失。另一方面，风险投资家采用部分出售其股权，也向潜在的战略合作者一个信息提示，即风险投资家对目前管理关系下的企业未来和企业技术的发展潜力是否具备公开上市的标准，缺乏足够的信心。这将给潜在的战略合作者提供一个“以小搏大”的机会，即先支付少量的费用，既降低投资风险，又可利用自己的专业技能帮助企业发展，当企业发展一旦成熟，则可以收购整个企业或公开上市。然而如果企业并没有价值提升的潜力，这种类型的退出方式就会受阻，不会有新的投资者会购买风险投资手中的股份。一般说来，对于转售的退出方式而言，部分退出要优于全部退出。一般是企业在遭遇投资难以为继时，才会选择全部退出。根据数据统计，转售退出方式中的部分退出现象只比 IPO 退出方式中选择部分退出的比例略低，为 38.1%，而高于其他三种退出方式中的部分退出选择的可能性。

第四，回购退出方式中部分退出的选择。

在回购退出方式下，风险企业购买风险投资所拥有的股份。一般在风险企业业绩不佳，已“名存实亡”时，或者风险投资与风险企业关系破裂时，常采用这种方式。在回购退出中，风险投资可能更倾向于完全退出。因为在这种退出方式下，交易是在局内人之间发生的，已经不存在信息不对称的问题，企业也不可能溢价收购风险投资手中的股份，风险投资不再需要部分退出的方式。尽管如此，对于一个运作不佳的风险企业来说，可能没有充足的现金来收购风险投资手中的股份，而是通过签发票据等形式来收购。由于采用信用支付方式，造成了回购中也存在着风险投资部分退出的现象。

第五，清算时部分退出的选择。

当风险投资认为最初的投资将不可能收回时，投资将会被清算退出。投资项目进行清算意味着企业质量较差，因而清算情况发生时多为全部清算。部分清算情况下，风险投资认为投资仍然还有价值，但是缺乏足够的价值提升空间，从而缺乏继续投资的动力。这种情况下，风险投资将不会再投入过多的资金和精力到现有的投资中，该投资成为了“即将死亡”的投资。

由于较长时期的投资通常有较高的利润预期，投资的期限越长，越不容易发生清算。风险投资一般在一定时期就会对投资进行阶段性估值。最差的投资会被筛选出来，它可能会在短期内被保留，但不会再被继续投资，最终很有可能会被清算。

IPO 抑价——IPO 参与者多方博弈的缩影

IPO 抑价现象在各国的新股上市发行中都存在，尽管各国的抑价水平有所不同。另外值得关注的是，从时间序列上来看，同一个国家的抑价水平在不同时间段的差异也非常大。如图 3.6 所示，在此期间 1980 ~ 2000 年之间，新发行上市的股票的平均抑价率上涨了很多，这使人们对基于信息不对称的理论产生了怀疑，因为其难以解释抑价率这种剧烈的变动。

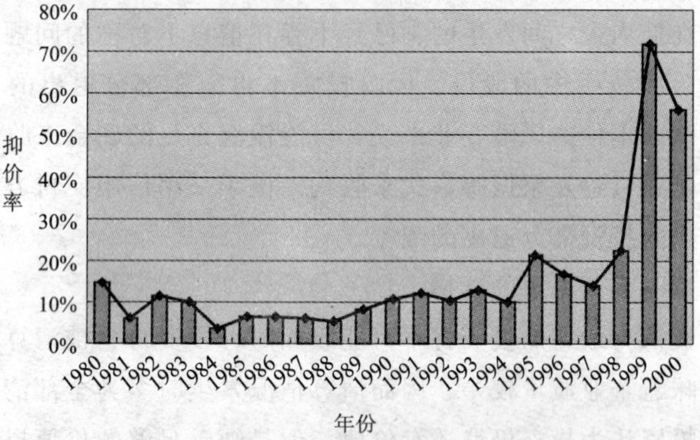

图 3.6　1980 ~ 2000 年美国 IPO 平均抑价率变化图

Tim Loughran 和 Jay R. Ritter 的《为什么 IPO 抑价会随时间而变化》（Why Has IPO Underpricing Changed Over Time? 刊载于 Financial Management, Vol. 33, No. 3, 2004）这篇文章正是针对美国 1980 ~ 2000 间 IPO 抑价率的变化进行的较深入和系统的研究。文中列出了许多有价值的统计结果，并检验了解释这种变动的假说。虽然这篇文章研究的是抑价率随时间变动的原因，但他们的研究方法和结论对于我们思考影响抑价水平的因素和抑价所反映出的参与者行为有很强的启发性。他们在文中将 1980 ~ 2000 年分为三个时间段：1980 ~ 1989 年（20 世纪 80 年代），1990 ~ 1998 年（20 世纪 90 年代），和 1999 ~ 2000 年（泡沫时期）。表 3.3 列出了这三个时期的平均抑价率：从 20 世纪 80 年代到 90 年代，抑价率增长了 1 倍，而从 20 世纪 80 年代到 1999 ~ 2000 年，抑价率则大幅增长了 9 倍左右。一些观点认为，在 1999 ~ 2000 年这个网络科技泡沫时期，有大量的高科技企业进行 IPO，而高科技企业的平均抑价率要高于非高科技企业，所以导致总体的平均抑价水平上升。但是下表显示出非高科技企业在这个时期的抑价率也远高于前两个时期，虽然幅度不如高科技企业那样大，但依然呈现出较大幅度增长。因此，抑价率的上升并不能仅仅归因于更大比例的高科技企业上市，还需要探寻其他影响抑价率变化的重要因素，Tim Loughran 和 Jay R. Ritter 的这篇文章便给我们提供了很多有力的事实证据来理解这个问题。

表 3.3　　各组年份的平均抑价率、承销商数目

年　份	平均抑价率	承销商数目
1980 ~ 1989	7.4%	1.5
1990 ~ 1998	14.8%	2.3
1999 ~ 2000	65.0%	3.6

表 3.4　　各分组年份按不同特征分类的抑价率

分　类	1980 ~ 1989		1990 ~ 1998		1999 ~ 2000	
	抑价率	IPO 数量（占比）	抑价率	IPO 数量（占比）	抑价率	IPO 数量（占比）
产业						
网络和科技	10.4%	521（26.3%）	22.7%	1 031（30.5%）	81.1%	576（70.6%）
非网络和非科技	6.3%	1 461（73.3%）	11.3%	2 353（69.5%）	23.9%	227（29.4%）

续表

发行价是否相对询价区间的最高端向上调整						
向上调整	20.5%	246 (12.5%)	32.0%	775 (22.9%)	119.0%	362 (45.1%)
未向上调整	5.5%	1 725 (87.5)	9.6%	2 609 (77.1%)	20.6%	441 (54.9%)

对于IPO高抑价现象，我们自然要问：承销商为什么总倾向确定高抑价水平的发行价，而发现者为什么愿意接受高抑价？

1980年后，美国99%以上的IPO都是采用目前在各国也都很流行的累计订单询价方式进行发售。累计订单询价一般分为三个阶段。第一阶段，由承销商对拟上市公司进行尽职调查，然后对IPO股票进行估价，并由此确定一个指导性的初始询价范围。但这个区间仅仅是指导性的，最终的发行价格有可能在这个区间之外。在第二阶段，展开由发行人、承销商和机构投资者共同参与的路演。这是在发行过程中非常关键的推销活动，一般持续两周左右。在参考询价区间并对新股进行估价的基础之上，机构投资者报出新股申购的价格及在相应价格下愿意申购的新股数量。在第三阶段，当承销商通过询价、路演收集到了一系列报价和数量等信息后，就能够自主决定最终的发行价格以及给每个机构投资者的配售比例，也即承销商在定价和配售方面拥有“自主决定权”。从这个过程中可以看到，承销商作为发行者的代理人，能够很大程度地决定发行价的高低。虽然抑价率是由发行价和上市后首日收盘价共同决定的，但通常都认为较高的抑价是由一级市场定价偏低造成的，我们在这里先暂且接受这个假定，那么引起抑价的直接相关者就是承销商了。当然，承销商制定出的价格最终也要被发行者认可后才能确定。因此，对于存在很高抑价的现象，我们自然就要问：承销商为何喜欢制造高抑价，而发行者又为何愿意接受高抑价。

承销商的承销佣金是按发行额的一定百分比确定的，发行相同的股数，发行价越高，承销收入就会越高，这样看来承销商并没有理由要压低发行价。但其实不然，因为承销商的目标并非只是最大化某次IPO的承销佣金收入。

首先，承销商作为发行者的代理人，拥有比前者更多关于股票定价以及股票销售情况的信息（如投资者对股票的需求信息），而作为委托人的发行者由于监督约束承销商的成本较高，因此很难观察承销商的努力程度，在此情况下，承销商产生了减少自己的努力成本的动机，确定较低的发行价格以降低自己的推销成本和发行失败的可能性。由此可见，较高的发行价虽然能够提高承销佣金，但同时也意味着较高的营销费用和发行风险，所以，承销商不会单纯地追求承销佣金最大化，而是在权衡风险及推销等成本和承销佣金收入之后，选择一定程度地压低发行价。

第二，承销商不是只考虑一次发行得到的利润，他们还会考虑未来可能得到的承销总利润。而累计订单询价这种发售方式赋予了承销商在配售方面的"自主决定权"，使他们可以自行决定份额的分配。那么承销商为了得到未来的承销业务，能方便地基于自己过去和未来的生意伙伴来配售股票，将抑价的股票配售给未来目标公司的管理者，以期建立长期业务关系并争取到新的业务。

第三，虽然降低发行价是会减少承销佣金，但实际中，机构投资者和承销商之间往往会合谋，共同分享抑价带来的利润。即承销商将能产生高抑价的股票配售给某投资者，之后该投资者又通过某种方式返还一部分利润，这无疑对双方都是有利的。现实中这种"补偿物"现象屡见不鲜，并曾引起过诉讼。2002 年 1 月 22 日，美国的证券交易委员会（SEC）对第一波士顿（CSFB）进行了起诉。因为 CSFB 将热发的 IPO 分配给一些客户，并在股票上市之后的几天内得到了这些客户所获利润的 65% 的佣金。这些客户仅仅是为了产生佣金以返回给 CSFB 一部分利润而大量地进行股票交易。根据 SEC 的控告，CSFB 的这些客户为大批的股票交易支付了每股 3 美元的佣金，而通常机构投资者交易的委托佣金是每股 6 美分［Goldstein，Irvine，Kandel 和 Wiener（2006）］。CSFB 对此诉讼案既没有接受也没有否定这个违法行为，最后支付了 1 亿美金的罚金。由此可见，掌握将产生高抑价的股票的配售权可以为承销商带来大量显性和隐性的租金。综上所述，抑价能间接地给承销商带来许多未来收益，因此，承销商就有动机在一定程度上低估发行价，使股票产生抑价。

然而，发行者又为何愿意接受高抑价呢？显然，如果发行者的目标只是最大化发行收入，他们是不会容忍承销商制造出很高的抑价率的。但事实上，他们并未因为很高的抑价而对承销商不满，在 1999 ~ 2000 年间，高达 60% 以上的抑价率是很普遍的现象。

解释发行者接受高抑价的理论非常多，这里仅从累计订单询价方式给予一个解释。Benveniste 和 Spindt（1989）的累计订单询价理论从信息揭示角度阐明了发行者接受一些抑价的原因。因为如果信息富有的投资者能够在发行价确定之前真实地揭示其信息，从而使发行价接近真实价值，减少留在桌面上的钱，那么抑价就是给予他们的一种补偿。在累计投标竞价的定价方式下，承销商可以不分配给或者只分配给很小一部分股票给那些报价很保守的投资者，这就降低了信息富有者故意隐藏或扭曲积极信息的概率。而投资者的出价越大胆，发行价就会被提得越高。然而，为了保证投资者能够"讲真话"，配售的股票又必须产生抑价，如果承销商不在桌面上留下一定量的钱（Left No Money On The Table），真实揭示信息又将变得没有激励机制。由此他们推断累计订单询价方式能在一定程度上降低抑价，但并不能消除抑价。这个理论暗含着发行者本身是不愿意看到过高抑价存在的，而且由于信息揭示，抑价水平不应很高。

以上意味着发行者不得不承担一定程度的抑价，对于解释 20 世纪 80 年代的抑价水平有较强的说服力，但面对 1990 年后，尤其是 1999 ~ 2000 年大幅提高的抑价率却显得无能为力了。

与以上理论不同，Loughran and Ritter（2002）在《为什么发行人对 IPO 中留在桌子上的钱并不感到不安》（Why Don't Issuers Get Upset about Leaving Money on the Table in IPOs?）这篇文章中提出了一种强调发行者的行为偏差的"前景理论"来解释抑价。他们认为发行者对留在桌面上的大量资金并不感到难过，是由于发行者倾向于把由抑价带来的财富损失和已经持有的股份在二级市场上价格大幅上升时带来的收益（通常更大）相加，这样发行者就不会强烈要求承销商降低抑价。但是，这种心理因素是长期存在的，由它引起的抑价率水平应该保持比较稳定的水平。可见，它也很难解释从 1980 到 2000 年抑价率的剧烈上升。

正是由于从 20 世纪 80 年代到 2000 年间，发行者对未来的销售额和单方支付额赋予更大的权重，发行者才会接受更高的抑价率。

在《为什么 IPO 抑价会随时间而变化》这篇文章中，Tim Loughran 和 Jay R.

Ritter 提出并检验了“发行者目标函数变化”的假说，该假说认为保持管理所有权和公司其他特征不变，发行公司接受抑价的意愿发生了改变。即从 1980～2000 年，发行者变得更愿意接受抑价了，文中对此分别用“分析员活力假说”（Analyst Lust Hypothesis）和“腐败假说”（Corruption Hypothesis）给出了理由。作者指出，发行者的目标函数是最大化 IPO 发行收入、未来销售收入（包括公司产品的销售收入和未来增发的融资收入）以及从承销商那里得到的单边支付（承销商为了被选为主承销商而对公司决策者的“贿赂”）这三者的加权平均数。即：

$$\alpha_1 \times IPO\text{发行收入} + \alpha_2 \times \text{未来销售收入} + (1 - \alpha_1 - \alpha_2) \times \text{单边支付额}$$

如果未来的销售额和单方支付额的权重较大的话，即便定价偏低使得发行收入降低，但三部分之和依然可以较高。也就意味着发行者并不会太在意较高的抑价水平。作者认为，正是由于从 20 世纪 80 年代到 2000 年间，发行者对于未来的销售额和单方支付额赋予了更大的权重，他们才会容忍更高的抑价率。

20 世纪 90 年代后，分析员报道尤其是全明星阵容的分析员报道很受发行者青睐，这主要是由于这些分析员的市场影响力很大。如果他们做出有利于发行公司的报道，这将很大程度地提高公司的知名度，公司未来的销售收益可能因此而提高。同时，增长机会和潜力相比 20 世纪 80 年代时也更加被投资者所重视了，但这种潜在价值具有很大的不确定性，而知名分析员的报道总会更令投资者信服。另外，媒体的发展，尤其是互联网的发展大大加快了信息传递速度，也扩大了信息传递范围，这使得分析员的报道能更快地反映到市场价格中。因此，分析员对公司未来收益的影响力在这二十年间大为提高，他们更具“活力”了，这使得发行者更愿意选择那些拥有明星分析员的投资银行作为承销商，并为之付出更多成本，即愿意接受更高的抑价。

然而，发行者为何不直接以承销费的形式对承销商做研究报告付出的代价予以补偿，而一定要采取抑价的方式呢？“腐败假说”对此做出了有力解释。承销商可以通过行使“自主决定权”将高抑价的股票配售给承销公司的决策者和风险投资家，以争取未来增发时获得主承销商地位；同时也能配售给未来计划承销的公司的高级管理层和风险投资家，以争取被选为主承销商。这种间接贿赂方式比直接支付现金更加方便和隐蔽，在实际中它被称为“违规派送新股

(Spinning)”，虽然是被禁止的行为，但由于难于界定和监控，这种行为依然屡见不鲜。CSFB 就是利用这种方式在 1999 和 2000 年占据了很大的主承销商市场份额。这种在文中腐败现象在 1990 年后变得越来越普遍。因为在 20 世纪 80 年代，市场对公司的估值相对较低，市盈率普遍低于 1990 年后，而且当时对分析员的报道也没有 1990 年后被受到很大重视。所以，留在桌面上的钱数总额较少，当时热发的 IPO 也较少。随着抑价率的提高，热发的 IPO 增多，越来越多的承销商使用“派送新股”的方式来影响公司的决策者，逐渐成为了决策者一条经常性的收入来源渠道。因此发行者对这种“派送新股”得来的单方收入更加看重了。

综合以上两种假说可以预测，决策者更倾向于选择声誉高的承销商作为主承销商，并且愿意接受更高的抑价。在 Tim Loughran 和 Jay R. Ritter 的文章中亦有相应的事实支持了这个观点，如表 3.5 所示，在 20 世纪 80 年代，声望低的承销商所做的 IPO 平均抑价率要高于声望高的承销商，但这个现象在 20 世纪 90 年代后发生了逆转。

表 3.5　　高声誉和低声誉承销商在各分组年份的不同特征

	1980 ~ 1989		1990 ~ 1998		1999 ~ 2000	
	项目	IPO 数量	项目	IPO 数量	项目	IPO 数量
平均抑价率						
低声誉	9.1%	1 119	12.9%	1 294	35.1%	151
高声誉	5.1%	863	15.9%	2 090	71.9%	652
抑价率中位数						
低声誉	2.5%	1 119	7.0%	1 294	12.2%	151
高声誉	1.2%	863	8.7%	2 090	37.5%	652
发行价高于询价区间最大值的百分比						
低声誉	10%	1 119	11%	1 294	28%	151
高声誉	17%	863	30%	2 090	49%	652
承销高科技企业百分比						
低声誉	27.7%	1 119	26.4%	1 294	68.2%	151
高声誉	24.4%	863	33.0%	2 090	72.5%	652

抑价是一个相对指标，只是衡量发行价和上市收盘价之间的差距，没有理由认为 IPO 抑价率高就一定是发行价定得太低造成的。

以上的讨论都暗示着高抑价是由发行定价过低引起的，进而承销商能够很大程度地决定抑价高低。但从逻辑上看，这个说法是比较片面的。即便是发行价很接近公司的实际价值，而首日收盘价由于某种信息或其他因素的影响，使得二级市场的投资者非理性地去追捧新发股票，也依然会导致较高的抑价。其实，一种称为“部分调整”的现象就能在一定程度上反映这个问题。

从表 3.5 能清楚地看到，无论在哪个时期，最终的发行价相对初始的发行区间做向上调整的 IPO 都呈现出更高的抑价率。许多学者认为这种现象的出现是由于发行价没有对询价期间内获得的信息完全反应。即承销商并没有按照询价期间获得的信息来完全充分地调整发行价格，只是调整了一部分，因而被称作“部分调整”现象。Benveniste 和 Spindt（1989）的信息揭示理论亦对这个现象给出了解释，认为这个现象的出现是由于承销商为了奖励信息富有者真实地揭示出其所拥有的私人信息，有意地不将价格完全调整，欲使股票产生抑价，因此这是信息揭示激励机制的使用而导致的一个结果。但笔者认为，当大多数报价都集中在初始询价高端时，承销商适当向上调整发行价，但仍保证在最后的发行价上有一定的超额认购倍数，这种上调区间的行为就成为一种信号发送给了二级市场的潜在投资者。这些潜在投资者看到该股票受到如此多机构投资者的追捧，就会认为它很有价值，进而预期有很大的上涨空间。因此，他们在上市时就会迫不及待地买入，导致首日价格上升很多。相反，当大多数报价都集中在价格区间的低端时，承销商会向下调整发行区间，即便最终仍可能有一定得超额认购倍数，但由于二级市场的潜在投资者看到机构投资者在初始区间的认购不踊跃，所以会认为未来价格的大幅上涨将有较大阻力，也就只有相对较少的投资者愿意在上市首日购买，抑价率自然就相对较低。事实上，明星级分析员的报道就是要达到投资者“追捧”的效果。如果一个很有影响力分析员强烈建议“买入”，那么即便发行价定得较高，由于二级市场上有大量的投资者信服“买入”建议，仍旧会愿意以较高价格买入股票，所以抑价率也依然会较高。当然，如果发行价定的过于离谱，许多投资者由于担心风险过大就会放弃买入，抑价率就会较低。这就表明，发行价和抑价率既可以呈现负相关关系，也可以呈现正相关关系，图 3.7 粗略地表明了这二者之间的大致关系。

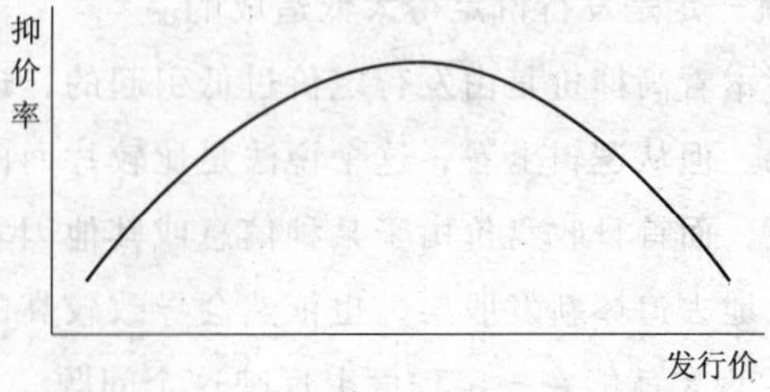

图 3.7　抑价率和发行价之间的关系

IPO 是一场复杂的博弈游戏，如果游戏环境发生变化，或者说评判标准发生了变化，那么原有利益争夺方式也会发生变化。

Tim Loughran 和 Jay R. Ritter 的这篇文章提供了许多证据有力地支持了“发行者目标函数变化”这个假说。然而，正是由于金融市场环境的不断发展变化导致了发行者目标的变化。首先，二级市场对公司的估值普遍提高。这对发行公司和承销商无疑都是更加有利的。这也使得承销商之间的竞争越来越激烈，从表 3.3 可以看到，每个 IPO 所涉及的承销商数量从 20 世纪 80 年代的平均 1.5 上升到了 2000 年的 3.6，当今的 IPO 都是由承销团完成的，而主承销商在承销团中的地位非常高，获得的承销费用比例也大幅提高，可以得到 60% 的份额。提高声誉、争夺主承销商的地位的竞争异常激烈。第二，相比过去，近年来在公司的估值方面，对公司未来增长和盈利能力赋予了更大的评估权重，而对现有的有形资产的评估权重有所下降，这个变化从承销商所承销的科技企业 IPO 的比例可以很好的反映出来。如表 3.4 所示，承销商对科技企业 IPO 的承销比例从 1980 到 2000 年间大幅提高，并且声誉高的承销商提高的幅度更大。在 20 世纪 80 年代和更早的时期，承销商尤其是声誉高的承销商是拒绝为年轻的、尚未被广泛认可的公司做 IPO 的。例如，高盛作为主承销商，在 20 世纪 80 年代只承销了一个年销售额低于 2000 万的公司，而在 20 世纪 90 年代承销了 15 个这样的公司，到了网络泡沫时期承销了 37 个以上的类似公司。这些都是由于更加重视预期增长率而带来的结果。然而，未来的增长率很难准确预测，具有很大的不确定性，普通投资者更没有能力做出较为准确的判断，这就无形中引发了对分析员研究报告的需求。

正是由于抑价本身能给发行者和承销商带来间接收益，同时又由于金融市场发生了以上这些变化，使得发行者更加愿意选择声誉高的、拥有全明星阵容分析员的承销商，同时接受较高抑价，一方面能够提高未来销售额，一方面还能获得单方支付。而从承销商的角度来看，为争得主承销商地位，通过向公司的决策者以及风险投资家派送高抑价的新股是一种较为隐蔽和便捷的贿赂方式，因此也变得越来越普遍。而为了制造高抑价，最理想的方式是既不过低确定发行价，同时又通过传递积极信息来推高二级市场价格。显然，通过明星分析员报道散布积极信息则能容易地达到这种效果。事实上，绝大多数分析员报道的建议都是“强烈买入”、“买入”，按照 CSFB 的网络与新媒体主管 Lise Buyer 在网络泡沫时期的话来说就是：“一些大明星分析员曾经都是啦啦队长，并非分析员。”不得不承认，IPO 是一场复杂的博弈游戏，它的复杂就在于信息不对称和委托－代理关系的存在。毫无疑问，如果游戏环境发生了变化，或者说评判规则发生了变化，那么原有的利益争夺方式也就会相应变化。Tim Loughran 和 Jay R. Ritter 的这篇文章给我们清晰地展示出了一种变化方式对博弈方式和过程的影响。类似地，在研究抑价的国别差异时，也应当从考察游戏环境和规则的不同入手，进而分析博弈的具体过程。从某种程度上讲，抑价可以被看作是 IPO 过程中各参与方利益博弈过程的一个缩影，它的高低变化也是金融市场环境和游戏规则变化的一个写照。

“留在桌上的钱”是 IPO 中发行者的发行损失吗？

长期以来，实现 IPO 上市，一直是风险投资实现资本退出的黄金渠道。但 IPO 中一个广为人知的事实是，绝大多数股票上市首日收盘股价都会高过甚至大幅超过发行价格，这一方面会给新股发行者带来发行收入损失，也为再一级市场新股投资者带来巨额无风险收益。这一问题在中国 A 股市场尤为明显，甚至于新股“破发”都成为了股市稀奇的特例。在大大小小的投资者们忙于“打新”、“中签”以获取这种无风险收益的同时，金融理论界对种无风险收益的形成早已关注了数十年，并形成了一个特定的研究问题：IPO 抑价（Underpricing）之谜，即新股发行价低于上市首日收盘价（First Day Closing Price）的现象。如果上市首日收盘价可以看作是市场对新上市股票的真实评价，即市场有效的话，那么发行价格低于上市首日收盘价某种程度上认为是在一级市场的定价过程中新股发行价由于某些因素被压低，从而低于由市场供需决定的均衡价格。

佛罗里达大学金融学教授 Jay Ritter 在 2002 年基于对称信息假设下，结合当前最流行的行为金融学的前景理论（Prospect Theory）所提出的抑价前景论。Jay R. Ritter，与 Tim Loughran 合著的《为什么发行人对在 IPO 中留在桌子上的钱不会感到不安?》[Why Don't Issuers Get Upset About Leaving Money on the Table in IPOs? *Review of Financial Studies*, Vol. 15, No. 2 (2002)] 中，Ritter 教授在行为金融理论的基础上，引入了“心理帐户”，“价值函数”的概念，并且分析了 IPO 过程中的所谓部分调整（Partial Adjustment）现象，从而证明了承销商在询价过程中并没有针对路演期间的公共信息（Public Information），即市场大势对公开发行价（Offer Price）进行完全的调整，在抑价发行以后产生了一笔财富即“留在桌上的钱（The Money Left On The Table），这财富对新股投资者而言是一笔无风险收益，对发行人而言则是一笔发行收入损失，但发行人并不会为此损失感到不安，因为发行人关心的是公司上市后股东总财富的变化，而不是按抑价水平计算的发行损失。

所谓的“留在桌上的钱”（The Money Left On The Table）是新股首日收盘价减去发行价乘以该新股发行股数后得出的一笔财富，从市场有效定价假设看，这应该就是发行者的发行损失。我们看一个简单的例子。2007 年 11 月 5 日，“亚洲最赚钱的公司”股票登陆上海 A 股市场，中国石油以 16.7 元发行 40 亿股 A 股，计划筹集资金 668 亿，网上网下申购中石油的资金合计达到了 3.5 万亿，而上市当天，中石油 A 股在万众瞩目中以 48.6 元开盘，摸高至 48.62 元以后迅速回落，探底 41.7 元，最终报收 43.96 元，相对发行价大涨即抑价率为 163.23%。抛开之后中石油股价的“跌跌不休”不谈，也许我们值得注意的是，既然市场对中石油如此寄予厚望，主承销商们定出的区区 16.7 元发行价似乎却没有反映出“亚洲第一赚钱公司”在一级市场重星捧月的光彩。相对于早先 10 月登陆 A 股市场的另一巨无霸——中国神华 44.57 倍的发行市盈率，中石油的发行市盈率不过 22.44 倍，而比起同期登陆 A 股的其他小盘股票动辄 30 倍以上的发行市盈相比，蓝筹贵族中石油的发行价看起来反颇具有平民色彩。

那么为什么中信，瑞银这些声誉卓著的承销商们在明知市场对中石油股票需求几近疯狂的情况下却定出这样一个所谓还富于民的发行价？假设承销商们制订一个更高的发行价——比如和神华的发行市盈率相仿，45 倍市盈——以 32.4 元提高一倍价格发行，相信在当时的市场需求状况下，中石油是可以以相当于原发行计划一半的 A 股流通股本——20 亿股，来完成同样的融资目标的。而且作为大股东的中国石油天然气总公司的持股比例，也只会受到更少的稀释，机构投资者们也就不太可能在上市首日疯狂抛售中石油上市 A 股，获取高达 163% 的无风险利润了（神华上市首日报收 69.3 元，IPO 抑价率不过 87%）。那么从这个角度来看，实际上之所以这种在一级市场申购新股，在上市首日高价抛出所获取的无风险利润的行为得以长期存在，是缘于一种从发行人向投资者的利益转移——转移的利益在于发行人对自己公司的持股比例受到了极大稀释，以低估的价格出售了自己的公司。之所以用“留在桌上的钱”来表述这一无风险收益，是因为实际上几乎每支股票 IPO 时，发行人都很少甚至不会关注这种实际对自己而言是一种发行收入损失的现象。

那么自然令人困惑的是，为什么股票发行者能无视如此巨大的发行收入损失，对如此巨大的利益从自己口袋里流入一级市场投资者的手中表示默许，为什么不同承销商更激烈的讨价还价来提高发行价格？而承销商们为何不为了赚取和发行价格直接挂钩的总承销价差（Gross Spreads），而在市场需求可接受的范围内尽力提高发行定价？为什么即使在市场行情向好时，承销商也只会相对于询价区间（File Price Range）对发行价格向上作小幅调整，而这类 IPO 往往在上市首日有更高的发行抑价率（即上市 IPO 抑价率）？《为什么发行人对在 IPO 中留在桌子上的钱不会感到不安?》一文从行为金融学这个非常独特的角度回答了这些困惑。在这篇经典文献中，作者 Ritter 教授以 1990 到 1998 年间美国上市的 3 025 家公司 IPO 数据为分析对象，剔出了房地产信托投资公司（REITs），合伙制公司，以美国存托凭证（ADRs）的形式上市的公司等几种资本结构比较特殊的样本以后，分别从发行人和承销商两个角度论述了抑价现象产生的原因，并且基于部分调整和发行热月（Hot Issue Market）现象，提出了以上市公开发行之前一段时间的市场平均收益率这一公共信息来预测 IPO 抑价率的模型。

首先，Ritter 教授从发行人一方的角度，展开了自己的讨论。传统的金融经济学认为，理性人行为的标准是其期望效用最大化，而这一目标往往是通过求解期望效用函数（Utility Function）的最优化问题来实现的。而 Kahneman 和 Tversky 提出的行为金融理论描述了个体在不确定环境下的选择行为并非基于传统效用函数的标准公理体系，并指出描述个体行为的工具除了以财富的绝对水平（Levels）为解释变量的效用函数之外，还应该引入一个以财富变化的相对量为解释变量的价值函数（Value Function），即财富变化的多少亦是影响个体决策的重要因素。

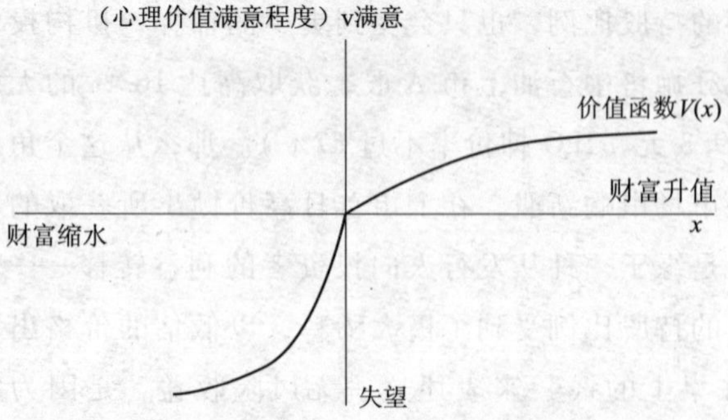

图 3.8　价值函数

图 3.8 即揭示了价值函数的变化特性。如图 3.8 所示，纵轴代表人的心理满足程度，正半轴表示满足的程度越来越

高，负半轴表示失望的程度越来越高；横轴表示财富变化的情况，正半轴表示财富升值的幅度越来越高，负半轴表示财富缩水的幅度越来越高；S 形曲线即是价值函数，表示人的心理满足程度随财富升贬值的变化。

Ritter 教授指出价值函数对收益具有凹性（Concave），即人的心理会随财富升值（即使这种升值没有变现）而更加满足，但是这种满足递增的速度却会随着财富增值的幅度递减。简单的举例就是说就是一个人财富从 10 000 元增长 100% 到 20 000 元，给他心理上带来的满足远比他的财富从 100 000 元增长到 200 000 元带来的满足感为多，在图中即是 S 型曲线的右半部分。相对的，价值函数对于损失具有凸性（Convex），即财富缩水给人心理上带来的恐慌与不满也是递增的，但损失一单位财富的影响要远大于得到一单位财富的影响。图 3.8 中表现为 S 型曲线的左半部分。用经济学的术语说，价值函数是一条通过圆点的单调递增的 S 型曲线。

另外，抑价前景论还认为当个人面对两个相互关联的财富变化状况时，这两中状况对于个人决策的影响有可能是相互关联的，也有可能是相互分离的。

这种效果可以用图 3.9 来揭示，我们用这一原理来分析 IPO 过程中两个指标——发行人所持股票上市价格相对于询价区间中值（即坐标圆点位置）上涨的幅度以及“留在桌上的钱”的数量——对发行人行为的影响。纵轴表示“留在桌上的钱”的数量，正半轴表示“留在桌上的钱”越来越少，显然，这在发行人看来是一种有利的情况；负半轴则相反，表示“留在桌上的钱”越来越多（值得注意的是，由于 IPO 抑价率为正的现象的普遍存在性，“留在桌上的钱”

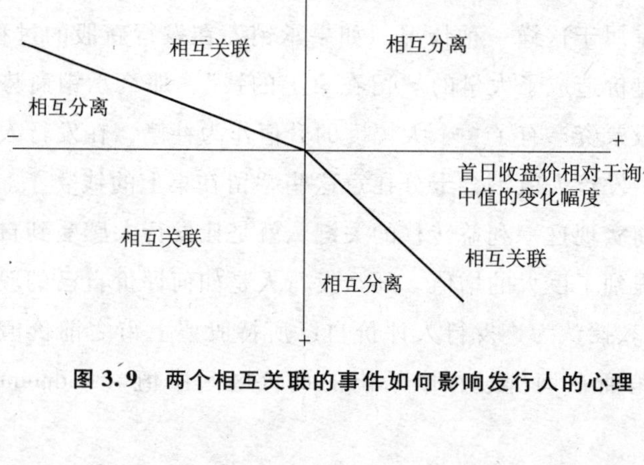

图 3.9　两个相互关联的事件如何影响发行人的心理

除非上市首日跌破发行价，否则一般不为负），这显然对发行人有利。而横轴表示的是首日收盘价相对于询价区间中值变化幅度，右半轴表示首日收盘价相对于询价区间中值大幅上升的幅度，越向右表示升值越多，这显然是发行人乐于看到的；左半轴则表示首日收盘价相对于询价区间中值小幅上升的幅度，越向左表示升幅越小，这显然是发行人不愿意看到的。

根据价值函数对于收益的凹性和对损失的凸性，在坐标中分出的四个象限分别表示这两个事件同时发生时将如何影响发行人的心理：

两个收益性的结果（坐标右上角）——在 IPO 抑价问题中即发行人股票上市以后的大幅升值及产生较少的“留在桌上的钱”——对发行人产生的影响是分离的，也就是说假使发行人所持股票升值数额大于“留在桌上的钱”减少的数额的话，发行人在决策时就可能会忽略减少“留在桌上的钱”方面的考虑。反之两个损失性的结果（坐标左下角）——在 IPO 抑价问题中即较小的股价升值和产生较多“留在桌上的钱”的情况——将会对发行人的决策产生联合性的影响。换而言之，如果发行人所持股票在上市之后只有很少的升值幅度，并且上市之后产生了大量的“留在桌上的钱”话，那么发行人会同把这两种结果结合起来看，可想而知，发行人一定会力图避免这种情况的发生。

一个收益性的结果和一个损失性的结果中的一种（坐标右下角）——发行人所持股票大幅升值但同时产生大量“留在桌上的钱”的情况——对发行人决策的影响有可能是联合的，也有可能是分离的，这同样取决于两种结果绝对数量上大小的对比，如果得到的收益数额比造成的损失数额更大，那么发行人将会把这两种结果分离来看，即发行人很可能不考虑造成的损失。显然，在现实中有抑价现象的 IPO 就是属于这样一种情况。如果承销商在发行新股的过程中定价低，相对于高首日收盘价造成了大量的“留在桌上的钱”，那么承销商势必要让发行人感受到自己的股票资产有了一个大幅度的升值作为补偿，在发行人价值函数的这种评价特征下，发行人就不会十分在意这些“留在桌上的钱”了。

显然，承销商实现这一利益转移的关键，就是让发行人感受到自己的股票资产在上市过程中得到了巨大的增值。那么发行人是如何评价自己的股票上市前后的价值呢？Ritter 教授认为，发行人评价自己所持股票上市之前价值多少的基准（Anchor），是承销商在询价过程中给出的询价区间中值（Midpoint Of The File

Price Range），如果上市之后首日收盘价大大高于询价区间中值，自然就能令发行人满意。回顾之前提到的价值函数，要使“留在桌上的钱”对发行人心理造成的不利影响小于发行人股价暴涨对其心理产生的有利影响，从而使发行人分离评价，乃至忽略“留在桌上的钱”问题，则需要满足下式：

$$\text{发行人上市后持股数}\times(\text{首日收盘价}-\text{发行价})+\text{发行人售出股份}\times(\text{发行价}-\text{询价区间中值})\geqslant(\text{首日收盘价}-\text{发行价})\times\left(\text{发行人 i 售出股份}+\text{发行人上市后持股数}\frac{\text{公司总发行股数}}{\text{上市前公司总股数}}\right)$$

满足上式，即可以让发行人的心理评价状态停留在图 2 的第四象限（右下角）相互分离的区域，从而使发行人忽视“留在桌上的钱”对自己心理的影响而关注于自己财富的增长。上式左端即发行人心理上认为自己得到的收益，第一项代表发行人上市以后仍然持有而未售出的那部分股票在 IPO 过程中实现的价值增值，第二项代表发行人向一级市场投资者售出的那，部分股票为自己带来的价值增值；而上式右端则代表发行人心理上认为自己遭受的损失，括号中第一项即是“留在桌上的钱”，而第二项则表示发行人在上市后自己股份的稀释对发行人持有股份升值的调整。

其次，Ritter 教授从承销商的角度来论证了抑价发行带来的“留在桌上的钱”可以间接转化为承销商的利益，从而证明承销商存在内在的动机追求抑价发行，并且引出了所谓的部分调整（Partial Adjustment）现象，即承销商在市场行情向好的情况下，并不会针对这种“公共信息”对发行价做出充分调整，而相对于询价区间小幅上调发行价却往往造成更高的 IPO 抑价率。

首先我们来看“留在桌上的钱”怎么转化为承销商的收益？一般的观点认为作为承销商的投资银行之所以乐于承担新股发行业务，是因为可以获得不菲的总承销价差（Gross Spreads）。总承销价差，指证券的公开销售价格与承销商支付给发行者的认购价格之间的差额，这个价差包括了了支付给承销集团成员的销售折让，以及支付给负责发行的投资银行的承销费和管理费。可见，总承销价差的多少，是直接与新股发行价格挂钩的，它既是承销商的直接收益，同时也是发行人的直接成本。而承销商如果抑价发行新股，所造成的“留在桌上的钱”，将会由两种形式间接成为承销商的收益。一是低价发行新股，可以吸引到更多的投资者参与到新股认购中来，从而大大降低了承销商路演期间的营销成本；二是在询价（Book-building）制下，承销商对所承销的新股的网下配售具有极强的话语权，假如承销商以低于市场对其所承销新股估值的价位发售新股的话，显而易见市场上会有大量投资者参与该股的网下配售，在求大于供的情况下，投资者就可能出现寻租行为（Rent-seeking），以佣金（Commission）或其他形式将部分收益返还给承销商，显然承销商抑价越多，市场上对新股的供需关系越不均衡，这种寻租行为会越严重。

那么为什么相对于承销费，“留在桌上的钱”更容易转化为承销商的收益呢？原因有二：一是同直接成本—总承销价差相比，“留在桌上的钱”作为一种机会成本，并不会受到发行人同等的关注。可以想象发行人在选择承销商时，对于承销费用的考虑，将远大于对承销商是否能够高价发行其股票的考虑。二是在上市之前，“留在桌上的钱”的数额是难于计量的，处于一种或有状态（State-contingent）。假如对市场信息和承销技术都占有优势的承销商可以在新股上市之前就通过与投资者达成默契以确定这种收益的话，发行人却缺乏相关的市场信息，从而无法提前估算这一损失。结合之前的前景理论和价值函数的讨论，承销商采用抑价发行的策略并不会让发行人感到不适，影响其合作关系。在前述中石油 IPO 的案例中，虽然 IPO 抑价率高达 163%，有 1 090.4 亿元“留在桌上的钱”这就是中石油的发行损失，但这并不会影响中石油于承销商之间的关系。这样的情况并非个案，Ritter 教授在文中提到，在 Krigman，Shaw 和 Womack 的 2001 年的一份报告中，美国市场当年 15 个 IPO 抑价率超过 60% 的公司都保留了自己的主承销商负责其增发业务。那么为什么这种超额收益不会因为承销商之间的竞争而消除呢？Ritter 教授指出，承销市场并不是一个完全竞争的市场，声誉卓著的大投资银行可以通过发表具有影响力的分析报告来吸引客户，而这一点是小投行不具备的。

在以上的分析框架下，Ritter 教授讨论了所谓的部分调整（Partial Adjustment）和发行热月现象（Hot Issue Market），从信息经济学的角度提出了 IPO 抑价率可以由首发日之前市场的平均收益来预测的计量模型。如前文所述，在市场大势向好，新股发售受到投资者追捧的行情中，作为十分熟悉市场行情的承销商们，并不会针对这种公共信息充分调高市发行价格，因此市场行情大好时发行的新股反而具有更高的 IPO 抑价率，即更高的抑价率，如下表 3.6 所示。

表 3.6　　按照上市前市场平均收益率划分 IPO

项　目	样本数量	IPO 抑价率%（平均值）	“无人认领的钱”（美元）	上市前 15 天 VW 指数收益率
发行前 3 周市场平均收益率小于 0%	948	10.02%	560 万	–1.84%
发行前 3 周市场平均收益率适中（0%～2%）	1 003	13.16%	850 万	0.99%
发行前 3 周市场平均收益率大于 2%	1 074	18.49%	127 万	3.68%
加总	3 025	14.07%	910 万	1.06%

数据来源：Ritter. Why Don't Issuers Get Upset About Leaving Money on the Table in IPOs? 27.

如表 3.6 所示，Ritter 教授统计的是 1990 年到 1998 年间在美国上市的 3 025 支 IPO 样本。他发现发行前 3 周的市场大势的好坏与样本股 IPO 抑价率的高低存在正比关系。其中有 1 074 支股票在发行前 3 周市场平均收益率大于 2% 的情况下发行，而这部分股票的平均 IPO 抑价率高达 18.49%（当然不能同国内动辄 200% 以上的 IPO 抑价率相提并论）。相比之下，发行前 3 周市场行情看淡的新股平均 IPO 抑价率较低，只有 10.02%。显然，发行前的市场平均收益率和新股 IPO 抑价率存在某种相关性，而这种相关性正是由于承销商仅对发行价格进行部分调整造成的。况且承销商对于发行价的小幅上调，反而又会影响到投资者对于该股市场需求的预期，从而进一步提高该股的 IPO 抑价率。Ritter 教授发现，如果发行前市场行情较好，而承销商又小幅上调了发行价时，那么 IPO 抑价率就会大幅提高。

图 3.10 表现了这种影响，在 Ritter 教授统计的 3 025 支股票中，IPO 抑价率超过 30% 的 IPO 属于发行前 3 周市场平均收益高于 2% 且承销商将发行价最终调至询价区间上限以上的情况，而那些 IPO 抑价率最低的 IPO 则处于截然相反的情况。并且各支新股之间的 IPO 抑价率也不是相互独立的，换言之，如果一只新股上市首日股价大幅上升的话，那么这一“信息”将会对近期 IPO 的新股 IPO 抑价

率产生积极的影响，Ritter 教授发现，在他所研究的样本中，IPO 抑价率的月度平均值数据序列序列一阶自相关系数达到了 0.5，二阶自相关系数达到了 0.18，这样就会形成所谓的发行热月，即在某个月内新股发行的 IPO 抑价率显著高于新股发行的平均 IPO 抑价率。发行热月问题自 1975 年 Ibbotson 的经典论文《热销市场》（“Hot issue” Markets）中提出以来，一直没有文献解释这种正相关性是源自投资者的理性行为，而前景理论则解释了发行热月现象同样是基于投资者的理性行为产生的。显然，我们的中石油 IPO 案例更是符合这一分析，中石油上市时正值中国 A 股市场火热的巅峰，相信如果没有市场对上证指数 6 000 点的憧憬，巨人中石油的回归也不会在上市那一天被赋予如此瑰丽的传奇色彩。

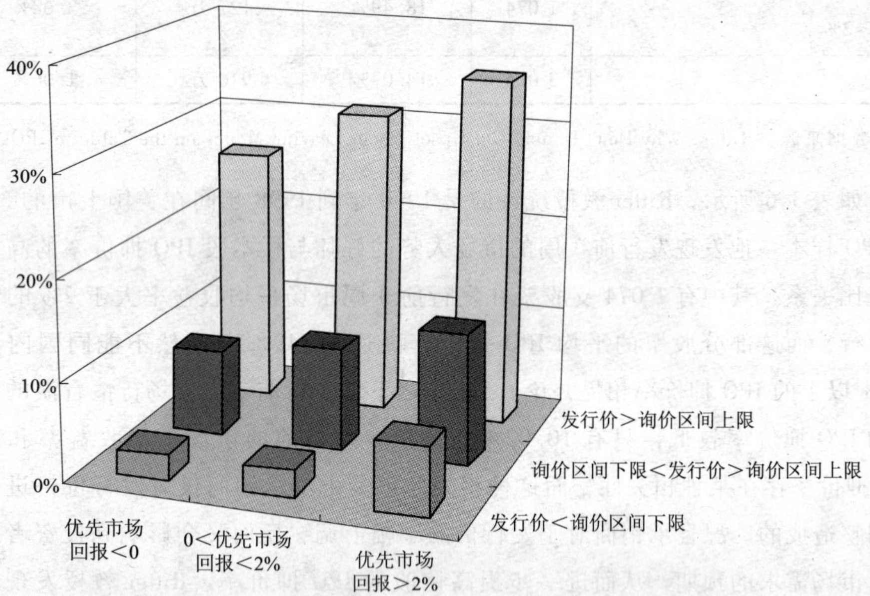

图 3.10　市场大势与承销商调整发行价对 IPO 抑价率的联合影响

抑价前景论作为将行为金融学引入 IPO 抑价问题研究的创新性理论，为学术界打开了一个新的研究窗口，在进一步丰富抑价理论研究体系的同时，更重要的是启发了学者们从新的理论角度来考虑 IPO 抑价这一经典问题。自 2002 年 Ritter 教授与 Loughran 教授这篇文献问世以来，《为什么发行人对在 IPO 中留在桌子上的钱不会感到不安?》一文一直成为了研究者们竞相引用的经典文献之一。虽然基于对在信息假设前提下的前景理论提出了很多不同于以往的观点，但这些观点并不是同以前的研究成果绝对的互相排斥，反之在同以往研究的对比和争论之中，构建成一套更完整的理论体系。前景理论作为 IPO 抑价研究的新角度，使行为金融学角度成为目前研究抑价问题最有发展前景的角度。了解这些新颖学术观点，有助于学者们对市场上错综复杂的经济行为表象作出有理有据的判断，也启发了普通投资者观察问题的新角度。相信明白了事情发生的原理，投资者才能根据市场行情以及所发新股的基本面来理性的预测新股首发的涨幅是否合理，从这一点看，恐怕中石油这个“亚洲最赚钱的公司”也不会演变成“亚洲最套人的公司了”。

询价区间的“部分调整”：承销商对 IPO 定价的掌控和操纵

在国外的 IPO 累计订单定价方式中，承销商在询价过程中可以根据市场和投资者的情况来自主调整价格区间，以反映信息搜集的过程，比如某 A 公司的初始招股说明书公布的价格区间为（4，4.8），如果在开始询价之后遇到热市以及投资者反映热烈，承销商可以向上调整价格区间到（4.4，5.3）以反映正面信息，最终确定发行价格为 5.4，在这个询价过程中，承销商通过调整价格区间以及最终的发行价格来反映信息搜集，进行价格调整。但承销商对于询价区间的调整（无论是上调还是下调）又没有根据所掌握的信息完全调整到位，而是故意只依据所掌握的信息做不完全调整就称为 IPO 定价的部分调整（Partial Adjustment）。即发行价格没有完全充分反映询价过程中的信息，股票的价格无法调整至其真实价值水平，表现为部分调整的股票在上市首日仍存在较高的抑价率。2005 年加拿大皇后大学商学院的 Chuanli Sun 博士在其《IPO 定价中的部分调整——信息或是投机?》（The Partial Adjustment of IPO Prices：Information or Speculation?）论文中对此现象进行了有价值的分析。

图 3.11 是在欧美国家 IPO 定价中累计订单定价方式的时间轴，在定价日承销商会公布一个初始询价区间，在询价过程中，承销商根据得到的信息对询价区间进行调整，当预期最终的发行价格超出最后一次调整后的价格区间的 20% 以上时，即高于价格区间上限的 20% 或低于下限的 20%，需要向 SEC 再次备案调整后的价格区间。

但 IPO 定价的部分调整现象在我国 A 股 IPO 定价中是不存在的。我国在 2006 年 9 月证监会正式颁布了《证券承销与发行管理办法》（以下简称《办法》）。《办法》第十三条规定，“询价分为初步询价和累计投标询价。发行人及

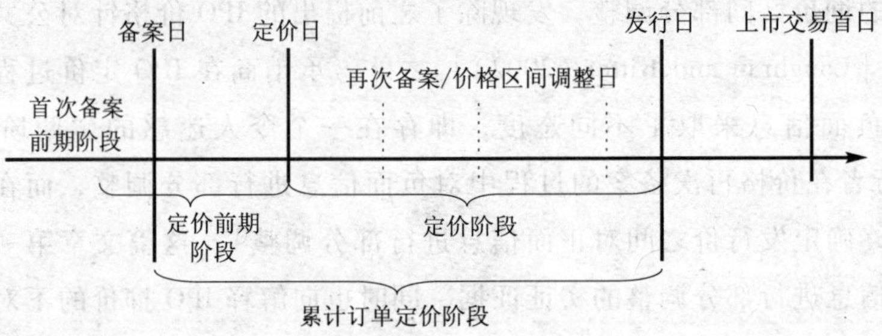

图 3.11　IPO 定价时间轴

其主承销商应当通过初步询价确定发行价格区间，在发行价格区间内通过累计投标询价确定发行价格”。这一规定限制新股发行的实际价格只能在询价区间之内，即使在第二轮正式询价过程中发现了非常有利的正面信息，发行价格也只能最多调整至区间上限。也就是我国 IPO 定价过程中不存在价格区间再次备案的行为，因为询价区间不允许调整。同时，根据《办法》第二十九条规定，我国 IPO 承销商也没有对机构投资者的股票配售分配权。因此相对于国际市场上成熟的累计订单定价方式，我国 IPO 承销商“自主决定权”（Discretion）存在一定的缺失。

以中国银行 2006 年 A 股 IPO 为例，在初轮询价中共有 96 家询价对象进行了初步询价，报价范围在（2.7 元/股，3.5 元/股），而最终承销商公布询价区间为（3.05 元/股，3.15 元/股），也就是说机构投资者的报价集中区间在（2.7 元/股，3.5 元/股）的低端。在二轮累计投标询价中，询价区间（3.05 元/股，3.15 元/股）是固定的不能随市场冷热情况的不同而调整的。中国银行股票最终发行定价在区间内的 3.08 元。但我们从累计投标的结果可以看出，由于同比例配售条款和价格区间限制的存在，机构投资者为保证自身中签率，绝大部分报价策略都采取了在累计投标询价区间价格上限报价。这样一来就使得第二轮所谓“询价”形同虚设。机构投资者“高举高打”的申购策略使得申购报价趋同，都接近于询价区间上限，因而询价制度的信息搜集作用被弱化了。

《IPO 定价中的部分调整——信息或是投机?》文章作者运用美国证券市场上在询价过程中价格区间进行再次备案的 IPOs① 的第一手数据，重新审视了 IPO 定

① 在首次招股说明书和最终招股说明书期间内对价格区间进行修正的 IPOs。

价过程中的询价区间部分调整，发现除了之前提出的 IPO 价格针对公共信息进行部分调整 [Loughran and Ritter (2002)] 之外，承销商在 IPO 定价过程中对待正面信息和负面信息采取了不同态度，即存在一个令人迷惑的“两阶段部分调整”：发行者在价格再次备案的过程中对负面信息进行部分调整，而在价格再次备案到最终确定发行价之间对正面信息进行部分调整①。这篇文章第一次发现了针对负面信息进行部分调整的实证证据，同时也向解释 IPO 抑价的不对称信息理论提出了挑战。而承销商和发行者对待信息前后不一致的复杂态度导致作者提出这样一个问题：IPO 定价过程中的询价区间部分调整到底是一个信息搜集反映的过程还是一种策略投机手段？

作者选取了美国证券市场从 1996 年 5 月 1 日到 2002 年 9 月 30 日共 2 829 个 IPO 的数据，从中随机抽取了 422 个公司 IPO 数据作为一个子样本，以此作为本文研究的基础。在随机抽取的 422 个样本数据中，185 IPOs（43.8%）在定价过程中有对价格区间再次备案的行为，这也说明再次备案价格区间是 IPO 定价过程中一个较为常见的行为。

表 3.7　对价格区间再次备案行为的描述性统计结果

	进行再次备案的 IPO	价格调整 >0	价格调整 =0	价格调整 <0
IPO 的数量	185	101	6	78
占样本比例	43.80%	54.60%	3.20%	42.20%
平均进行价格调整的次数	1.2	1.2	1.2	1.2
平均进行再次备案的时间	86.40%	89.70%	67%	83.60%

子样本中进行正向/零/负向价格调整（RFPV，Refiling Price Revision）② 分别为54.6%、3.2% 和42.2%。在再次备案的 IPOs 中最为普遍的是进行一次价格修正的 IPOs，并且在进行正向或负向价格修正的 IPOs 中，进行价格修正的次数并没有区别。

再次备案经常是发生在询价过程的后期阶段，这说明投资者倾向于更早揭示

① 正面信息是指对股票价格有利的信息；负面信息是指对股票价格不利的信息。

② 在再次备案过程中调整过的价格区间中点和初始价格区间中点之差。

负面信息而更晚揭露正面信息，这与将再次备案作为一个正面反馈的信号论是不相符的。IPO 的发行价和再次备案的价格调整方向是基本一致的，也就是说在再次备案过程中进行正向价格调整的 IPO 在再次备案到确定发行价格之间也会进行正向调整，而在再次备案过程中进行负向价格调整的 IPO 在再次备案到确定发行价格之间也会进行负向调整。

表 3.8 显示，在再次备案的过程中，高科技公司在进行正向价格调整的 IPO 中所占的比例大于在进行负向价格调整的 IPO 的比例；进行正向价格调整的 IPO 比进行负向调整的 IPO 公司更为年轻化，并且更多的有风险投资家的支持；而总资产和 EPS 则在正向和负向调整的 IPO 之间没有明显的差异。

表 3.8　对公司特征的描述性统计

	进行再次备案的 IPO	价格调整 >0	价格调整 =0	价格调整 <0
IPO 的数量	185	101	6	78
网络公司所占百分比	44.90%	61.40%	16.70%	25.60%
高科技公司所占百分比	66.50%	83.20%	50.00%	46.20%
平均年龄	14.1	9.8	42.5	17.6
平均总资产（百万）	560.3	256.3	9 106.1	296.5
风险投资	46	57.4	0	34.6

最后，对于市场情况和信息外溢的因素来说，在“热市”中，IPO 倾向于进行正向价格调整；而以同时期 IPO 的首日收益率、平均换手率和再次备案行为来衡量的信息外溢的因素在进行正向价格的 IPO 中均大于进行负向价格调整的 IPO。

询价过程中的再次备案行为将 IPO 定价过程分为两个阶段，而 IPO 价格调整也因此分为两步，第一步为再次备案价格调整（Refiling Price Revision，RFPV），第二步为后期价格调整（Sub-price Revision，Sub PV）①。

那么，发行者和承销商是如何根据询价过程中得到的信息来决定发行价格的呢？和以往文献不同的是，为了区别再次备案过程中正向价格调整和负向价格调

① 最终发行价格和在再次备案过程中调整过的价格区间中点之差。

整对发行价格的不对称影响效果，作者引入了两个变量：RFPV + 和 RFPV -，即在再次备案过程中进行正向价格调整和负向价格调整。在再次备案过程中进行正向价格调整的公司在之后继续将发行价格调高，而在再次备案过程中进行负向价格调整的公司在之后继续降低发行价格；然而，作者发现部分调整在程度和显著性水平上都呈现出不对称，RFPV + 对后期价格调整的回归系数为 0.124，显著性水平 10%，而 RFPV - 对后期价格调整的回归系数为 0.406，显著性水平为 0.001，也就是说 10% 的 RFPV - 将导致 4.1% 的负向后期价格调整，而 10% 的 RFPV + 将导致 1.2% 的正向后期价格调整，这也暗示了在再次备案的过程中，承销商对负面信息进行部分调整，而对正面信息则进行了充分的调整。

在回归分析了再次备案价格调整和后期价格调整之后，作者利用这两个变量对 IPO 的首日收益率进行回归分析，以此来讨论这两个变量对首日收益率的预测效果。同样是将正负价格调整区分开来，回归结果表明，在定价过程中进行更大的正向价格调整的公司上市首日收益率更大，即抑价率越高。进一步为了区分再次备案价格调整和后期价格调整两者对首日收益率的影响，作者用两个变量分别对首日收益率进行回归，可决系数的不同说明再次备案中的正向价格调整和正、负向后期价格调整对首日收益率都有显著的正面影响，这一回归结果说明似乎在 IPO 发行之前的很大一部分信息并没有融入 IPO 的发行价格之中。

并且，在 IPO 定价过程中的价格部分调整是在变化的，而作者将这一特征定义为“两阶段部分调整”，即发行者和承销商在价格再次备案的过程中对负面信息进行部分调整，而在价格再次备案到最终确定发行价之间对正面信息进行部分调整。发行者和承销商对正面信息和负面信息的不一致态度对不对称信息理论提出疑问，因为根据不对称信息理论发行者和承销商对负面信息没有补偿的动机。

而对 IPO 定价过程中这一两阶段部分调整的特征，作者提出了两种可能的解释。第一种解释认为 IPO 定价的抑价率有两个不同的目标，一是降低发行失败的风险，二是在后期阶段作为诱使投资者说真话的手段。因此在发行失败概率较大的前期，承销商倾向于对正面信息进行充分的价格调整而对负面信息进行部分调整，随着时间的推移发行失败风险减小，承销商则关注如何诱使投资者揭露 IPO 的真实价格，因此以价格补偿来作为诱饵，对正面信息仅进行部分调整，对负面信息则进行充分调整，由此也降低了后市支持的成本。由此承销商最大化了自身利益，既保证了 IPO 的成功又维持了和发行者与投资者的良好关系。

第二种解释则认为 IPO 定价相对于投资者愿意支付的价格是抑价的，但是相对于 IPO 的基础价值则是高估的。承销商在 IPO 定价过程中扮演了信息搜集和操纵投资者预期两个角色。在早期对正面信息进行充分调整以反映 IPO 真实的基础价值，然而在后期，承销商则是通过对正面信息进行部分调整来掩饰对 IPO 价格的可能的高估。由这一解释看来，再次备案价格调整在 IPO 定价过程中有两个目的，一是反映信息搜集的结果，二是帮助承销商操纵投资者的预期。

从本文的研究方法来看，如果只考虑首次招股说明书的初始价格区间（中点）和最终发行价格之间的关系，则会遗漏定价过程中价格变化的很多重要信息。比如，过去文献中的传统价格正向调整和价格负向调整有可能是由不同的价格调整路径形成的。这些不同的情形一方面使得 IPO 定价过程显得更加复杂，但另一方面也为我们对定价过程进行分段研究提供了基础。本篇文章的独特之处之一便在于用询价过程中的再次备案价格区间的行为作为分界点，将 IPO 定价过程划分为两个阶段，因此也就将 IPO 定价过程中的价格调整分为两个：再次备案价格调整（RFPV）和后期价格调整（Sub PV），以此来探讨询价过程中信息对价格调整的作用，以及价格调整对 IPO 抑价的影响，由此才能得出定价过程中“两阶段部分调整”这一特征。

这篇文章同时也为将来学者对 IPO 的研究提供了一些启示。首先，可以通过后市表现来进一步探讨作者在文章题目中提出的问题，即 IPO 定价过程中的部分调整到底是一种信息搜集还是一种操纵投资者预期的投机手段。其次，本篇文章的实证结果也暗含着一些对 IPO 定价效率的结论，可以通过对 IPO 定价过程的研究提供更为有力的证据。最后，本文对两阶段部分调整的第一种解释中提到，在 IPO 定价的早期阶段，承销商在再次备案的价格调整过程中对负面信息进行部分调整而对正面信息进行充分调整，以保证 IPO 发行的成功，即再次备案行为能够降低 IPO 发行失败的概率，以后的学者可以通过实证检验为这一结论提供更为有力的证据。

IPO 定价中供需双方的信息揭示能完全实现吗？

任何商品的价格决定都是供需双方信息交汇的结果，这在完全竞争市场中表现尤为典型。完全竞争市场是由具有不同信息的拥有者包括供需双方分散决策从而形成无数交集的网络，所以市场是交换信息的场所，经济主体找到交换方是自我发展的前提也就是交换发生的条件，这种发现是伴随竞争产生的，交换的结果即是信息最后的汇总结果，这就是价格。尽管 IPO 市场不是一个完全竞争市场，但 IPO 中的供给方（股票发行者和代表发行者的承销商）和需求方（能够参与定价的机构投资者）仍须遵循价格由供需双方信息交汇决定价格的原则。也正是因为 IPO 市场是一个非完全竞争市场，因而 IPO 定价的信息沟通机制是非常特殊的，这在累计订单定价方式表现得尤为明显，诸如研究报告、招股书的非正式版和正式版、预促销、路演、机构投资者的下单报价、发行方或承销商提供的 IPO 各个阶段的价格区间（包括公司估值价格区间、预促销价格区间和路演价格区间）以及这些区间的上下调整、承销商的簿记建档等等都是信息的沟通方式。在 IPO 市场中发行方和机构投资者的私人信息以及表现市场大势的共同信息对 IPO 定价都起着重要作用。由于 IPO 发行方必须实现信息完全真实和公开，相对而言，怎样揭示和激励需求方尤其是富有信息的机构投资者信息就显得非常重要，因此在 IPO 定价理论模型中，信息揭示的沟通和激励机制就成为学者研究的主题之一。但鲜有实际证据或实际操作细节展示机构投资者是怎样评价 IPO，他们怎样与发行方或承销商互动信息沟通，他们在 IPO 中怎样报价，以及他们认为影响 IPO 股份配售的因素是哪些。

牛津大学的 Said Business School 的 Tim Jenkinson 教授和 Howard Jones 教授在 2007 年完成了一篇非常有意义的文章，《IPO 定价和配售：机构投资者的观点概览》（IPO Pricing and Allocation: A Survey of the Views of Institutional Investors）。他们通过英国的 IMA（Investment Management Association）和 AIMA（Alternative Investment Management Association）两个机构的帮助，针对累计订单定价方式的 IPO 定价和股份配售中机构投资者行为进行了问卷调查。IMA 是英国包含了保险业、银行业和证券业等大型机构投资者的协会组织，AIMA 是英国主要包括对冲基金等机构投资者的协会组织，虽然问卷发放对象都是英国的机构投资者，但这些机构投资者的业务都是国际化的，具有相当的代表性。

调查问卷精心设计了 36 个问题，分为四个部分，第一部分是问卷回答者，即机构投资者的构成信息；第二部分主要了解簿记建档前（Bre-bookbuilding）机构投资者对 IPO 的信息沟通机制的评价；第三部分展示在簿记建档（Bookbuilding）中的机构投资者的订单报价信息；第四部分罗列机构投资者自身认为影响股份配售量的因素。

调查最终收回 49 个独立机构投资者的 57 份证券业专业人士问卷。从调查对象的岗位（直接参与 IPO 定价过程的基金经理比例高达 74%）、公司管理的基金规模、基金经理个人管理的基金规模以及基金经理关注的市场区域等方面看，此调查问卷都具有相当的样本代表性。

表 3.9　有效问卷的机构投资者构成

调查对象的岗位	基金经理	分析员	信息总监（CFO）	交易员	总人数
	74%	9%	14%	4%	57
公司管理的基金规模（单位：十亿美元）	<5	5～18	18～36	36～90	>90
	21%	11%	13%	14%	41%
	中位数	均值	最小值	最大值	总额
基金经理个人管理的基金规模（单位：百万美元）	1 140	1 919	40	10 800	72 904
有代表性的年份的 IPO 家数	20	36	3	500	2 017
基金经理关注的市场区域	全球	欧洲	亚洲/新兴市场	美国	
	21%	51%	18%	11%	

表 3.10 表明了机构投资者正式提出 IPO 股份购买的订单前是怎样与 IPO 发行方进行信息沟通的，并说明了哪种信息沟通方式被认为是最重要的。

表 3.10　　定价信息的沟通机制

组 A：发行人提供的研究报告信息					
	没有	主承销商的分析员的研究报告	信赖的分析员的研究报告	前两者兼有	全部
一般您阅读哪些研究报告	0%	12%	27%	29%	31%
组 B：与发行人的沟通					
	从不	在少数 IPO 中会	在大致一半的 IPO 中会	在多数 IPO 中会	总是会
您会与发行人进行会面吗？	4%	18%	14%	44%	21%
您会与发行人的管理层进行一对一的会面吗？	0%	16%	12%	25%	47%
您会参加路演吗？	0%	39%	15%	31%	15%
下列做法对您进行股票估值有用吗：	完全没用	有用但用处不大	有用	很有用	非常重要
——与发行人的会面	7%	28%	49%	7%	9%
——与发行人管理层进行一对一的会面	0%	7%	21%	42%	30%
——路演	0%	44%	27%	5%	4%
组 C：估价					
	从不	在少数 IPO 中会	在大致一半的 IPO 中会	在多数 IPO 中会	总是会
您会建立自己的估值模型吗？	19%	30%	9%	18%	25%
您会将自己有关股票估值的看法告知发行人吗？	7%	18%	14%	40%	21%
	从不发表看法	绝对价格或价格区间	影响估值的因素	相对类似股票的折价或溢价	
您通常怎么表示您对股票估值的看法？	7%	44%	33%	16	

首先，从表 3.10 的 A 组问题看，在 IPO 过程中，机构投资者都会收到包括主承销商在内的各种研究机构的研究报告，作为买方的机构投资者与作为卖方的发行者之间的信息沟通，机构投资者只看重主承销商的研究报告和自己可信赖研究机构的报告，而此认可比例也仅有 29%。显然，机构投资者对发行方提供的研究报告这一重要信息渠道是不太重视的。

其次，从表 3.10 的 B 组问题看，在机构投资者通过阅读研究报告的间接沟通后，直接见面交流的沟通是非常重要的，而在发行者推介会、对发行者管理层一对一见面会以及参加路演者三种渠道中，机构投资者认为只有对发行者管理层一对一见面会是值得重视的，以“很重要”回答的比例是 42%，以“关键性作用”回答的比例是 30%。

最后，在买卖双方进行较充分的信息沟通后，机构投资者对发行方 IPO 定价是怎样反馈的呢？在表 3.10 的 C 组问题中可发现，机构投资者对自己面临的 IPO 会给予一定反馈评价，但主要是以提供观点讨论的方式，而以自己提供价值评估模型这种精准方式进行沟通的比例仅有 18% 至 25% 的比例。同时，44% 的机构投资者认为对 IPO 发行方进行反馈的最重要的方式是在 IPO 正式发售时的报价，即簿记建档中的下单。

IPO 定价理论的信息揭示模型往往对发行方和机构投资者怎样进行信息沟通，以达到信息揭示并反映或注入在最终 IPO 定价中是缺失操作细节支持的，表 3.11 告知了有关 IPO 定价中机构投资者的真实需求信息。

表 3.11　　簿记建档中机构投资者的报价信息

报价方式	市场报价	限价报价	分步报价
在下列情况下您会选择什么样的报价方式：			
1. 预期此次发行将是热销（热申购）市场	46%	45%	9%
2. 预期此次发行将是冷销（冷申购）市场	7%	80%	13%
如果你选择限价报价，所出价格一般会：	1. 等于您真实估值 29%	2. 低于您真实估值 71%	
如果您的出价低于您的估值，通常这个折价率	1. 在所有的发行中都一样 26%	2. 在冷销市场情况会高些 74%	

续表

如果你采用市场报价，是因为：	1. 您没有确定的估值，愿意接受共同定出的价格 13% 2. 您认为股票定价在目前的价格区间上限以上 63% 3. 你从未选择过市场报价 23%

首先，在 IPO 热销和冷销市场下，机构投资者选择的报价方式主要集中在市场报价和限价报价。在热销市场中，相当多的机构投资者是盲目积极参与申购，无论价格多高都急于购买一定数量的股票，因此，选择市场报价和限价报价基本是各占一半；而在冷销市场中，机构投资者对 IPO 最终定价的价位估计相对保守且将价位定在了自己认为确定的某个区间，因而此时选择限价报价比例高达 80%，此时可以发现私人信息对 IPO 定价起着很大作用。这一事实在一定程度上支持了 Cornelli and Goldreich（2001）认为限价报价具有信息揭示作用的观点。但是机构投资者此时会实现完全信息揭示吗？换句话说就是他们总是会说真话吗？由于冷销市场对 IPO 成功造成的不确定性，机构投资者对 IPO 的反映是不太热烈也较趋保守的，因此为了降低自己的风险，高达 71% 的机构投资者对 IPO 报价甚至选择低于自己真实估值的价位，高达 74% 的机构投资者在冷销市场还会给出较高折价的报价价位，显然此时难以实现机构投资者的完全信息揭示。

其次，那么在热销市场背景下选择市场报价具有怎样的信息揭示作用呢？在回答“你采用市场报价是因为……？”问题时，有 13% 选择“您没有确定的估值，愿意接受共同定出的价格”，这可以认为此时机构投资者没有达到信息揭示的作用。但有 63% 选择“您认为股票定价在目前的价格区间上限以上”。热销市场由很多原因促成，但其中主要的支持因素是牛市市场，此时机构投资者在拥有自己私人信息外还会以市场共同信息在为股票定价，因此，此时高达 63% 选择市场报价的机构投资者实际上也具有一定的市场信息尤其是共同信息揭示作用。

IPO 定价的累计订单定价方式，承销商具有对机构投资者的股份配售权，即机构投资者能够最终购买的 IPO 股份并不能完全由自己的申购量决定，而是由承销商依据发现兼有照顾发行方当前利益即较高定价和长远利益即适当且有上涨趋势定价的目标，选择适当的机构投资者被配售予股份，因此，在 IPO 定价理论模型中，承销商的股份配售权成为激励机构投资者说真话实现完全信息揭示分析逻辑的重要切入点。那么在 IPO 实际操作中，机构投资者自身认为到底什么样的因素是影响着股份的配售呢？

在图 3.12 中，罗列了 12 个影响机构投资者被配售股份的因素，此 12 个因素可分为三类，第一类表现簿记建档前的信息沟通，包括第一至第三个因素；第二类显示簿记建档中的机构投资者的下单行为，包括第四至第八个因素；第三类综合机构投资者的特征，包括第九至第十二个因素。我们发现第一类影响因素只有“与管理层进行一对一沟通”对股份配售有较显著影响，这表明簿记建档前的信息沟通对机构投资者能够购买特定量的股份而言并没有积极的实质性影响。在对表 3.10 和表 3.11 分析中我们都发现机构投资者的报价尤其是报价方式被认为是最具有信息揭示从而影响 IPO 定价的重要因素，按照承销商尽力激励信息揭示的原则看，第二类因素应该被机构投资者认为是影响股份配售的重要因素，但事实与理论分析逻辑却有一定距离的。在第二类影响因素中，大额订单对 IPO 成功具有决定意义（实际上这一因素可以认为是第 9 个因素的表现方式之一，因为一般大规模基金就可对应大订单），早报价对 IPO 的下单定价具有示范和打破僵局效应，因而大订单和早报价在股份配售中具有占优位势。但其余因素，尤其是机构投资者的报价信息并未受到承销商配售较多股份的奖励，这是一个在理论分析中应该引起关注的需进一步探讨的问题。

那么，影响机构投资者被配售股份的主要因素是什么呢？显然是机构投资者的特征。大型基金、经常参与 IPO 申购、长期投资者以及与承销商的经纪业务关系都显著影响着机构投资者的股份配售，这反映了承销商在决定股份配售时更多以下两方面因素的支配，第一，从 IPO 当期看，承销商主要任务是保证 IPO 成功，因此需求量大实力强的大基金首先成为考虑的股份配售对象，从 IPO 后的长期看，承销商最看重的是持有股票的机构投资者对后市的股价稳定作用，因此，长期投资倾向的机构投资者最易获得股份配售；第二，不可忽视承销商和机构投资者的熟知度（如经常参与申购）和关系密切度（如二者间存在的业务联系）对配售的影响。熟知和关系密切既表明承销商和机构投资者间的实现信息对称的可能性增加，但也一定程度表现出承销商与机构投资者间可能存在的台下非公开

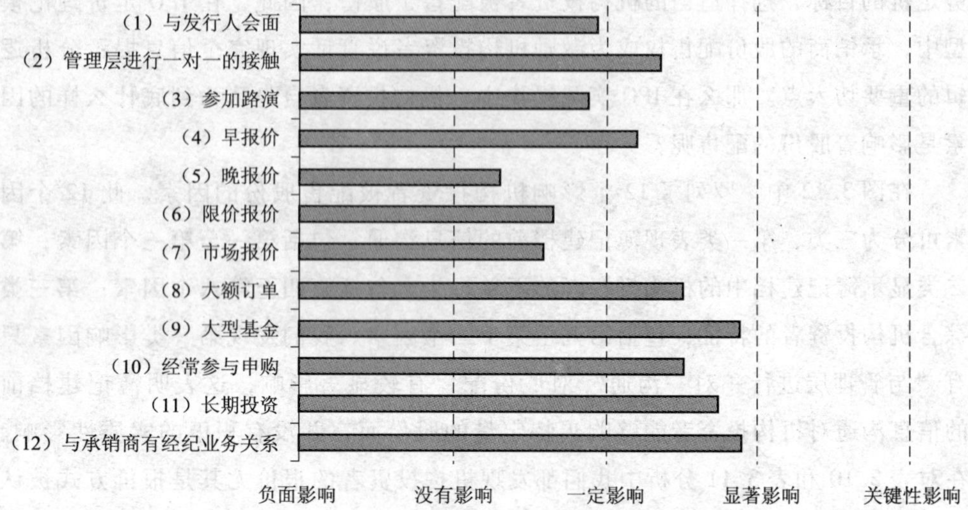

图 3.12　决定机构投资者股份配售量的因素

的交易关系。任何权力都有可能引起寻租行为，承销商的股份配售权也不例外，尤其是当股份配售标准并不明确的时候。Loughran 和 Ritter（2002）探索了承销商和发行者之间的利益冲突，认为如果承销商被授予自主配售的权利，那么这种自主权并不会自动地用来实现发行公司的最大利益。承销商会故意地在超额认购倍数很高的价位上定价，然后将这些股票分配给自己偏好的机构投资者。这样做的原因之一就是因为一些机构投资者会以高额佣金方式给予承销商回扣。

尽管研究方法的局限，但 Tim Jenkinson 教授和 Howard Jones 教授这份调查问卷工作的价值在与告诉了我们理论模型与现实的拟合性以及存在的距离。对于 IPO 定价的研究除了关注信息揭示和信息对称外，研究承销商与机构投资者的关系对定价和股份配售的影响也是非常重要的。

IPO 累计订单定价和拍卖定价孰优孰劣

继 1995 年 Netscape IPO 引起热议以来，2004 年以每股 85 美元的高价发行的 Google IPO 再次在各界掀起了一番争论浪潮。被誉为“搜索之王”的 Google 由最初的“不上市语录”到最终一反潮流地采用拍卖竞价的定价方式，引发了各界广泛的关注和激烈的讨论。这种类似于“荷兰式拍卖”的 IPO 定价方式可谓是向传统发起的挑战。然而，并不出乎意料的是，基于公司足够强大的市场地位和很高的知名度，IPO 取得了巨大的成功，股价在半年之内就攀升至 195 美元。

时隔不久，2005 年作为中国四大国有商业银行之一的建设银行在香港成功上市。这个创立了多项股市第一的 IPO 采用了累计订单定价方式。路演期间，建行两次提高招股价，经过基础分析和市场调查，建行和主承销商将首次发行价格区间定为每股 1.80 港元至 2.25 港元，市净率 1.59 倍至 1.90 倍，于 2005 年 10 月 14 日进行公开招股，面向全球发售 264.86 亿股 H 股。由于路演推介的成功，建行在 10 月 19 日最后定价 2.35 港元，市净率约为 1.96 倍，落在承销商在基础分析阶段给出的估值区间的上端，并且比国际一流商业银行汇丰银行当时的 1.87 倍市净率超出 5% 的溢价，显示定价取得巨大成功。

定价方式完全不同的两个公司 IPO 均取得了巨大的成功，然而究竟哪种方式才更具有优势？不同的定价方式又会有什么样的特性、存在什么样的问题？下面我们通过介绍一篇经典文献，对 IPO 定价方式的全球趋势做出分析，并谈谈我国 IPO 定价方式的现状。

全球范围内使用最广泛的三种基本的 IPO 发售机制是：固定价格定价方式（Fixed Price Offer）、拍卖定价方式（Auction）和累计订单定价方式（Book Building）。

这三种方式在定价过程、灵活性、适用环境等方面存在着显著的差异，因此，对于这三种 IPO 定价方式的优劣势比较分析，国内外著名学者均做了大量的研究，取得了丰富的研究成果。Ann E. Sherman 等学者则为此领域的权威专家，她于 2004 年 12 月发表的一篇学术论文《在内生进入条件下累计订单相比拍卖的全球 IPO 定价方式趋势》（Global Trends in IPO Methods：Book Building vs. Auction with Endogenous Entry）是影响较大的学术文献之一。本文将对这篇文献的内容进行详细地介绍，并据此对我国现行的 IPO 定价发行方式做出分析，提出有针对性的完善建议。

在过去的时间里，累计订单定价方式逐渐成为全球最为流行的 IPO 定价方式，而几乎所有曾经尝试拍卖定价方式的国家都放弃了这一选择，转而对累计订单定价青睐有加。作者在假定参与 IPO 的投资者数量和投资者提供信息的精确度为内生变量的环境下，通过运用模型比较累计订单定价方式和拍卖定价方式的收益大小，对这一现象进行了验证和解释说明。

作者认为，由于累计订单定价方式赋予承销商向投资者分配股票的权利，他们在决定发行价格和参与投资者数量的同时，可以降低发行者和投资者所承担的风险，并且有效地控制信息获取的成本，从而限制了过高的抑价率或后市股价波动率。正是累计订单定价方式的这种更大控制权和更小风险的灵活优势，使得其成为全球发行者的一致选择。

同时，作者也提出了一系列的观点，例如具有较高抑价率的发行会产生较低的预期后市股价波动率；在拍卖定价方式中，潜在竞标者的数量越大，会导致定价的准确性降低，也使最终竞标者的数量产生更大的波动；累计订单定价和拍卖定价方式在定价过程中均会对市场公开信息进行部分的调整。这些结论作者运用模型一一进行了证明。

文章中作者创新地运用了一个内生环境，即参与投资者数量和信息的准确度为内生变量，而非固定常数。这一设定一改以往文献的做法，使模型假设环境更加切合实际，由此得到的结论也更具有分析和借鉴意义。下面我们将对作者的具体研究过程和研究方法进行介绍说明。

在两个模型中，作者首先假定投资者可能会掌握一些发行者并不了解但有助于对新股定价的信息，而发行者之所以需要这些信息则是基于如下的原因，例如发行者有二次增发的打算因此希望一个更加准确的后市价格，提高承销商和发行者的声誉，增加后市流动性，甚至避免某些法律诉讼等等。从代理问题的角度来讲，如果发行价格能够更加准确的话，管理层会认为他未来的业绩可以得到更加公平的评估，从而偏好对新股进行准确的定价。更为极端的情况，如果发行者在IPO 阶段对股票价格过高定价，公司价值在后市交易中便会出现大幅的下降，最终面临被收购或者现任管理层被取代的风险。

同时，发行者为风险中性，并以最大化收益和更精确的估值为目标，即最大化新股发行的预期收益与由于定价不准确所导致的成本的差值。在此过程中，潜在投资者获取未来股价走势信号时必须支付一定的信息成本费用，而参与 IPO 时需要支付一个固定的入场费。

作者将发行定价过程简化为 3 天时间（见图 3.13）。第一天为定价过程，第二天为股票上市交易首日，当天的市场价格内在地反映了 IPO 过程中所获取的信息。第三天的股票市场价格则会表现股票的真实状况。

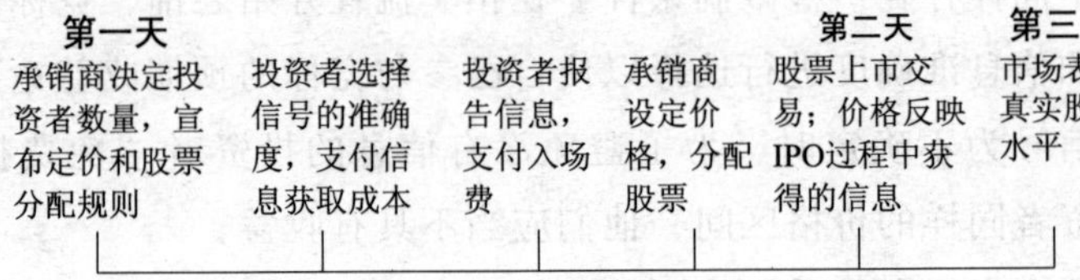

图 3.13　累计订单定价过程的简化时间轴

模型中存在两种限制条件，第一种为信息报告限制条件。在累计订单定价方式中，承销商依据投资者提供的信息来制定股票分配和定价的规则，提供相同信息的投资者将会获得相同的分配数量。承销商在制定规则时会将投资者谎报信息的情况考虑其中，从而制定出一种可以引导投资者真实地报告自己所掌握信息的机制。

第二种限制条件为参与和信息收集限制。投资者收集并报告信息相对于不去购买信息而谎报同样信息来说会获得更大的预期收益。并且，没有掌握信息的投资者必须有参与的动力，由于他们没有参与成本，所以只要股价不会被高估他们都乐意参与申购。同时，掌握信息的投资者一旦发现股票被高估将不会参与申购。

因此，基于上述限制条件，为获取大量有效信息从而对股票更准确地定价，或者为了弥补投资者的估值成本而采取抑价发行，承销商在前述两者中进行合理的取舍，对参与到股票发售中的投资者数量和每个投资者信号的准确度进行选择，从而达到最大的收益。

在拍卖定价方式模型中，作者采用了均衡分析方法，而非最大化收益法（见图3.14）。之所以如此，是由于尽管在这种方式中发行者具有同样的偏好和目标，但他们没有控制发行价格和股票分配数量的权利，因此在模型中没有可以选择的变量。

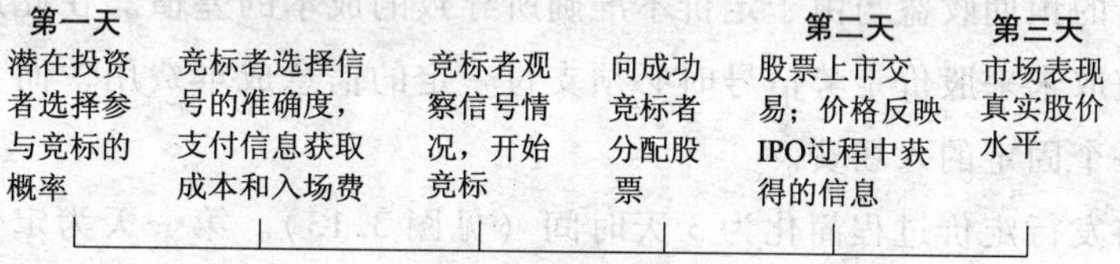

图3.14　拍卖定价过程的简化时间轴

拍卖模型中同样存在一些限制条件。在拍卖流程开始之前，竞标者需要对参与竞标的概率和信息准确度进行选择以使自己参与竞标的预期收益达到最大。当投资者收到的信号为不确定时，为了避免没有信息的投资者“免费搭便车”而竞购与其他投资者同样的价格区间，他们应当不具有收益。

因此，当所有竞标者都采取相同策略使自身的预期收益最大时，在参与竞标的投资者数量很大的条件下，最终的均衡结果是每个投资者的事前预期收益为零。

通过以上的建模分析，我们发现两种方式的预期收益均为发行股票的预期价值与投资者预期信息成本的差额。

然而不难看出，两者间又具有显著的差异：一方面，累计订单定价方式拥有更强的控制信息支出成本因而控制预期收益或后市股价波动率的能力；另一方面，拍卖定价方式中存在的股票认购不足的可能性大大地降低了预期收益，并相应增加了风险。因此，作者通过模型验证了当前全球IPO定价方式的流行趋势。

我国证券市场自建立之日起就对证券的发行制度、定价方式不断地进行改进，直到现在关于新股发行定价方式改革的讨论还在继续。我们可以将我国IPO定价方式归纳为五个阶段：

在1992年之前，我国新股发行实行固定价格定价方式。由于公司在股票发行的数量、发行价格和市盈率方面完全没有决定权，基本上由证券主管部门确定，为了保证新股发行的成功，按照投资银行信息垄断假说，负责机构就会采取较低的定价策略，进而导致新股上市后在二级市场上的高抑价现象。

1993 年至 1998 年间我国对新股的发行采用相对固定市盈率定价方式。新股的发行价格根据企业的每股税后利润和一个相对固定的市盈率水平来确定。即“股票发行价格 = 每股税后利润 × 发行市盈率”。发行方式有上网定价全额预缴款、余额即退全额预缴款、比例配售、余额转存与储蓄存款挂钩等多种形式，基本上都属于行政定价，新股发行市盈率被基本限定在 13 ~ 16 倍之间。

1999 年至 2001 年间采用累计投标竞价方式。《证券法》及之后的一系列规定要求新股发行价格由发行人和承销商协商定价，机构投资者也要参与定价。这种发行定价方式突破了传统的市盈率限制，具体采用了“总额一定，不确定发行量，价格只设底价不设上限的做法”。

2001 年下半年开始，新股发行基本上采取了区间累计投标询价方式而且询价上限按照严格的市盈率预定范围发行新股，首发新股发行市盈率限制在 20 倍以内。

2006 年 9 月 19 日《证券发行与承销管理办法》正式实施。这部 7 000 余字的法规重点规范了首次公开发行股票的询价、定价以及股票配售等环节，完善了现行的询价制度。其主要内容包括网下申购与网上申购同步进行、中小企业板上市的公司不必经过累计投标询价阶段、设立回拨机制、放宽机构投资者参与询价的限制、引入“绿鞋”机制等。

IPO 新规的颁布对我国证券市场有着深远的影响，它提高了中小企业板的发审效率，增加了网上申购的中签率，制约操纵定价行为，有利于大盘股的平稳上市。

目前，我国 IPO 发行虽实行了询价发行机制，然而与国外主流机构的发行方式仍存在着显著的不同。

首先，询价机制推行的监管背景和市场环境不同。发达市场经济国家对新股发行实行的是注册制，且二级市场一般认为是有效的；而我国所采用的则是核准制，新股发行直接或间接受到政府管制，IPO 上市之初的非理性炒作气氛很浓厚。因此，在这种背景之下所实行的新股市场化定价改革能否真正提高一级市场的效率，有效降低 IPO 发行高抑价现状，是一个在理论和实证上都值得深入研究的重大课题。

其次是在询价规则设计上也存在重要区别。第一，承销商权力不同：我国现行的询价制事先明确规定了新股配售规则，承销商没有 IPO 分配权；第二，询价区间的确定方法不同：主流询价机制中询价区间由承销商和发行人自行确定，而我国目前所实行的是两阶段询价制，即询价区间由机构投资者的初步询价信息确定；第三，我国现行询价机制限制了机构投资者的配售比例，并规定了不低于 3 个月的持股锁定期；第四，在出现超额申购时所使用的是同比例分配规则，而在与 IPO 询价发行类似的国债统一价格拍卖中，惯用的却是边际比例分配规则。

询价规则上的这些差异对 IPO 询价效率有什么样的影响，是否有值得进一步改进的余地？这都是呈现在我们面前的一些新课题。虽然我国证券市场发展速度较快，但是在市场规模、市场化水平、市场监管、规范化程度以及市场参与者的素质等方面与西方成熟的资本市场存在很大差距。股票发行市场准入制度及一级市场定价的国际化改革将成为加快和完善资本市场建设的重大举措，这将有利于在我国建立一个更加公平、有效、成熟的资本市场，提高其资源配置功能及防范和化解风险的能力。

第一，IPO 机制与证券市场的规范。证券市场自身的规范和成熟是新股发行市场化得以实施的前提和根本。证券的发行市场与流通市场是紧密联系的，目前我国股票二级市场还是一个依靠资金堆积和推动而非价值发现和理性投资的市场。人们的投资行为、投资收益总体上就像零和游戏，投机成分过大，如果一支新股具有某些投机炒作的“概念”，就很容易被高估。因此必须从总体上改革我国资本市场的弊端。加强对证券市场的监管力度。而 IPO 机制的发展和完善是以整个市场的进步和效率为基础的。

第二，发行制度向注册制转变。证券市场上股票的发行制度有两种类型：一种是政府主导型，即核准制；另一种是市场主导型，即注册制。注册制是成熟证券市场广泛采取的股票发行制度，它的市场化程度比较高，比政府主导的发行制度更能体现市场的需求，也减少了政府的干预。我国的证券改革的方向就是市场化，所以，我国证券发行制度改革的方向应该朝着注册制发展。

第三，发行定价市场化。推行定价市场化改革目标主要是通过对股票的成长性及市场的供求关系的综合考虑来确定股票的发行价格，力争实现新股定价的合理性，缩小 IPO 的抑价率。为了实现定价市场化，在询价制度的环境下应注重提高机构投资者业务素质，在充分掌握企业信息的条件下对股票的价值进行合理估计，使其价格反映价值。机构投资者之间也应建立约束机制，对违规操作、为了提高中签率而故意抬价、或者为了提高利润而压价的行为进行规范。

第四，对初次询价应做到资金足额询价。参与新股询价的资金如果做到足额询价，将改变目前初步询价时“空口说白话”的现象，资金报价一经报出就不得随意撤单，直至累计投标结束后进行最后的结算。这样就可以有效地避免询价机构“纸上谈兵”现象，或其不诚信报价事件的再次发生。而且，已参加初步询价的机构投资者，在参与累计投标时，也无须进行第二次报价。在初步询价时的报价如果低于后来确定的询价区间时，则应视为无效的报价处理；而高于时，则应视为询价的上限报价处理；询价区间内的报价，可以按实价处理。这样就可以达到有效维护询价机构诚信的目的。

IPO 累计订单定价——信息传递的有效方式

累计订单定价方式在全球 IPO 市场中变得非常流行。承销商在累计订单定价过程中收集订单，簿记结束时汇总订单发现分析股票需求即相应价位，结合发行人愿意发行的股票数量以确定股票首发价格。在这一种方式下，发行方的供给信息和投资者对股票的需求信息充分地在发行价中显示出来，极大的减少了价格扭曲，也使得投资者可以部分预测股票的二级市场表现。那么，在这些订单提供的信息中，是哪些具体的信息决定了发行价，又是哪些信息预测了二级市场回报？寻找这些问题的答案，无疑有助于人们深入了解 IPO 定定价机制。

伦敦商学院的 Cornelli 教授和多伦多大学的 Goldreich 教授 2002 年在《伦敦商学院学报》（London Business School Working Paper）上发表《订单簿记怎样反映信息揭示》（How Informative is the Order Book）中，使用 63 个 IPO 样本，研究了在累积订单定价方式下，承销商如何使用订单中的信息给首次公开发行（IPO）或是增发股票（SEO）定价，以及这些信息如何预测二级市场回报。本文我们简要介绍这篇经典文献关于 IPO 定价中信息传递的观点，也就是分析承销商是根据什么来给股票定价的，他在多大的程度上依赖订单中包含的信息给股票定价。根据他们的建模和回归分析，在所有不同类型的投资者的各种订单中，的确有一些类型的投资者和订单较多地决定着 IPO 的价格。这主要包括大型的、经常的投资者的订单中提交的平均限价报价（Average Limit Price）决定着 IPO 的价格，并且簿记建档后期所有订单的平均限价在更大地程度上决定着 IPO 的价格。

这里我们先解释几个文章中经常出现的名词。（1）平均限价报价，既是承销商根据机构投资者订单中愿意购买股票的数量和支付的价格加权计算出来的价格。例如，一个投资者愿意在 1 元钱的价格上购买 200 股股票，另一个投资者愿意在 1.2 元的价格上购买 150 股股票，那么承销商计算出的加权平均价格就是 $(1\times200+1.2\times150)/(200+150)=1.09$ 元。(2) 一个大的订单是对股票的需求大于发行股票中位数数量的订单。比如，有 5 个不同的投资者对股票的需求数量分别是 100，100，200，300，400，那么，大的订单即为对股票的需求数量超过 200 的订单。(3) 一个经常的投资者为在 63 个发行中至少参与了 3 个发行的投资者。(4) 一个早报价订单为承销商收到的前 25% 的订单。比如承销商收到 100 份订单，那么他最先收到的 25 个订单就被定义为早期的订单。

下面，我介绍这篇文章中的一些背景信息，然后使用样本中的数据分析订单中的各种信息如何决定了 IPO 的价格，又如何决定了二级市场回报。

在这 63 个样本中，每一个样本都标明了投标者的身份、需求的股份数量和最高限价。这使得文章可以统一利用一个标准化的建模，使用怀特均值 - 方差矩阵（White's Mean-covariance Matrix）来解释股票价格和投资者类型、订单类型、平均限价报价和超额认购之间的相关性，由此来验证承销商是否使用订单中的信息来确定发行价格。订单中的信息包括：（1）投资者的类型。即是大的机构投资者还是小的投资者。（2）订单报价类型。即是市场报价（Strike Bid），即投资者不考虑发行价格，投标某一数量的股票或一定金额的股票，限价报价（Limit Bid），即投资者表明他愿意购买股票的最高价格，还是分步报价（Step Bid），即投标者提交一个需求表，表明他在不同的价格上愿意购买股票的数量。（3）投资者认购股票的价格，及在不同的价格水平上，投资者对股票的需求数量。将所有的订单汇总起来，我们分析加权平均限价报价和总体超额认购水平如何影响了 IPO 价格。

文章中发现承销商充分地使用簿记建档册中的信息给股票定价。越接近簿记建档结束日，投资者提交的平均限价报价就在越大的程度上决定发行价格。在不同的投资者中，大型的和经常性的投资者较多地影响着承销商家设定股票价格。虽然超额认购的水平也影响发行价格的确定，但较平均限价报价的影响程度小。累计订单簿记结束后，承销商集中所有订单中的需求形成一个需求曲线，并由此确定发行价格。有趣的是，承销商并没有选择需求等于供给的市场出清价格，而大概是需求等于供给的三倍左右。一种解释是，承销商对于超额认购的反应普遍不足，他并没有根据超额认购的情况调整询价区间或相应调高发行价格，这使得股票的发行价格偏低。另一种说法解释这是承销商对提供了定价信息的投资者的补偿，他用“放在桌子上的钱”（Money on the Table），即为二级市场价格和发行价格之间的抑价，来诱使投资者表达出对股票的真实需求，使得投资者在股票发行时就以低价买入，而非在二级市场上以低价买入，减少股价的波动性。

那么报价信息怎样影响 IPO 定价的呢？在 IPO 定价过程中，投资者面对一个承销商给出的询价区间，他在这个区间内下单，表明他愿意购买的股票数量和支付的价格。承销商使用订单信息汇总表中的信息给股票定价。表 3.12 是文章中用来解释发行价格和平均限价之间相关关系的一些数据。

表 3.12　　IPO 价格和平均限价报价的相关关系

	基于范围中点的标准化价格	基于市场调整的询价范围	基于询价范围的标准化价格
平均限价	0.96	0.91	0.94

表中“基于范围中点的标准化价格”是标准化建模，即将询价区间的最低价设定为0，最高价设定为1。于是，发行价格即为$(P_I - P_{min})/(P_{max} - P_{min})$，区间中点的发行价格为0.5。当发行价格在区间以外设定时，这个价格小于0或大于0。这样的标准化有两个好处：第一，它假定发行价格即为区间的中间点；第二，将不同大小的区间调整为一个统一的可以比较的规模。对于 SEO，我们定义为$(P_I - P_M)/P_M$，P_M为发行前市场价格，P_I为发行价格。

从表 3.12 中我们看到，即便对于不同价格范围的标准化调整，平均限价和发行价格的相关系数都接近于1，这表明承销商极大地根据平均限价确定发行价格。承销商从这些订单中得到了投资者对于股票需求的真实信息，因此，在配股时，他们也更偏好这种反映了真实需求投资者。

表 3.13 超额认购即反映了投资者对于股票的超额需求。投资者对股票的需求越高，超额认购的程度就越高。分别检测所有订单和各类型订单和发行价格之间的相关性，得到的结果显著小于1但不明显区别于0。这说明超额认购也决定着发行价格。但比起平均限价报价，这个影响要小得多。这也同表 3.12 中得到的相关分析一致。

表 3.13　　　　IPO 价格和超额认购的相关关系

	超额认购中的所有订单	超额认购中的市场报价订单	超额认购中的限价和分步订单
发行价格	0.41	0.15	0.07

从表 3.14，我们看到订单的规模大小，时间早晚和参与多少对发行价格的影响有显著不同。这一个检测得到的数据表明，大的和经常性的以及晚报价订单提交的平均限价报价和发行价格的相关性都接近于 1，这些订单显著地决定了发行价格。而小的和非经常性的以及早报价订单的相关系数在 0 左右，它们并不显著决定发行价格。

表 3.14　　　　不同类型的投资者提交的限价报价和发行价格的相关关系

	大订单平均限价报价	小订单平均限价报价	经常订平均限价报价	非经常订单的平均限价报价	早期订单平均限价报价	晚期订单平均限价报价
发行价格	1.14	-0.20	1.25	-0.29	0.07	0.78

在表 3.15 中，定义第 T 天为簿记结束日，T - i 日为簿记结束的前第 i 天。相应地，T - 1 日为簿记结束的晚期，T - 4 为簿记的早期。在整个累计订单定价簿记建档中，投资者可以在任何时候提交，修改或者撤回订单。因此，每一天股票的需求数量都有可能有很大的变化。通过回归得到表 4 中的数据更好地解释了在簿记结束的当日和截止到簿记结束前 4 天，每一天簿记册中的平均限价报价解释发行价格的能力。我们看到越临近簿记结束，平均限价报价解释发行价格的能力就越强。这个检测得到的结果和表 3 中得到的结果是一致的。这说明，晚期的订单包括了最近期的投资者对股票价值地看法，这些订单中包含了越真实的投资者，市场对股票的价值判断。

表 3.15　　　　晚期订单提交的平均限价报价和发行价格的关系

	整个簿记册的平均限价报价	直到 T - 1 日的平均限价报价	直到 T - 2 日的平均限价报价	直到 T - 3 日的平均限价报价	直到 T - 4 日的平均限价报价
发行价格	0.96	0.90	0.84	0.86	0.51

表 3. 16 的一组检测数据表明，对于超额认购，大的订单、经常性的订单和早期的订单在较大程度上决定着发行价格。这和晚期订单提交的平均限价决定发行价格不同，因为早期对股票的大量需求表现出投资者对于发行持久的兴趣，而晚期的超额认购可能仅仅是投资者随大流的结果。

表 3. 16　　不同订单超额认购程度和发行价格的相关关系

	大订单的超额认购	小订单的超额认购	经常订单的超额认购	非经常订单的超额认购	早期订单的超额认购	晚期订单的超额认购
发行价格	0. 24	－0. 13	0. 15	0. 05	0. 21	0. 03

这些分析表明，在 IPO 中，定价的信息的确通过订单从投资者向承销商中传递。大的订单，经常性的投资者提交的平均限价报价对于发行价格的确定十分重要。非经常性投资者订单的信息与 IPO 的价格无关。尤其对于 IPO 簿记期后期订单的平均最高限价格和发行价格更为相关，这是因为后期的订单包括了更多最近反映股票价值的信息，投资者对于股票价格的理解。对于超额认购，早期的超额认购更富有信息性，它表示了投资者对于股票的持久兴趣而不是随大流。

从所有的分析中，我们得到的检验数据证明了投资者提交的平均限价和 IPO 之间强烈的关系。这个结果支持了文章的假定，即承销商在累积订单定价过程下从投资者提交的订单中得到定价的信息。在所有的订单中，最有信息性的订单是大的和那些来自经常性投资者的订单。

我国的 IPO 两轮询价制与累计订单定价方式结构相似，但实质内容相去甚远。我国询价制不允许承销商在询价区间外设定发行价格，承销商也没有差别配股的权利。这样一方面导致首轮询价投资者认购价格普遍偏低，各个机构提交较低的认购价格进入到二轮询价；在二轮询价里面，因为确保了可以得到无差别的配股，各投资者便以区间内高端价格申购以期从发行中获取最大的利润。同时，面对极大规模的超额认购，承销商也只能把发行价格设定在初始询价区间内，造成了 IPO 过分抑价和二级市场首日交易回报极高的普遍现象，形成股票首发时，一窝蜂认购的局面。

这样的制度安排难免在一定程度上扭曲了投资者对股票真正的需求曲线显示，承销商得不到真实的信息给发行定价，因此，在投资者和承销商之间信息的传递是失效的。配股方面，因承销商对所有投资者实行无差别按同一配售比例配股，投资者也没有动机给承销商提供关于定价有用的信息。然而，这又和我国资本市场的现状相符。我国的资本市场不成熟不发达，行政权较高，且专业的机构投资者数量较少，散户较多。这样的询价制在一定程度上可保护了中小投资者的利益。

第四幕

资本浪潮中的各路玩家们——认清私募股权基金的新旧门派

母基金（FOF）：撬动整个创投市场的杠杆

FOF 源于 20 世纪 90 年代的美国。如何选择合适的基金在合适的时机介入，需要大量的专业知识和时间投入。并且，很多基金难以始终保持良好的业绩，因此，把基金的管理交给专业机构的组合基金应运而生，并从 2001 年开始在欧美等资本市场发达国家及一些新兴市场发展壮大。在美国，从 2001 年起，FOF 的数量经历三年翻了三倍之多，其募集资金的数额从 2000 年的 33 亿美元翻番到了 2001 年的 63 亿美元；在其他私幕股权基金缩水 60% 的惨淡背景下，FOF 在 2002 年的新融资中占据了 14%；截至 2005 年底，全球共有近 1 000 支 FOF 基金，其中美国市场 FOF 的数量达 200 多支，管理资产总额为 480 亿美元。在加拿大，短短几年间 FOF 已占到共同基金市场份额的近 20%，且正以超过普通共同基金三倍的速度加速扩张。FOF 已然成为推动发达国家经济飞速发展的“一宗大生意”。2006 年 2 月 15 日，英国剑桥商学院 Richard Lai 在文章《为什么是 FOF》（Why Funds of Funds?）中全面分析了 FOF 存在的原因与其技术上的特点，通过与其他基金进行比较，呈现了 FOF 的真实面貌。

FOF 并不直接投资股票或债券或进行直接的企业投资，其投资范围仅限于其他基金，通过持有其他基金而间接持有股票、债券或对企业进行投资。按照投资种类的不同，FOF 可分为私募股权投资基金的 FOF、证券投资基金的 FOF、对冲基金的 FOF 等等。由于挑选单支基金的风险高和难度大，而 FOF 通过对基金的组合投资，则大幅度降低了投资基金的风险。所以，FOF 实际上就是通过专家二次精选基金有效降低非系统风险。FOF 将自己的投资人群锁定在风险偏好较低者这一行列，也显示了其相对于其他基金的稳定性。

FOF 既可以被看成是一种基金，也可以被看作是 LP。为了区别 FOF 和其他基金，Richard Lai 将投资 FOF 的 LP 和未投资 FOF 的 LP 做了对比（见表 4.1），发现投资 FOF 的 LP 有如下特点：第一，投资 FOF 的 LP 相对来说创立时间更早；第二，投资 FOF 的 LP 的资产规模较大；第三，投资 FOF 的 LP 在资产组合上分配给私募股权的部分较少；第四，投资 FOF 的 LP 中，银行和非金融公司占的比重较少，而教育机构所占比例较大；第五，FOF 在美国比在其他地区更为流行。

表 4.1　投资 FOF 和未投资 FOF 的 LP 的情况对比

	投资 FOF 的 LP				未投资 FOF 的 LP			
	中位数	标准差	最小数	最大数	中位数	标准差	最小数	最大数
创立时间	1989	8	1935	2001	1991	7	1936	2004
管理资产	10 656	28 059	1	300 000	1 612	7 337	0	142 339
投资分配								
私募股权	5.4	12.9	0	100	5.6	18.1	0	100
固定权益	28.2	11.7	7	84	32.4	12.6	0	100
股票	53.7	14.8	3	89	44.2	13.7	2	95
LP 种类	数量				数量			
非金融公司	86				776			
银行	15				127			
教育机构	106				70			
洲际分布	数量				数量			
美洲	366				3 066			
欧洲	25				323			
其他	2				44			
总量	393				3 433			

同时，Richard Lai 对比了作为 LP 的 FOF 的资产组合以及非 FOF 的资产组合（见表 4.2），得到的数据表明如下五点：第一，平均来说，FOF 的资产组合要比非 FOF 的资产组合规模更大；第二，FOF 组合创立时间更晚；第三，从融资结束到首批投资，FOF 资产组合所用的时间更长；第四，在投资风格方面，两者的资产组合很接近；第五，FOF 资产组合的内部收益率（IRR）的中位数比非 FOF 的资产组合要小。

表 4.2　　有限合伙人 FOF 与非 FOF 的资产组合对比

	FOF 组合				非 FOF 组合			
	中位数	标准差	最小值	最大值	中位数	标准差	最小值	最大值
创立时间	1998	4	1979	2004	1991	9	1947	2004
资产规模	335	595	0.800	6 744	231	1947	0.100	95 549
融资结束到首批投资年数	1	3	-13	9	1	3	-40	35
投资范围	数量				数量			
并购基金	116				933			
风险投资	133				2 958			
FOF	22				2			
总计	301				4 944			
IRR（%）	2.7	27	-96	93	6.7	43	-100	535

FOF 对比于其他种类的基金、LP 的收益，以及对比使用 FOF 的 LP 和不使用 FOF 的 LP 的收益情况，可以发现：第一，从总体上来说，FOF 有利于分散风险，这就解释了 IP 投资于 FOF 而不是直接投资于证券的某些原因。第二，比较于其他种类的有限合伙人，平均来说，FOF 的表现相当良好。FOF 的优势在于规模效应，以及能更好地吸引和留住人才，这些人才往往有着更丰富的从业经验并且有更多的社会关系从而能获取投资于更优质基金的渠道。第三，也是更为重要的一点，使用 FOF 的 LP 从投资于 FOF 资金篮中获得的收益超过了投资于不含 FOF 的资金篮的收益，这就更说明了投资 FOF 能带来价值。

从 1999 年 12 月底至 2008 年 2 月底，全球 FOF 的整体业绩水平显著领先于三大证券市场指数，累计收益率约 185%。其业绩波动水平相当稳定，以 12 个月计算的月度收益率标准差，维持在 0.01～0.02 之间，显著优于三大指数。

根据过往的市场情况，一般认为 FOF 存在的原因有以下五点：第一，FOF 通常不会带来超额的收益，但是对于采用它们的 LP 来说，FOF 组合会比非 FOF 组合的表现更好；第二，FOF 通常允许小型 LP 扩大其规模，即投资于更多品种的基金，这将有利于分散风险；第三，FOF 通常为具有薄弱管理架构的 LP 所用；

第四，有证据表明 LP 能够利用 FOF 来投资于新的领域，从中获取经验；第五，FOF 的广泛使用也部分归因于经济增长的周期性。当经济快速增长的时候，FOF 的使用随之增多，反之就会减少。

对以上的结论，Richard Lai 提出了新的论证和补充。

第一，FOF 的效益问题。FOF 的效益背后存在三个推动力量，即规模效应、人才吸引以及风险承担。FOF 的效益并不是和规模成线性的关系，而是呈凹形的关系。对于 FOF 能否吸引更具经验的人才或是拥有挑选优质基金的更优渠道方面，通过对比风投公司和风投的 FOF 公司的高管信息，Richard Lai 得出前者的平均年龄比后者要大，而且经验也更为丰富，这就说明 FOF 在人才方面并不一定是比平常的基金公司更有经验。

第二，Richard Lai 反驳了小型 LP 采用 FOF 这种投资工具的原因在于能实现资产投资多样化的观点，而是认为小型 LP 采用 FOF 的原因在于其能帮助提供一种降低基金管理成本的方法。FOF 真正吸引小型 LP 的方面在于 FOF 提供了一种能提高效率的委托代理机制，能大大降低基金管理成本。采用 FOF 的 LP 通过 FOF 的投资可以避免再次投资于业绩表现很差的领域的 FOF。

第三，Richard Lai 认为大型有限合伙人采用 FOF 能够避免繁琐的基金投资的批准过程。

第四，对于 LP 利用 FOF 来投资于新的领域，以此从中学习、获取经验的传统观点，Richard Lai 认为采用 FOF 作为投资工具来投资专业的领域，如并购或者风险投资，这样学到的经验会比较多，而对于泛泛的投资，FOF 并不能提供学习的途径。

我国目前正处于 FOF 发展的萌芽期，近年来，伴随着中国经济的高速增长，中国已成为亚洲最为活跃的潜力巨大的私募股权投资市场之一，针对 PE/VC 基金的 FOF 受到越来越多的关注。从宏观上看，中国借鉴 FOF 的模式，创新出对产业整合起着杠杆作用的政府引导基金，即“有中国特色的 FOF”。引导基金不宜直接进行企业股权投资，而应在市场中选择优秀的基金管理公司设立的、投向国家政策鼓励且急需发展的行业的基金。引导基金可以通过投资协议中的约定的利益分配方式鼓励、引导社会资金投资于自己投入的基金。

这种有 FOF 特征的引导基金模式也应该是我国产业基金发展应提倡的模式。

这类基金不同于创投引导基金，创投引导基金服务于科技转化为生产力的需要，产业基金服务于产业的发展和资源的整合，所以产业引导基金就有利于技术成熟的产业的发展，服务于现有企业资源的整合。在中国已有的产业基金中，他们的一个共同点是资金的国有性质，另一个相似是，这些机构都不是独立的市场投资主体，因此，借助 FOF 的模式，可以更好地运用这部分国有资金，通过建立小资金的 FOF 来吸引大规模的资本和项目，已经成为了中国资本市场融资的一种流行趋势。

这种新型的、有中国特色的、利用 FOF 的模式吸引了国内外的关注，其影响力是巨大的。引导基金参股设立创业投资企业，政府将不介入管理，而是委托专业投资管理机构进行管理，采用市场化的运作机制。这样既能够实现政府的公共政策目标，又可以大大提高公共财政资金的使用效果。

通过引导基金参股设立创业投资企业，有助于发挥政府资金的导向作用，引导社会资金投向园区初创期高新技术企业，加快科技成果的转化，实现资本与技术的对接；另外，政府信用加强创业投资管理机构的信用，培育创业投资管理机构的品牌，引导社会资本流向创业投资领域，促进国内创业投资业的发展。

这些引导基金是中国特色的 FOF，其光鲜抢眼的亮相背后，却隐藏着长久的博弈与亟待解决的弱点。如政府引导基金在投资项目时期、投资企业所在地、利益诉求点以及投资理念与管理方面都存在着一个博弈的过程，以及政府引导基金作为 FOF，本身需要非常专业的运作能力。这些无疑都是中国发展、利用 FOF 模式的过程中需要解决的问题。

案例：国开行创国内 600 亿元母基金

经国务院批准，我国首支国家级大型人民币母基金——总规模达 600 亿元的“国创母基金”于 2010 年 12 月 28 日正式成立。国创母基金是由国家开发银行（简称国开行）全资子公司——国开金融有限责任公司和苏州创业投资集团共同发起设立，注册在江苏省苏州工业园区，是国开行与苏州工业园区长达十年密切合作的延续和升级。这个巨型国字头的母基金将专门投资私募股权投资机构和创业投资机构。这是继全国社保基金之后第二家国字头母基金，PE/VC 界迎来了又一个大型机构投资者，国创母基金必将成为我国 PE 市场上的一支重量级 LP。

母基金（Fund of Funds，FOF），又称“基金的基金”，20 世纪 70 年代起源于美国，是以股权投资基金作为投资对象的特殊基金。在欧美发达国家，股权投资基金早已超过股票二级市场，成为与银行、保险并列的三大金融业支柱之一，而股权投资基金的资金来源 20% 以上来自 FOF。

发起人简介

国开金融是国家开发银行根据国务院批准的商业化转型方案于 2009 年 8 月设立的全资子公司，注册资本 350 亿元，是目前国内银行业惟一具有人民币股权投资功能的大型机构。目前已形成包括城市开发、基金投资和直接股权投资三大板块并辐射海内外的综合性战略投资平台。国开行作为国内参与发起设立股权投资基金时间最早、数量最多，规模最大、形式最丰富的金融机构，在中国基金市场拥有长达 13 年的投资管理经验，国开金融在全面承接国开行原有基金管理团队和业务的基础上，目前投资并管理着包括中非发展基金、中国 - 比利时基金、中国 - 东盟基金等具有重大战略意义的涉外基金以及弘毅、渤海产业基金、绵阳产业基金等国内优秀私募股权基金在内的17支基金，基金总规模超过500亿元人民币，在支持国家战略实施和产业发展的同时，对国内股权投资基金行业的发展起到了开创性和引领性作用。

苏州创投集团是苏州工业园区下属的大型股权投资集团，注册资本30亿元，资产管理规模达数百亿元，业务覆盖股权投资、债权融资和股权投资服务三大板块。苏州创投集团作为中国私募股权基金市场的探索者和先行者，以创新为使命，先后设立了中国首支中外合作非法人制创投企业 Infinity - CSVC（英菲尼迪 - 中新创业投资企业）和首支“精益孵化 + 创业导师”的天使基金原点创投基金。

国创母基金也是国开行与苏州工业园区长达十年密切合作的延续和升级，在2006年苏州创投集团就与国开行合作设立和运作了中国第一支股权投资母基金—苏州工业园区创业投资引导基金。苏州工业园区引导基金在设立后3年内就完成了全部10亿元投资承诺，先后承诺投资16支子基金，带动33亿元社会资本参与对子基金的投资，预计将至少覆盖200多个项目，为苏州工业园区乃至整个长三角地区的高科技企业和创业投资企业发展起到了重要的推动和引导作用，其投资理念和运作模式也得到了政府和业界的广泛认可，并赢得了“中国最市场化运作人民币母基金”的赞誉。

此外，国创母基金还邀请了国际知名的母基金管理机构尚高资本参与管理，为国创母基金提供国际化的投资经验和视野。美国尚高资本是一家在全球范围内管理着100亿美元左右资产，拥有多种投资战略的私募股权投资企业，公司总部位于纽约。

成立的原因

资金募集难一直是中国大型PE发展的最大瓶颈，此前国开金融和全国社保基金就是人民币PE全力追逐的两大机构。2010年中国私募股权投资市场新募资金总额已超百亿美元，增长超过2009年的50%，尽管规模不断扩大，但仍缺少主流LP。

而与募资难同时存在的，是大量的社会资金找不到好的投资方向，纷纷进入股市、楼市和商品市场寻求短期收益，不仅对国民经济带来不少问题，同时真正需要资金的实业领域却面临“缺血”的困境。

而国创母基金的成立，恰恰利用了国开行的品牌和客户网络优势，打造出一个资产管理平台，对接社会闲置资本和国家产业发展的需求，能够在一定程度上缓解经济发展中出现的资金“错配”问题。

PE 与 VC 并进

这只超重量级的母基金期限为 12 年，采用有限合伙制，主要投资于国内优秀管理团队的人民币基金。国创母基金的资产分配为 PE（私募股权投资）母基金和 V C（风险投资）母基金两个板块运作，其中 PE 板块命名为国创开元股权投资基金，VC 板块命名为国创元禾创业投资基金。在国创母基金 600 亿元的总资产中，这两个板块之间的资产分配为 400 亿元和 200 亿元（见图 4.1）。

国创母基金首期募集资金规模为 150 亿元，主要承诺出资人包括苏州创投集团 30 亿元、国开金融 50 亿元、社保基金 50 亿元、华为集团 5 亿元，中国人寿与中国再担保则共出资 15 亿元。其中 PE 板块的国创开元股权投资基金首期规模为 100 亿元，由国开金融为主进行管理。PE 母基金的投资领域主要为人民币私募股权投资基金、私募股权基金二级市场等。该母基金一般所投基金规模为 15 亿元人民币以上；对单一基金的投资比例一般不超过子基金规模的 30%；对单一基金的投资比例不超过母基金规模的 15%。

而 VC 板块的国创元禾创业投资基金首期规模为 50 亿元，由苏州创投集团为主进行管理，投资领域主要是人民币创业投资基金，一般所投基金规模为 2 亿～15 亿元人民币，对单一基金的投资比例一般为 10%～30%。

国创母基金将主要投资于中国地区注册的 PE，并要求所投 PE 的投资符合整体发展战略——两只母基金将共同关注未来 5 年到 10 年国家重点扶持的战略性新兴产业，偏重于成长和并购重组类基金，但在企业发展阶段和投资规模上有明显区别。PE 母基金侧重于投资相对发展成熟的行业和企业，包括中高端制造业和金融业等；VC 母基金侧重于新兴行业和成长期中小企业，包括信息网络行业和消费服务行业等。

其投资标准也不会采用主管部门备案、有三年历史业绩等硬性条件，对 PE 的挑选更加灵活。但同时国创母基金也要求被投资基金的管理人具有清晰的商业目标和长远的发展愿景，并对被投资基金对高风险地区、行业的投资设定严格限制，同时，被投资基金不得进行以获得短期收益为目的的股票投资，也不得对外贷款和担保。

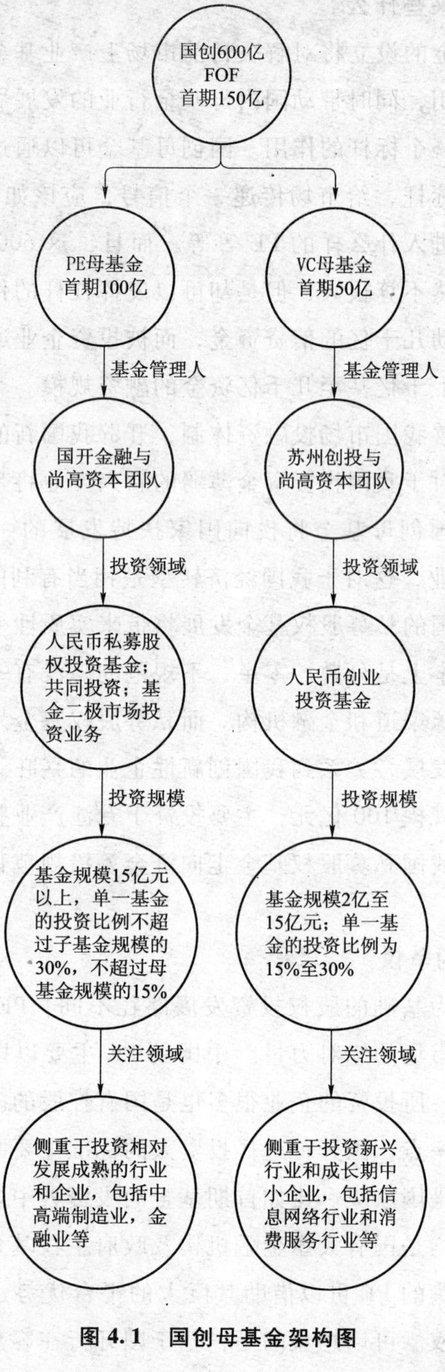

图 4.1　国创母基金架构图

国创母基金会带来些什么

首先，国创母基金的设立将对解决目前市场上产业基金和创投基金的募资问题，起到积极推动作用，同时带动国内母基金行业的发展。

其次，它会起到一个标杆的作用。国创母基金可以通过自己的选择，树立成熟的机构投资人行为标杆，给市场传递一个信号，应该如何做一个合格投资人，拥有资源的资金愿意进入什么样的 PE 等等。而且，这 600 亿的资金和中国资本市场的总规模相比虽然不算很大，但是却可以发挥杠杆的作用，比如带动更多的基金，比如它可以撬动几千亿的信贷资金，而被投资企业通过几年的发展后登陆资本市场，又会带来上千亿甚至几千亿资金的融资规模。

再次，它对于完善我国市场投融资体制，开辟我国新的投融资品种和渠道具有巨大作用。特别是对于我国投资资金薄弱的新兴产业将带来利好。作为国家开发银行下属子公司，国创母基金将投向国家扶持发展的一些产业，尤其“十二五”规划中的新兴产业，这对于我国经济转型是相当有利的。

最后，它对于我国的私募股权基金发展将带来实质性变化。目前我国私募股权基金的资金来源基本上是分散、零星、不规范的。没有一个专门为私募股权基金提供支持的资金来源渠道和金融机构。而私募股权基金发展不规范，则直接关系到我国新兴产业的发展，关系到我国创新性企业的兴旺。国创母基金之下的私募股权基金板块首期规模 100 亿元，主要投资于专注产业整合、并购重组的股权投资基金，必将成为我国私募股权基金走向资金筹措规范化之路的里程碑。

有关国字头 PE 的争议

国际上以私有制为基础的股权投资发展路径不同，PE 的“国家队”成为推动中国私募股权投资市场的绝对力量。中国的 PE 主要以国有制为基础，投资人大部分来自国有公司，所投资的企业很多也是国有控股的。从国创母基金身上也可以很明显的看出这一点，国开行选择投资人的标准主要瞄向资金、资源实力皆备的大型机构，大多是国家级。比如首期基金的投资者中国人寿、中国再保险集团、全国社保基金等均是国有大型金融机构及政府主权基金。

显而易见，国字头的 PE 可以借助其巨大的平台优势进而掌控庞大的项目储备与优质项目的选择权。可以想象的是，基于国开行在客户资源、社会资源上的优势，丰富的基金管理经验及对市场的了解，国创母基金绝对不会缺少项目储备。

然而，国有机构直接介入了PE的投资和管理的最大缺陷就是一旦约束机制不到位很可能会带来严重的代理问题，可能引发过度投资等等一系列的问题。监管部门对于国有机构介入PE的管理持审慎的态度，比如去年保监会曾发文规定不允许保险机构担任PE的管理人。

目前，业界普遍认为国开金融设立国创母基金的制度框架是符合市场原则的，对于解决上述问题是一次有益的尝试。苏州创投对于中国PE/VC行业和人民币基金领域有较多的实务经验，尚高资本团队则拥有国际领先的母基金投资管理经验。这样一个优势互补的组合，不仅可以加强各自原有领域的领先地位，而且也可以在行业研究、策略制定、风险控制等多方面进行信息的共享。国创母基金再一次涉及到了与地方政府合作这一敏感的问题，希望其能够在正常的管理与运营过程中发挥灵活性，为具有中国特色的国字号PE的发展探索出一条可行高效的道路。

主权财富基金：在全球各大领域崭露头角

主权财富基金作为建立在巨额外汇储备上的“第三股力量”，正在全球各个领域崭露头角。亚洲金融危机过后，对冲基金和私募股权投资基金（PE）纷纷放缓了投资步伐。而此时新加坡、科威特和韩国等现金流充足的海湾石油国家和亚洲国家的政府投资机构向花旗、美林提供了高达210亿美元的资金。

主权财富基金（Sovereign Wealth Funds，SWF）中所谓的主权财富，与私人财富相对应，是指一国政府通过特定税收与预算分配、可再生自然资源收入和国际收支盈余等方式积累形成的、由政府控制与支配的、通常以外币形式持有的公共财富。

近年来由于原油价格持续走高，SWF所持资产市值已超过3万亿美元，并且预计2015年这个数字将会增至12～15万亿美元。而美国所有上市的国家投资公司和货币中心银行（指全球化经营的大型银行，如花旗、美国银行等）的市值是1.4万亿美元，这意味着现在的SWF不仅能买下美国上市的所有国家投资公司和大型银行，并且还能有1.6万亿美元的剩余。根据美国主权财富基金研究所（Sovereign Wealth Fund Institute）2009年4月发布的数据显示，中国外汇储备管理局旗下的华安投资有限公司管理的资产约为3 471亿美元，规模全球排名第三；中国投资有限公司也以1 900亿美元排名第八（见表4.3）。

表4.3　　全球排名前五位的主权财富基金

国家（或地区）	基金名称	资产（亿美元）	资金来源
阿拉伯联合酋长国	阿布扎比投资局	6 270	石油
沙特阿拉伯	SAMA Foreign Holdings	4 310	石油

续表

国家（或地区）	基金名称	资产（亿美元）	资金来源
中国	华安投资有限公司	3 471	外汇储备
挪威	国家养老基金	3 260	石油
新加坡	政府投资公司	2 475	非商品类

注：由于 SWF 非公开操作，资产规模均为根据其持有量得到的估计值。

SWF 有三个显著特点：

第一，SWF 是一个资金池。大部分 SWF 都来自于自然资源出口的外汇收入，如原油、天然气、矿产等。而新加坡和中国的资金主要由财政盈余和外汇储备构成。科威特、挪威、沙特阿拉伯、俄罗斯和阿曼等国都将商品税收作为 SWF 的来源。创建初期 SWF 作为一种稳定基金来平衡商品依赖型经济在繁荣和萧条的波动，各国在基金筹集、投资战略以及在何种情况下政府可以动用资金等方面都有明确规定。对于将商品税收用于稳定基金，法律在价格结构和政府税收等方面有严格要求。从 20 世纪 90 年代末到 2002 年，物价较低的价格结构，以及近年来走高的原油和金属矿产价格，SWF 经历了一个急速扩张期。

第二，SWF 由政府或者与政府相关的类似于独立央行的一个实体部门掌管，但是各国政府与 SWF 间的确切关系则不尽相同。政府通常将 SWF 置于政治干涉的范围之外，但是又不能太过独立以至于丧失对这样一个强大个体的控制。各国都不会将 SWF 完全纳入政府机关如财政部的范畴，但同时也不会遗漏对其的监管。当局通常会指定一些要职，如总经理、董事会成员或审计部，但同时也会在一些私营部门，聘请一些外部人员管理经营。例如，有些国家聘用著名的会计师、基金经理等来确保专业性和独立性。到目前为止没有一个国家将 SWF 私有化，即使有许多 SWF 都拥有上市子公司，如淡马锡。

第三，SWF 对高回报的追求。SWF 投资于资本为的是获得高于无风险利率的回报，而不是购买一篮子货币或无风险资产，如政府债券。这主要是由于政府和 SWF 的潜在成本。若持有的外汇储备中外币贬值或者政府债券收益降低，都将不足以弥补资本的机会成本，即造成储备的亏损。例如在 2008 年 6 月底中国外汇储备余额为1.8万亿美元，其中绝大部分为美元。受到当时次贷危机影响美元大幅贬值，中国外储一个月蒸发约300亿美元。因此，为了弥补这些亏损，SWF通常要追求一个更高的收益率。

为了规避经济繁荣和萧条的交替循环带来的波动，阻挡外汇的进一步流入，平滑长期的消费和投资，并且提高储备货币的回报率，SWF应运而生。创建之初，许多人认为坐拥数万亿资产的SWF的活跃必定给全球经济产生巨大冲击，甚至扰乱正常的金融秩序。可是实际情况似乎并非如此。

（1）SWF对本国投资的偏好。从图4.2中可以看出，全球几大主要主权财富基金在其持有的资产中，明显地偏重于国内和区域性的直接投资。这说明了各国SWF在投资于全球资本市场时侧重于对本国经济的提升。例如新加坡的SWF（见表4.4），主要投资于新加坡市场或者区域性的亚洲市场，而视欧洲和美国为分散风险的一种选择。新加坡SWF所持有的65%的上市股权都是新加坡国内的企业。淡马锡和新加坡政府投资公司（GIC）联合持有的区域内（18%）和区域外（17%）的股份比重相当。新加坡SWF持有的区域外股票总值约为220亿美元。据估计，科威特SWF的资金池与新加坡规模相当，并且两者在国际上的投资份额也相近。此外，他们都是理性投资者，承担着所有市场参与者都能接受的一般市场风险。

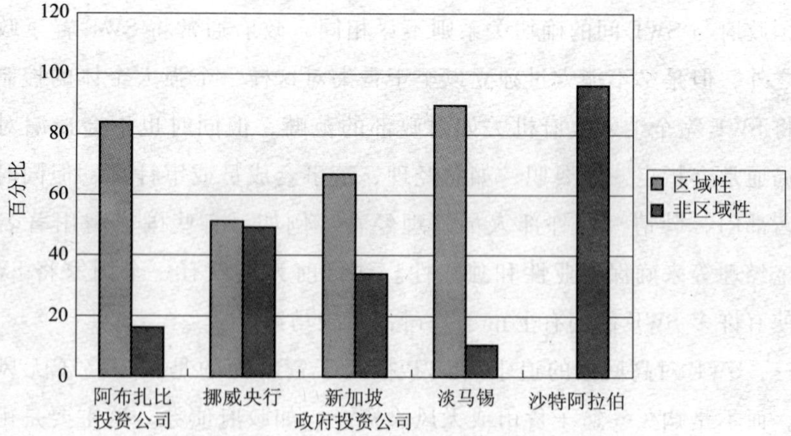

图4.2 主权财富基金的地理偏好

数据来源：Thomson One Banker.

表 4.4　　新加坡主权财富基金所持股权的地理分布　　单位：万亿美元

	新加坡国内	区域内投资	区域外投资	投资总计
新加坡政府投资公司	0	5.989	6.613	12.602
比重（%）	0%	47.52%	52.48%	100%
淡马锡	80.350	16.596	14.676	111.622
比重（%）	71.98%	14.87%	13.15%	100%
新加坡总计	80.350	22.585	21.289	124.224
比重（%）	64.68%	18.18%	17.14%	100%

数据来源：Thomson One Banker.

（2）SWF 对低风险和高流动性资产的投资。一些评论家指出，SWF 若将资产过分集中于高收益的股票，须承担股价下跌的风险，这也违背了 SWF 缓冲经济波动的初衷。为了缓解这种不必要的风险，SWF 应该保守为主，主要投资于低风险和高流动性的资产。在资本市场上则通常是大盘股（Large Cap）或蓝筹股（见图 4.3）。

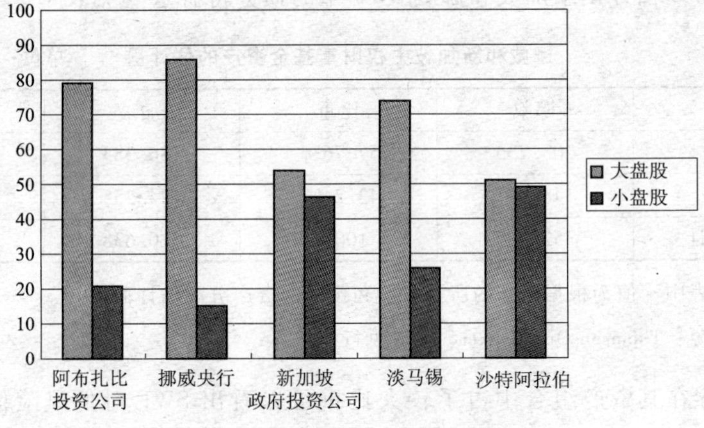

图 4.3　主权财富基金的资产配置

数据来源：Thomson One Banker.

从新加坡的淡马锡控股和 GIC 所持有的上市股份来看，这两家一直以来表现良好的 SWF 对全球股本的投资显得较为保守。在 GIC 所持有的近 200 家权益证券中，前 25 家市值最大的公司在组合中份额接近 84.56%。同时在国际上，GIC 和淡马锡主要投资于英国石油公司（BP）、巴克莱银行、中国建设银行、力拓集团、台积电等世界500强企业。可见，新加坡的SWF表现出对大型公司和低风险资产组合的强烈偏好。

挪威央行，同时也是政府养老基金的管理者，其SWF持有的股票数最多、地域性最广，也表现出同样的走势。截至2008年4月，它所持有的4 800个股票中，前1 200家市值最大的公司占组合份额高达91.43%。挪威央行主要持有的股票有：美国的埃克森美孚、通用、微软；英国石油公司、汇丰控股和沃达丰电信；欧洲的雀巢、诺基亚；亚洲的中国移动、丰田汽车和三菱商事等。这1 200家公司的平均市值高达300亿美元。而其他持有证券组合的SWF，如阿联酋和科威特，也经常持有与其他SWF相同的公司股份，这也表示他们有类似的风险偏好。

一般看来，资产组合通常能反映交易活跃市场的收益并且不需承担过多的风险。基于对市场上最大几个SWF所持股票的分析，他们所持证券的风险并不高于一般的股市参与者。

资产组合中持有的不仅仅是股票。如上文所提，因为SWF创立之初就有既定目标，即在一个区域内进行低风险的投资。从美国财政部、国际金融统计等数据来看，可以估计出新加坡和挪威SWF中的债券持有量（见表4.15）。

表4.5　　挪威和新加坡主权财富基金资产的估计量　　单位：万亿美元

	挪威	比重	新加坡*	比重*
债券	203.735	57.76%	186.383	60%
股票	148.972	42.24%	124.255	40%
资产总计	352.707	100%	310.638	100%

注：上表中*值为根据已知的所持股票和预测的资产分配估计而得。

数据来源：Thomson One Banker、挪威央行。

从债券在其资产组合中占了较大比重可以看出SWF对低风险债券的偏好。比如，在挪威SWF中，对债券的投资比重接近55%。根据统计，2001年挪威SWF总资产的59%投资在债券上，而到2005年这个比重下降到54%。此外，同时期工业国债券在所有债券中占比也从98.85%降至96.86%，地区性的债券投资却从57.88%上升到66.11%。再者，挪威SWF的资产与其外债投资保持近乎一致的增长。2001年挪威的SWF在挪威的整个外债中占比65.85%，而到2005年仅下降了0.01%保持在65.84%。

据统计，在如今规模总计超过 3 万亿美元的 SWF 中，有 1 200 ~ 1 500 亿美元投向了私募股权投资，约为私募行业中所有可用资本的 10%。尤其是近年来，各国的 SWF 纷纷涉足私募股权领域。

政府投资基金投资于私募股权的历史悠久，如创立于 1960 年的科威特投资局运用石油收入进行股权投资，新加坡淡马锡控股成立于 1974 年，拥有的投资组合价值高达 1 000 亿美元，1981 年成立的新加坡政府投资公司拥有价值超过 2 000 亿美元的海外股票、债券和房地产。

而主权财富基金之所以引起各国广泛关注，很大程度上源于中国投资公司在筹备期对美国黑石集团的一笔投资。黑石集团是当时美国也是全球最大的 PE 机构，掌管的股权基金高达 800 多亿美元，在全球投资的企业超过 110 家。而中国投资公司的管理资金规模高达 2 000 亿美元。2007 年 6 月 23 日，黑石集团登陆纽约证券交易所主板。而在黑石集团上市前的 5 月份，仍然处于筹备中的中国投资公司斥资 30 亿美元，购入黑石集团大约 10% 的股份。这是中国 SWF 的第一笔投资，也是其与最大 PE 的合作，自此投资开始，主权财富基金受到了更多关注。

在众多主权财富基金中，淡马锡的运作较为成功。其成功的经验可概括为：政府资金委托私人管理，像私营企业一样运作，将政府看成惟一 LP，切断政府相关部门与私营公司的联系，完善投资机构的法人治理结构等。并且，从淡马锡自身的发展来看，增加对 PE 的投资可以看作是直接控股上市公司的有益补充。

据了解，淡马锡此前就不断通过私人资本运营基金间接投资中国企业，如淡马锡曾先后投资了 CITIC Capital China Partners（中信资本）和 Hope Fund（厚朴基金）等新设立的私人资本运营基金，并且在淡马锡的帮助下，这些基金的市场表现都得到了强烈反响。如今年 5 月 12 日淡马锡控股的厚朴基金接手美国银行 135.09 亿股中国建设银行 H 股股份，总价高达 73 亿美元，成为香港开埠以来规模最大的股票配售交易。

在 2009 年里，像大多数投资者一样，SWF 也遭遇到全球经济下滑的冲击，纵然遭受到了损失，但 SWF 的资金池依然庞大，32 200 亿美元的规模仍比 2008 年的 30 500 亿美元有所增长。更重要的是，大约有一半的 SWF 投资于私募领域，在 2009 年里这个比重保持稳定。越来越多资金的流入必然加大对 PE 的影响。可是我们同时也发现，相较于早期为平缓经济波动而做出的一些被动投资，SWF

正在不断加强对 PE 的主动投资。

不管 SWF 在将来的角色如何变化，只要保持对 PE 的投资，PE 公司都将从中获益。许多主权财富基金经理人认为 PE 将依然作为他们投资组合中一个重要的不可分割的一部分。并且随着时间的推移，这部分投资在 SWF 中所占的比重还有可能上升。可见，在全球资本市场上，主权财富基金的兴起并不是取代了私募，在更多的情况下两者保持着共同投资者的合作关系，并且在全球并购中扮演了重要的角色。

案例：中投——中国主权财富基金“国家队”

中国投资有限责任公司（以下简称“中投公司”）成立于2007年9月29日，是依照《中华人民共和国公司法》设立的从事外汇资金投资管理业务的国有独资公司。中国财政部通过发行特别国债的方式筹集15 500亿元人民币，并以此向中国人民银行购买等值外汇储备2 000亿美元作为中投公司的注册资本金。中投公司向股东支付红利收入以覆盖特别国债的利息需求（见表4.6）。

中投公司是我国的国家主权财富基金，他的诞生与我国外汇储备的快速增长密切相关。1994年外汇体制改革后，我国连续多年保持了经常项目和资本项目“双顺差”的状况，再加上和中国人民银行为保持人民币对美元汇率相对稳定的公开市场操作，我国外汇储备激增，2006年我国超过日本成为世界第一大外汇储备国，并于当年突破一万亿美元。

巨额外汇储备已经超出满足日常流动性和安全性的需要，过多的外汇储备在结售汇管理制度下造成流动性过剩，形成资产价格泡沫，对经济的负面效应开始显现。此外，当时美国10年期的国债收益率仅为5%左右，而外资在华国际直接投资（FDI）的平均年收益率约为22%，这意味着中国持有外汇储备的机会成本是极其高昂的。中国一方面输入收益率仅为5%的债权，另一方面却输出收益率高达20%以上的股权。这种格局对中国整体福利的损害比较大。而且，美元的持续贬值也使得我国外汇储备的国际购买力显著缩水。

在这样的背景下，我国有必要在国家外汇管理局之外新设一个机构，对盈余外汇储备进行积极管理，增加外汇资产投资收益。于是，2007年9月29日，中国的主权财富基金——中投公司在北京挂牌成立。

表 4.6　　中投公司概览

总部	中华人民共和国北京市
成立日期	2007 年 9 月 29 日
员工总人数（截至 2011 年 6 月 30 日）	497 人
所有者权益（截至 2010 年 12 月 31 日）	3 743 亿美元
全球投资组合资产（含现金及现金产品）（截至 2010 年 12 月 31 日）	1 351 亿美元
2010 年全球投资组合收益率	11.7%
全球投资组合自成立以来的累计年化收益率（截至 2010 年 12 月 31 日）	6.4%
办公地点	北京、香港、多伦多

中投公司建立了较为完善的公司治理结构和内部组织架构，包括董事会、执行委员会、监事会。董事会是公司的最高决策机构，由 11 名董事组成，执行委员会负责公司的日常管理工作，由 7 人组成，分别负责该公司的投资决策、风险管理、内控合规、财务、审计等部门工作。监事会由 5 名监事组成，包括监事长和 3 名外部监事以及 1 名职工监事。同时，公司还设立了投资决策委员会、风险管理委员会等。

公司的组织结构图（见图 4.4）：

在中投公司 2 000 亿美元的注册资本金中，用于境外投资的部分略高于 50%，其余部分则通过中央汇金公司投资境内金融机构。这两类投资业务彼此完全独立。2010 年，中投公司新增 357 亿美元投资，全面完成了投资组合资金配置，有效管理投资组合风险，并进一步加强了投资平台和投资能力建设，使得公司业务不断发展和壮大。

中投公司的投资理念与投资战略秉承以下四项基本原则：中投公司的投资活动基于商业目的，投资目标是为股东获取风险调整后长期、可持续的良好财务回报；中投公司是财务投资者，不寻求通过投资控制任何行业或企业。中投公司作为负责任的投资者；严格遵守本国和投资接受国或地区的相关法律、法规，积极履行企业社会责任；中投公司的投资活动以研究和资产配置为驱动。研究驱动是为稳健、审慎的投资决策奠定基础，资产配置驱动是确保投资行为、方式的严谨、规范。

图 4.4　中投资公司组织结构

资料来源：中投公司 2009 年年报。

在 2010 年，中投公司对其投资管理目标和方式进行了全面回顾和评估。成立之初，中投公司主要投资于股票和债券等传统类别的资产。随着投资管理能力的不断提升，投资渠道的不断拓展，中投公司积极开展了在大宗商品、私募、房地产、对冲基金和直接投资等领域的投资。鉴于中投公司长期投资者的性质，董事会于 2011 年 1 月决定将投资考核周期延长至 10 年，滚动年化回报将成为评估投资绩效的重要指标，而不仅仅看投资组合的年度回报。改变绩效评估方式有助于中投公司从长期投资者的角度开展投资，能更好地平衡短期压力和长期收益的关系。中投公司对战略资产配置（SAA）、战术资产配置（TAA）和风险管理程序也作了相应调整。截至 2010 年年底，中投公司的战略资产配置基准投资组合结构包括现金、股权、固定收益和另类投资。自2011年起，中投公司新的资产战略配置结构调整为五个类别，分别是：现金、公开市场分散化股权、固定收益、绝对收益和长期投资。其中，绝对收益投资包括对冲基金等。长期投资包括直接集中持有资产、私募基金、大宗商品、房地产和基础设施投资等（见图4.5）。

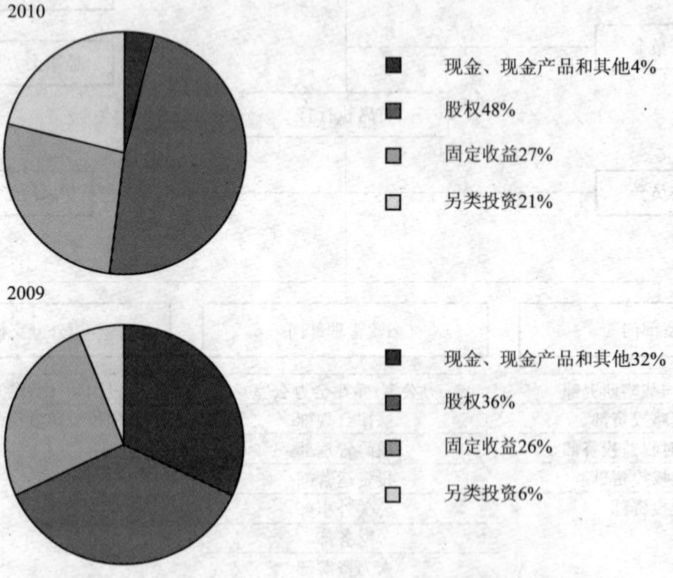

图4.5　中投公司2009～2010年全球投资组合分分布

注：另类投资包括私募股权基金和对冲基金等。

资料来源：中投公司网站。

2010年，中投公司继续秉承审慎投资的原则，基本实现了可投资金的完全投放，取得了良好的财务收益。2010年，中投公司全球投资组合收益率达到11.7%，自公司成立以来累计年化收益率为6.4%（见表4.7）。

表4.7　中投公司投资收益

年份	年度收益率
2008*	-2.1%
2009	11.7%
2010	11.7%

注：*2008年业绩从公司成立日2007年9月29日起计算。

资料来源：中投公司2009年年报。

中投投资主要案例有：

投资黑石（Blackstone）公司

2007年5月20日，尚被外界称为国家外汇投资公司的中投公司投资30亿美元以29.605美元/股的价格购买美国黑石集团（Blackstone，后称“百仕通”）1.01亿股无投票权的股权单位，相当于黑石总股本的约10%，投资锁定期为4年。作为中投公司自主决策的商业行为，中投入股黑石的比例低于10%，不参与企业管理决策。黑石集团成立于1985年，是美国第二大私募基金公司，管理的资产达884亿美元，2001年起截至2007年的年资金平均增长率达41.1%。2007年6月纽交所挂牌上市，IPO价格31美元。从中投公司入股价与IPO价格相比，似乎还有一点赚头，但黑石集团上市后，股价连续下跌，到2008年10月26日一度跌至7.89美元，目前的黑石股价在18美元左右整理，中投该笔投资的缩水近40%，投资黑石饱受质疑。2008年10月初，中投公司通过公开市场操作增持黑石股份至12.5%，增持部分为具有投票权的普通股，虽说增持黑石有“亡羊补牢”之嫌，但这次的抄底行为还是得到了业界的普遍认可。

作为中国外汇的第一笔投资，投资黑石事件引发了我国外汇储备运作方式以及风险控制等方面的关注和讨论。黑石集团是国际上最好的品牌公司，从参与海外PE分析，中投公司投资黑石公司的战略方向上是对的，但是从目前看来，中投公司在许多具体操作上还有很多细节问题有待商榷。比如锁定期是否应该这么长，对公司价值的判断是否准确，投资应该在黑石的主体部分还是其操盘的基金部分等。由于我国主权财富基金成立较晚，且在成立之初就遭遇席卷全球的金融海啸，这对于还没有丰富国际金融市场投资经验的中投公司来说是具有较大打击性的。中投公司面临着越来越苛刻，越来越复杂的国际金融投资环境。从中投公司投资美国黑石集团的事件中可以看出，刚刚成立的我国主权财富基金在诸多方面还存在着不足。

投资大摩

摩根士丹利，业界俗称“大摩”，是一家全球领先的金融服务公司，业务范围涵盖投资银行、全球财富管理、资产管理等多个行业，并在33个国家设有600多家分支机构。该公司在收购兼并、股票和债券发行、利率和货币产品交易、金融资产评估等方面都位于世界前列。

中投公司于2007年12月19日与美国摩根士丹利公司达成一项交易协议，购买约50亿美元摩根士丹利公司发行的一种到期后须转为普通股的可转换股权单位。根据协议，此种可转换股权单位期限二年七个月，按照年息9%按季支付利息，到期后转换成摩根士丹利公司上市交易的股票，转换价格最高不超过参考价格的120%，股权单位全部转换后中投公司持有摩根士丹利公司的股份将不超过9.9%。34年来摩根士丹利作为华尔街的百年老店，其巨大的资本规模和品牌价值将会为中投公司带来巨大的收益，投资风险较低。中投看好摩根士丹利的增长潜力，尤其在投行、资产管理业务上的市场地位，以及在新兴市场面临的业务发展机会。当时摩根士丹利财报显示因次贷业务而巨亏35.9亿美元，是其1986年上市以来的首次季度亏损，中投公司“火线救急”，当日摩根士丹利股价大涨。然而，席卷全球的金融海啸，使得摩根士丹利在危机中损失惨重。不过，只要大摩不破产，这笔投资每年9%的收益还是可以保证的。然而，巨额的账面亏损依然让社会各界对中投公司的此次投资抱有争议。

投资泰克资源有限公司

泰克资源有限公司（“泰克公司”）总部设在加拿大温哥华，是世界上最大的金属和矿业公司之一。2008年7月，泰克公司以140亿美元收购了世界上最大的炼钢用煤供应商之一——福鼎加拿大煤炭信托公司，其中98亿美元为短期债务融资（过桥贷款）。由于本次全球金融危机后大宗商品价格暴跌、信贷市场冻结，流动性极度缺乏，导致泰克公司面临一定的债务展期和再融资压力。中投公司经过认真研究认为，大宗商品价格会随着全球经济复苏出现反弹，信贷发放情况也会好转。因此，泰克公司虽然暂时面临财务压力，但基本面依然强劲，具有较好的投资价值。在对泰克公司的基本情况进行了分析后，中投公司与泰克公司于2009年4月中旬开始相关谈判。中投公司于2009年7月投资15亿美元，以私募股权形式入股泰克公司。泰克公司首席执行官唐纳德·林赛表示，“中投公司在谈判中发挥出了创造性，与泰克公司在重要的合约条款上表现了充分合作的意愿。尽管谈判时间很紧，但中投公司反应迅速，充分显示了在压力下做出明智商业决策的出色能力。”作为泰克公司最大的独立股东，中投公司拥有泰克公司董事会的一个席位，与泰克公司的管理层保持了定期交流，并为泰克公司拓展业务提供了极大支持。用唐纳德·林赛先生的话说，“我们与中投公司的合作关系是非常重要的。对一个大宗商品生产者来说，中国是最重要的市场之一，而中投公司帮助我们增进了对中国市场的了解。同时，我们也正在与中投公司一道，寻找在国际市场共同投资的机会。”

表 4.8　　中投公司 2010 年新增股权投资项目

公司名称	合同签署时间	投资额（百万美元）	投资类型	所属行业	初始持股比例%
爱依斯	3 月	1 581	普通股	电力和公共事业	15%
畔西能源	6 月	416	股权投资	油气	5%
畔西合资	6 月	329	合资公司	油气	45%
切萨皮克	6 月	200	可转优先股	油气	不适用
巴西百达	12 月	300	财团联合交易	金融	3%
布玛（BUMA）	12 月	73	股权投资	矿产服务	8%

PIPE："悬而未决"的市场发展与监管

Joseph J. Spiegel 是一家对冲基金的投资组合经理，几年来难得一直心情不错，因为凭借 PIPE 市场的迅猛发展，对冲基金得以年年盆满钵满，Spiegel 自然也少不了从中分一杯羹。不过，最近 PIPE 好像成为了美国证券交易委员会的眼中钉，接二连三的指控让 PIPE 市场的参与者们有些措手不及，他们不禁要问：PIPE 市场的冬天就要来了吗？

PIPE，全称"私人股权投资已上市公司股份"，是私募基金、共同基金或者其他合格投资者以市场价格的一定折扣购买上市公司股份的一种投资方式。在 PIPE 融资的另一边，对于很多上市公司，PIPE 则是一条越来越重要的筹资渠道。近年来 PIPE 市场的规模得到了飞速发展（见图 4. 6）。2006 年，上市公司达成了 1 329 件 PIPE 交易，一共筹集了大约 282 亿美元的资金。这两个数字远远超越了 2000 年互联网泡沫时期的数字，2000 年的交易记录是 1 106 件，筹集的资金总额为 233 亿美元。

美国北肯塔基大学法学院副教授 William K. Sjostrom Jr. 的《私人股权投资已上市公司股份》（PIPEs）一文发表于美国《企业商法》杂志 2007 年第 2 卷，对美国资本市场中的 PIPE 交易尤其是对冲基金的 PIPE 套利交易进行了分析。

典型的 PIPE 交易中，上市公司在向投资者发行普通股或可转换证券融资的过程中，可以作为例外不向 SEC 进行登记。这样，接下来上市公司便向 SEC 登记转售通过私募发行的 PIPE 股票。一般来说，投资者应当持有私募发行的证券至少一年，但由于公司登记的是 PIPE 股票的出售，因此只要 SEC 宣布转售登记声明有效（一般都在私下募集结束后几个月内），投资者就可以在市场上自由出售股票。PIPE 证券可以由普通股或可转换为普通股的证券组成，比如可转换优

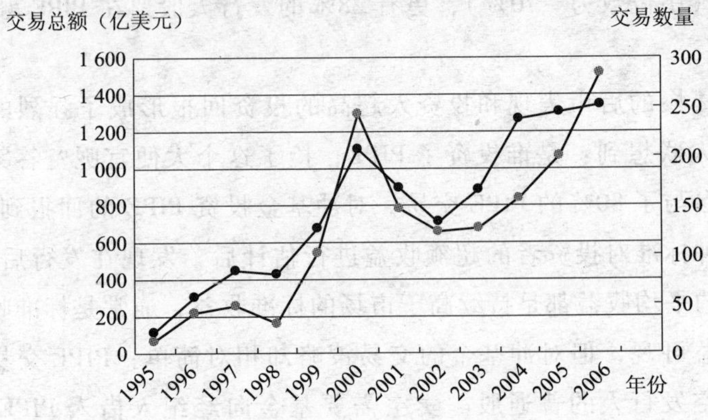

图 4.6　PIPE 交易规模历年变化

注：蓝线表示交易数量，红线为交易总额。

先股或者可转换票据，也可以伴随普通股权证一起发行。

PIPE 发行人大多是小型上市公司，2006 年，大约 90% 的 PIPE 交易是由市值低于 2.5 亿美元的公司完成的。小公司都选择 PIPE 进行融资，并不是因为 PIPE 有何过人之处，主要是因为这些小公司们已经无路可走了。一般说来，PIPE 发行人不但市值规模小而且现金流薄弱、股市表现欠佳。PIPE 发行人中，84% 以上营运现金流是负数，50% 以上的股价在发行前一年处于下跌状态，并且大多数发行人一旦融资失败，剩余的现金仅仅再坚持一年就会见底了。

这样拮据的经济状况使得传统的融资方法几乎都不可行了：没有投资银行会愿意为小规模、经济困窘的上市公司承销后续发行；这些公司也缺乏银行贷款所要求的担保和财务表现，更不具备强劲的上涨潜力来吸引传统的私募股权投资。

对于 PIPE 发行人的凄凉处境，PIPE 融资的昂贵成本无疑是雪上加霜。发行人不仅要对转换的股票市价打折扣，还常常要为投资者提供一些现金要求权，比如分红或者利息（一般是通过实物而不是现金发放）以及权证。把这些现金权利、浮动的转换价格等因素统统纳入考虑之后，投资者购买 PIPE 的“总折价率”在 14.3%～34.7% 之间。

这么高的折价率，对投资人来说是折扣，但对融资人来说就是实打实的成本了！这就不奇怪为什么融资以后 PIPE 发行人的状况还是没什么好转。PIPE 发行人的股东收益在 PIPE 融资 12 个月之后是 -16%（中位数为 -43%），24 个月之

后是 -33%（中位数为 -70%），更有 28% 的发行人股票在 PIPE 融资后 24 个月内就退市了。

发行人凄惨的后市表现和投资人超高的投资回报形成了强烈的对比，这也很自然的让人联想到：是谁投资了 PIPE，捡了这个大便宜呢？答案是：对冲基金——他们参与了 80% 的 PIPE 交易。对冲基金投资 PIPE 的回报到底有多高呢？在使用了各种标准对投资者的超额收益进行估计后，发现在发行后的 3 到 12 个月内，他们的平均收益都是持续高于市场的标准收益，通常是标准收益的两倍！

投资收益可观，但对冲基金的交易策略却相对简单：PIPE 交易一公开，他们就立即卖空发行人的普通股。卖空需要基金向经纪人借入 PIPE 发行人的股票，然后在市场上将其卖出；然后在之后的某日，基金就在公开市场上买入股票还给经纪人，也就是“平仓”。通过卖空标的股票，基金就锁定了 PIPE 交易的购买价格。

举个具体的例子。一家上市公司向对冲基金发行传统型 PIPE：以市场价格的 15% 向基金发行价值总额为 1 000 000 美元的普通股票。接下来发行人向市场公开该交易，其股价从每股 11 美元下跌到 10 美元。然后双方随即终止私募过程，对冲基金向发行人汇出 1 000 000 美元，发行人向基金发行了 117 647 股普通股票（1 000 000 美元除以 8.5 美元）；同时基金卖空 117 647 股普通股票，卖空的均价为 9.5 美元，总收益就是 1 117 646.5 美元。三个月后，PIPE 的登记声明宣告有效，于是基金平仓——以当前市价比如 7 美元卖出 PIPE 股票，并以每股 7 美元的价格买回卖空的股票。表 4.9 是交易的结果（已经包括了法定费用、经济佣金等交易费用，下同）。

表 4.9　对冲基金投资 PIPE 交易结果

初始投资	< $ 1 000 000 >
卖空收益	$ 1 117 646.5
出售 PIPE 股票收益	$ 823 529
空头平仓成本	< $ 823 529 >
利润	$ 117 646.5
90 天回报率	11.76%
年回报率	47.04%

上例中假设基金卖出 PIPE 股票的价格与填平空头的价格相等，但在现实中 SEC 不允许基金用 PIPE 股票填平卖空的普通股空头，所以这基本不可能实现。尽管如此，即使基金以 6.5 美元的价格出售 PIPE 股票，带来的 90 天回报率为 5.88%，年回报率也高达 23.53%。

如果发行的是转换价格随市价浮动的结构型 PIPE，对冲基金的获利还会更高。比如，如果发行人向对冲基金发行价值 1 000 000 美元的可转换票据，票据附有每年 10% 的利息，持有者可选择以转换之日市场价格的 85% 将票据转换为发行人的普通股票。交易达成后，发行人向市场公开交易，股价由 11 美元下跌至 20 美元。其后交易双方立即终止私下募集，基金向发行人汇出 1 000 000 美元，发行人向基金发行票据；同时基金卖空 117 647 股发行人的普通股，交易均价为 9.5 美元，卖空收益共计 1 117 646.5。三个月后，登记声明宣告有效，此时发行人股票的市价为 7 美。基金将票据转化为 173 669 股（1 000 000 除以 5.95 美元）普通股，转换价格为 5.95 美元（7 美元的 85%），并以每股 7 美元在市场上卖出，以 7 美元的价格填平空头。表 4.10 显示了交易的结果。

表 4.10　　对冲基金投资 PIPE 交易结果

初始投资	< $ 1 000 000 >
卖空收益	$ 1 117 646.5
出售 PIPE 股票收益	$ 1 215 683
空头平仓成本	< $ 823 529 >
利润	$ 509 800.5
90 天回报率	50.98%
年收益率	203.92%

除了卖空，许多对冲基金还将权证列为 PIPE 交易的附带条件，他们持有这些权证，等着发行人股价突然上涨，就按照权证原先约定的价格转换成股票再以市场价格出售，转手间就可以获得高额利润。由此可见，以市价的较低折价率购买 PIPE 股票、通过卖空对冲价格的下行风险、通过权证保留价格上行的好处、还有在私募终止的短时间内填平头寸并获得流动性等等，这些都是对冲基金超额收益的重要来源。

PIPE 在对冲基金之间如火如荼地进行，一些对冲基金每每例行公事般地通过交易策略绕开法律行事，无怪乎 SEC 已经觉察多名 PIPE 投资者的行迹似乎有些可疑。过去两年间，SEC 至少采取了十一次与 PIPE 交易有关的行动，大都称被告进行了内幕交易或者违反了证券法的第五条。

SEC 把先于 PIPE 融资公告、在公开市场上卖空 PIPE 发行人股票的行为等同于内幕交易。首先 SEC 必须证明被告没有履行对信息的保密义务，盗用了重大、未公开的信息进行交易：当理性投资者考虑一项投资决策时，有很大的概率认同某一条信息是重要的，那么这条信息就被认为是“重大的”；如果一个人同意对信息保密，那么他就要履行保密义务。

2006 年 12 月 12 日，SEC 在纽约南区的美国地方法院对 Edwin Buchanan Lyon，IV，Gryphon Master 基金提出了控告。根据 SEC 的诉状，该基金在发行公告之前卖空了四只 PIPE 发行人的股票，涉嫌内幕交易。由于 PIPE 发行会产生对股票每股净收益的“稀释效应”，发行公告就会引起发行人股价的下跌；另外，由于 PIPE 股票的转换价格要根据下跌的后发行人股价再按照一定折价率发行，因此 PIPE 股价在公告后也会下跌。因此，任一只 PIPE 的相关信息——包括 PIPE 的发行日、股票的折后价格还有发行的股票数量——都属于可能影响理性投资者投资决策的重大信息范围。

SEC 认为被告既然接受了发行文件，而文件的内容禁止他们在发行公告之前交易以免泄露相关信息，也就是他们对 PIPE 的发行人负有保密义务。如此一来，该基金对四只 PIPE 股票的卖空行为都发生在发行公告之前，都违法了对发行人的保密义务。

还有多名投资者被指控违反了证券法第五条规定，所有指控的事实基础都是一样的，文章一开始提到的 Joseph J. Spiegel 就是一个代表性的案例。在 Spiegel 的对冲基金投资的三桩交易中，Spiegel 在转售登记声明宣布有效之前，都通过卖空 PIPE 发行人的股票对冲了 PIPE 投资的风险，然后用 PIPE 股票填平了部分或全部空头头寸。

美国的证券法要求每一次证券的发行和出售都要向 SEC 登记，而在 SEC 看来，卖空时用股票填平空头头寸的行为等同于股票的出售。也就是说，Spiegel 事实上就是在登记声明生效之前就向市场卖出了 PIPE 股票。于是 Spiegel 的行为便构成了对第五条法规的触犯，但要得出确切的理由多少有些“绕”。

首先，PIPE 股票的发行交易过程不包含公开发行，因此是“受限制的”。受限证券只有在向 SEC 登记以后或者属于无需登记的例外情况时才可以被出售。一般情况下，证券的出售都可以作为例外无需登记，前提是交易不是由“发行人、承销人以及交易商”进行的。不幸的是，Spiegel 被 SEC 定义为了承销人：根据 SEC 的解释，任何出售受限证券的单位都视作承销人，除非出售符合《证券法》第 144 条的内容（在第 144 条中，SEC 列出了分销此类证券但可不视作承销人的若干条件）。但调查得到的结果是，Spiegel 在未登记的交易中，出售了受限证券（PIPE 股票），同时不符合第 144 条的规定，因此被推定为承销人，也因此不能作为无需登记的例外。最终，由于证券的出售既没有被登记又不属例外情况，得出了 Spiegel 违反了第五条规定的结论。

一直以来，SEC 都反对用受限证券平空头头寸。不过值得注意的是，如果 Spiegel 用于平空头头寸的是从公开市场上买入的发行人股票，而不是 PIPE 交易中获得的 PIPE 股票，他就可以在登记生效日之前进行卖空了——因为从公开市场上买入的证券是“非受限证券”。

在美国，每一家投资银行都是全国证券交易商协会（NASD）的自律组织成员，并受制于该组织的规定——将公开发行的补偿金控制在合理范围之内。据业内专家推测，NASD 使用了一个多因素公式，将承销人获得的与发行相关的各种收入——包括折价率、佣金、费用补偿以及权证——全部加总后计算出承销人的总收入并对收入的合理性作出判断。不过 NASD 拒绝透露公式的具体形式，原因是一旦公布了具体的公式，就有可能在变相鼓励成员们探寻可以收取的最高费用。在一份 1992 年给成员们的报告中，NASD 指出，在企业承诺的再融资的承销补偿金水平为：发行总额为 100 万美元的交易为该发行总额的 14.57%，500 万美元的交易为 10.72%，1 000 万美元为 8.18%。当然，PIPE 交易是不受约束的，对冲基金获得的“补偿金”也自然没有上限。前文提到过，PIPE 交易的“总折价率”在 14.3%~34.7% 之间，远远高于 NASD 所允许的承销人收益率的范围。

还有很重要的一个方面，那就是承销人对于承销发行的登记声明中出现的重大陈述错误或遗漏承担着尽职防御的潜在义务。在再融资中，承销人和他们的律师顾问需要对发行人进行尽职调查，这不仅是出于尽职防御义务的履行，也出于对承销人自身名誉资本的维护。承销是承销人对发行合理性的一种隐性担保，如果结果发现担保有误，承销人的声誉资本就受损了。由此，如果调查发现发行人存在着诸多问题，承销人就不大可能继续合作。但对冲基金却不是这样，他们无需承担这项义务，他们对 PIPE 的投资也不会被视作对发行人的隐性担保，因此只需要尽到最低限度的调查义务。

PIPE 与再融资最关键的区别在于，对冲基金投资 PIPE 交易时钻了监管的空子。对冲基金投资 PIPE 而后立即卖空发行人的普通股，本质上就是对后续公开发行的承销，但却在法律上绕开了许多针对承销人的规定，他们可以在“分销”随时卖空股票；只要发行人愿意，他们就将获得远超一般承销人的收入；他们还只需要履行最低程度的尽职调查义务。同时，他们也无需与后续公开发行的承销人们展开竞争，因为承销人被允许向发行人收取的补偿金，还不足以弥补由于小规模发行、尽职调查义务以及名誉资本安全等问题产生的成本。简而言之，承销人是不会愿意做这笔生意的！

大规模的监管套利行为当然没有逃脱 SEC 的法眼。最近，SEC 认为，如果转售登记声明中的发行总额占到发行人公众持股价值的 33% 或以上，该 PIPE 交易将被视为初次发行而不是二次发行，那么投资者就变成了承销人，就必须履行其应尽的义务。

SEC 的确把初次发行与二次发行之间的界限划分地更清晰了，但有些奇怪，这条规则没有通过官方渠道发布，而是由 SEC 公司财务部的首席律师在 2007 年 1 月举行的 PIPE 年度会议上发表演讲时提出来的，准确的政策内容还没有清晰地发布出来。

不过，正如对冲基金的监管套利是以 PIPE 发行人的股东利益为代价，为监管者的新立场付出最大代价的或许仍旧是 PIPE 发行人的股东们。SEC 新立场的最终结果就是 PIPE 交易的规模有了上限。一个公司的市值越低，通过 PIPE 可以筹得的资金就越少，效用也越低。而对冲基金更不可能投资那些需要登记成初次发行的 PIPE 交易，因为这意味着他们要多履行好多的义务，他们也可以要求增加发行的补偿金，那 PIPE 交易就将不只是现在这么昂贵了。结果是显而易见的：对于那些本来就没有什么融资选择的小型公司，PIPE 这一仅存的资金通道也要被排除在可选范围之外了。

尽管 PIPE 交易很容易被滥用，但 SEC 对最小化监管套利所做的努力只是解决了问题的一半，监管力度的加强给整个 PIPE 市场带来的影响也应当受到重视，因为 PIPE 毕竟是众多小型上市公司惟一的融资渠道，PIPE 市场也因此而意义重大。可见，进一步的规定需要经过广泛的意见征集、通过科学的经济分析得出，并且用慎重、透明的方式正式发布，而不是以演讲、信件这样非正式的渠道传播出来。

你超越基准点了吗？——杠杆并购中 GP 管理能力的测定

20 世纪 80 年代，西方国家在经历以横向并购、纵向并购以及混合并购为特征的三次并购浪潮后，一改以往并购的路径，将杠杆并购奉为主流并购形式，并且也成为并购基金投资的主要操作手法。杠杆并购（Leveraged Buy-out，简称 LBO）又称杠杆收购，具有高负债的特点，一般是由投资者通过大量举债进行融资，从而购得另一公司产权，其中利用借债资金的比重占到并购总价值的 70% 以上，从而杠杆的作用使"小企业兼并大企业"成为可能。如 1985 年销售额仅为 3 亿美元经营超级市场和杂货店的洋特雷·普莱竿公司竟以借债方式，以 17.6 亿美元的价格收购了年销售额达 24 亿美元，经营药品和化妆品的雷夫隆公司。据美国《商业周刊》1991 年第 1 期的专题报道：在 20 世纪 80 年代，以 LBO 形式收购的公司共 2 800 多家，比在纽约交易所挂牌的公司数目 1 713 家还要多。

但是迄今为止，我们对于杠杆收购（LBOs）交易的总体风险以及其收益的特点知之甚少，这很大程度上是由两个原因造成的。第一，收购性投资在很多重要特性上都有别于公开市场上的投资，尤其是在流动性和信息对称性方面，这种不同对设定投资风险及收益的基准化资产定价模型提出了理论上的挑战。第二，相关部门对并购投资没有任何披露要求，而在缺少相关详细信息的情况下不可能计算出经风险调整的收益。结果，我们无法得出任何关于杠杆收购行为的结论。

西班牙纳瓦拉大学的 Alexander Peter Groh 最近发表在《私人股权投资的算法》（The Arithmetics of Private Equity）的一篇文章《基准的杠杆收购交易》(Benchmarking Leveraged Buyout Transactions)，基于相同的风险将杠杆收购交易与股票市场上的投资进行了比较。利用这些步骤可以评估一个合伙人的管理能力，能力较高的合伙人将获得高于公开市场上投资收益，而达不到基准收益水平的合伙人则相当于拿投资人的钱打了水漂。该方法基于资产定价模型对典型

LBOs 交易的杠杆风险进行了控制。典型的风险模式具有如下特点：在初始阶段，LBOs 在交易融资中高度负债，这使得 LBOs 成为一种高风险的投资，随着债务的清偿，交易的风险随之降低。基准投资也必须遵循这种风险模式才具有可比性，光有公开上市股票的简单组合是不够的，因为简单组合无法控制 LBOs 交易中不断变化的风险。

该方法也能够反映机构性投资者对于普通合伙人的评价，他是否能够管理好一个比较大的投资组合，是否懂得在将资金投入一个新建的收购基金，还是投资于股票市场之间进行选择。基于该方法对普通合伙人以往的交易记录进行分析，基金管理者能够测定他的能力，进而决定其能够承担的资金。

依据 Alexander Peter Groh 提出的方法，我们首先应模拟公开市场投资，具有可比性的公开市场投资必须依照时间性及系统性来预测 LBOs 中的风险。系统性风险是根据资本资产定价模型（CAPM）定义的，并参考了收购交易的 β 系数。系统性风险的测算对每一项收购有下列五项要求：（1）确定一个相应的公开上市交易公司组合；（2）计算每一个相应的公开上市公司的股本 β 系数；（3）将 β 系数去杠杆化来获得公司运行中的或者是已去杠杆化的 β 系数；（4）计算每个同行业小组运行？值的市场加权平均值；（5）在收购交易的水平上对这些同行业小组的 β 系数至少在两个时点上再杠杆化，比如交易收盘时和退出交易时。去杠杆和再杠杆的程序同样要求详细说明贷款人所承担的风险、债务融资的税收规避风险和适当的公司税税率。

对于每一项待基准化的 LBOs 而言，收集每个 LBOs 的信息乍看上去难度很大。然而，大部分的信息都可以从招股说明书中获得。有些信息也可以从媒体获取，比如路透社或彭博社。贷款者所承担风险的详细说明、税收规避风险和公司税税率可以通过估算获得，也可采用平均数据。

为 LBOs 设定基准量的原则如下：对每一项收购交易，必须有等量的股本投资于代理组合中，代理投资组合通过借入资金提高到契合并购仓位关闭时股本的 β 系数。如果收购的 β 系数小于 1，贷款就可以借出了。模拟投资的时机要与交易结束日期保持一致。那么，公开市场上的交易风险就会随着收购的风险情况进行调整，比如说每年（更短的调整期也是可以的）跟踪并购投资的风险。因此，每年对每个仓位进行清算、支付利息、偿还债务，留存的股东权益要根据当前收购交易的主要系统性风险通过再次借入资金（贷款分别贷出）而提高。不断重复这一过程直到退出交易，然后仓位关闭，在偿还债务之后我们就会将得到的留存现金返还给投资者，作为最终的回报。我们可以很容易地计算出这些现金流的内部收益率，将他们与在完全相同的风险模式下的相应收购交易的收益作比较。如果交易中涉及多层的债务与权益转换、资金增长或者提前支付，上述方法会变得更加复杂。然而，无论交易多么复杂，基本的原则总是适用的。

建立基准交易的步骤遵循 Groh 和 Gottschalg（2009）的研究结果，大致分为四步：架构；将等价组 β 系数去杠杆化并测算行业风险；在 LBO 的水平上对行业风险进行再杠杆化；建立公开市场上的等价投资。

我们举例来验证 Alexander Peter Groh 提出的四个步骤，评估一份普通合伙人提出的基金招股说明书，某容器制造厂的交易报告如下：

“投资某容器制造厂。我们于 1996 年 12 月份投资了一亿美元获得公司 100% 的控股权。这项交易的价值为四亿美元，由‘容器商融资银行’提供优先债，还有由‘容器中间商’提供的一项无担保贷款。2004 年 2 月份，我们以 5.94 亿美元的价格将工厂卖给一个策略性收购者，并返还给投资者 4.95 亿美元。因此，我们获得了 25% 的内部收益率，这与 4.95 的投入资金倍数是一致的。”

需要分析的是，该交易到底是不是一项成功的收购。可以搜索公开上市的同类公司来测算“容器制造厂”的行业风险。我们找出了六家同类型公司作为例子，并从彭博资讯处得到了它们的 β 系数和杠杆率——净债务与市场资本总额的比例。已知的数据如表 4.11 所示。

表 4.11　　容器制造厂同业公司 β 系数、杠杆率和市场资本总额

同类公司编号	1	2	3	4	5	6
β^e	0.98	0.75	0.84	0.66	1.11	1.34
杠杆率	1.18	3.70	0.07	0.37	0.03	2.25
市场资本总额（百万美元）	675	1 735	5 138	9 435	13 628	10 955

首先计算出每一个同业公司去杠杆化的 β 系数，然后通过这些 β 系数的加权平均值（以公司市场资本总额为权数）来确定“容器制造厂”所在行业的操作风险。这里，假设债务 β 系数为 Groh 和 Gottschalg（2009）计算出的 0.29，边际税率为 Graham（2000）建议的 35%。计算出的去杠杆化后的 β 系数和等价组的权重如表 4.12 所示：

表 4.12　　　　去杠杆化后的 β 系数和等价组权重

同类公司编号	1	2	3	4	5	6
β^u	0.68	0.43	0.82	0.59	1.10	0.72
对等组权数	0.016	0.042	0.125	0.227	0.327	0.263

结果，“容器制造厂”所在行业风险的量度——去杠杆 β 系数的加权平均值（以公司市场资本总额为权数）为 0.81。下一步，按照杠杆收购交易所带来的风险来调整这个 β 系数。如果有关资本结构和偿还金的详细信息，我们就可以在持有期内更有规律地计算“容器制造厂”债券的 β 系数。然而，从募股说明书上，我们只能得到有关交易收盘和退出所需要的信息。因此，我们需要将问题简化，假设交易收盘时的 β 系数随时间线性降低，直到退出交易日为止。我们将 0.41 作为债务 β 系数，按照 Groh 和 Gottschalg（2009）所提出的方法，分别算出“容器制造厂”收购在收盘和退出时的 β 系数。

表 4.13 中的信息说明如下：交易收盘的 β 系数为 2.02，表示普通合伙人是在高风险时进入交易的。这说明投资于收购交易的风险被认为是一项标准普尔 500 投资组合风险的 2.02 倍。高风险是由收盘时的大量债务融资造成的，然而债务的偿还又降低了债券持有期间的风险性。在公开市场上一定要充分模拟这种风险模式来对交易进行基准化。所以，如果投资者在相同的时间内在公开市场上投入了等量的股本，并将该投资的杠杆率提高到与收购交易风险相匹配的水平，我们就可以计算其获得的收益。因此，我们计算出将模拟投资的杠杆率提高到收购风险水平上所需要的资金量。对于增加的债务，需要支付利息。简单地说，我们假设利息是每年支付的，而且增加的债务是按无风险利率计息的。但是，我们可以想像，如果债务的成本再高一些的话，模拟投资的收益就会更低。因此，我们对模拟投资收益的计算值是一个上限。

表 4.13　　“容器制造厂”的杠杆率和交易收盘以及退出时的 β 系数

	交易收盘	交易退出
“容器制造厂”的杠杆率	3	0.2
“容器制造厂”的 β^e	2.02	0.89

在我们的例子中，假想 1996 年 12 月我们投资一亿美元在标准普尔 500 指数基金上，从银行借入 1.022 亿美元，同样将借入的资金投入指数基金组合中。我

们采取简单的方式，假设所有的清算日期都是每个月的最后一天。我们在一年之后的 1997 年 12 月 31 日计算我们标准普尔 500 指数杠杆投资的价值，关闭仓位、支付利息、偿还债务。派生出的股本要再投资到标准普尔 500 指数基金，同样也要根据现行的收购风险提高其杠杆率。这个过程要一直重复到退出交易为止。要得到好的结果，投资者应当参考标准普尔 500 的总收益指数，这样的数据可以由数据流中得出。一个总收益指数的计算需要对红利做出解释，因为公开上市的同业公司往往是支付红利的。

详细信息如表 4. 14 所示。

表 4. 14　　“容器制造厂”的模拟投资组合建立过程

日期	12/1996	12/1997	12/1998	12/1999	12/2000	12/2001	12/2002	12/2003	02/2004
S&P500 指数	973. 9	1 298. 8	1 670. 0	2 021. 4	1 837. 4	1 618. 9	1 261. 2	1 622. 9	1 675. 7
利率	5. 52%	5. 63%	5. 05%	5. 08%	6. 11%	3. 49%	2. 00%	1. 24%	1. 89%
要模拟的 β^e	2. 02	1. 86	1. 71	1. 55	1. 39	1. 23	1. 08	0. 92	0. 89
投资价值（百万美元）	202. 2	269. 7	387. 9	496. 3	447. 7	324. 0	205. 9	213. 4	191. 1
利息（百万美元）		5. 6	7. 9	8. 6	8. 9	6. 3	1. 8	0. 2	–0. 1
息后价值（百万美元）		264. 0	380. 1	487. 7	438. 8	317. 7	204. 2	213. 1	191. 2
股权价值（百万美元）	100	161. 8	240. 2	317. 9	264. 1	214. 1	153. 9	201. 2	207. 3
保持的风险敞口（百万美元）	202. 2	301. 7	410. 0	492. 6	367. 7	264. 4	165. 8	185. 1	
增加的债务（百万美元）	102. 2	139. 9	169. 8	174. 7	103. 6	50. 3	11. 9	–16. 1	

表 4. 14 说明了模拟“容器制造厂”收购交易的投资的发展过程，我们在标准普尔指数为 973. 9 点时投资于公开市场。收购交易的 β 系数要求模拟投资的杠杆率达到 2. 02。因此，为了一亿美元的股权投资我们必须增加 1. 022 亿美元的负

债。当时的一年期无风险债务成本为5.52%。正如上面讨论过的那样，应该考虑增加贷款。我们在公共市场上的总风险敞口为2.022亿美元。一年之后，标准普尔500指数上涨到1 298.8点，于是投资组合的价值相应上涨到2.697亿美元。我们得为贷款支付560万美元的利息，由未偿付贷款净赚得的剩余股权价值为1.618亿美元。同时，收购交易的β系数也下降到了1.86。因此，我们需要以5.63%的利率增加1.399亿美元的负债来保持风险等价的标准普尔500指数投资的风险敞口为3.017亿美元。

一年之后，3.017亿美元的风险敞口在指数上升到1 670点的时候，投资价值也随之上涨到3.879亿美元，这个过程将不断重复直到2003年12月，到那个时候我们发现我们要调整的β系数为0.92，是小于1的，因此收购交易的风险小于标准普尔500指数基金组合的投资。这样，我们以无风险利率借出资金，并在2004年2月收购退出日之前得到利息收入，到那时模拟仓位的收盘股权价值为2.073亿美元。

因此，我们得出，与“容器制造厂”收购交易时间匹配风险相当的公开市场投资得到的内部收益率为10.7%，投资回报倍数仅为2.07。所以，普通合伙人通过“容器制造厂”的交易证明了他超过了基准水平。

用公开股票市场上的投资来为单个的LBOs交易设定基准量。它也可用于从机构投资者的角度评定单个普通合伙人的能力。该方法遵循一般和普遍接受的资产定价理论，但是根据收购交易做出了调整。采用该方法的时候需进行的几次简化会影响到结果的质量，但是，目前尚无类似的方法能够更好地为收购交易提供更可靠的评估结果，这在实际中同样适用。

这种方法在有限责任合伙人筛选普通合伙人的时候也可用，即使对普通合伙人自己也是有用的，可以帮助他们管理投资。现在无疑该向普通合伙人们提出共同基金管理者们常会问的问题了：“你超越基准点了吗？”

对冲基金——过山车上的刺猬

在这个巨大的金融市场上蛰伏着一群能量巨大却鲜为人知的“刺猬”，他们就是神秘的对冲基金。在美国，对冲基金经理人常被称为“刺猬”，也许只是文字游戏，因为对冲基金（Hedge Fund）同刺猬（Hedgehog）英文拼写相近。这些“刺猬”也许是金融世界里最机警、最敏锐、最偏执，也最不为人所知的一个群体。一般老百姓是很少有机会认识这些对冲基金经理人的，因为他们只为富人和大机构管理财产。他们低调，也不承担一般金融机构的信息公开义务。他们可以买空卖空，可以从事风险极高的投机策略，可以以惊人的速度把资金从一种资产转移到另一种资产，从一个市场转移到另一个市场，同时以惊人的速度赚钱。他们拥有高素质的人才和精简的机构，一位天才的基金经理加上几个聪明的分析师就足以指挥一只上百亿美元的基金，如果再加上几位优秀的交易员，这只基金就几乎可以制造任何风浪了。而这就像指挥一场没有硝烟的战争，手中的美元就是最好的武器。这其中最精彩的是1992年乔治·索罗斯率领世界上最强大的宏观对冲基金与英国政府展开的一场面对面的厮杀，除了索罗斯的勇猛与睿智外，对冲基金的“杠杆效应”也是创造奇迹的关键。对冲基金就这样神秘而又不断地吸引我们的眼球，令这个市场波澜起伏、目不暇接。现在的金融危机也让大部分人对对冲基金侧目而视，尤其麦道夫20年的对冲基金神话最后证明居然是一个高达500亿美元的骗局，难怪有人会说“对冲基金就是一种暴富骗局，等到曲终人散时，我们要为此付出高昂代价”。甚至，巴菲特也断言一支标准普尔500指数基金十年内的收益能“跑赢”十支对冲基金。

但放下这些传奇和成见，我们有必要客观的认识一下对冲基金。纽约联邦储备银行的经济学家John Kambhu，Til Schuermann和Kevin J. Stiroh在《对冲基金、金融中介和系统性风险》（HEDGE FUNDS，FINANCIAL INTERMEDIATION，AND SYSTEMIC RISK）全面分析了对冲基金、金融中介和系统风险之间的关系，让我们重新认识了这只“神秘的刺猬”。

简而言之，对冲基金是很大程度上没有被监管的私人的资本池。对冲基金可以投资于一系列资产，并追求多种投资策略，例如全球宏观经济、市场中性资产、可转换套利等。对冲基金没有交易策略和金融工具上的限制，尤其对冲基金可以利用卖空交易、衍生品和期权来控制交易风险。对冲基金还可以自由运用杠杆，直接运用负债或间接通过衍生品中内含的杠杆，这种自由性是由于对冲基金只对授权的投资者和大的机构开放，所以很大程度上没有受到监管的约束。当然对冲基金的投资者和交易对手会在实际使用杠杆数量上强加一些限制，但是这些限制可能会被对冲基金对外部人的不透明性所抵消，这也主要由于其不被监管的本质所决定。对冲基金经理在报酬上是基于规模和绝对收益表现，主要通过二重的费用模式，例如“2 - and - 20”的设置，基金经理保留净资产价值的2%和超过一定基准收益的20%。特别，对冲基金交易者和经理们倾向于在绝对回报和规模上有更高的报酬，促使他们从事一些高风险高报酬的投资，使收益潜在的利率敏感性很高，并且收益和损失的处理不一致，这种收益的利率敏感性结构给对冲基金经理提供了很强的承担高风险和高杠杆的诱因。

这次金融危机成了对冲基金的一个转折点，像传说中的伊卡洛斯，离太阳太近，总有一天会坠落。现在危机来临，对冲基金的陨落也许就要开始！但这次陨落是不是对冲基金自己种下的苦果呢？金融危机的根源有信贷资产质量问题，金融衍生品的创新、杠杆的放大和监管不力，再就是市场对未来金融机构的信心。在这三个危机根源中，对冲基金是第二个危机根源的主要制造者，对冲基金采用大量杠杆交易，又由于在对冲基金在监管体系中的特殊地位，监管机构对其监管程度明显不足，当受到冲击时，对市场流动性和稳定性的影响最大。在第三个危机根源中，金融市场的信心在危机中是至关重要的，雷曼倒闭的主要影响正是对市场信心的打击，而麦道夫案更深远的影响是更进一步损害投资者的市场信心。次贷危机前，对冲基金主要参与的阶段是二级杠杆放大阶段，并且是这一阶段的最重要参与者。在危机阶段，信用收缩过程中，对冲基金又是二级收缩卖空的主要推力。对冲基金的主要影响就在于将最初的冲击放大，在价格上涨阶段进一步推动价格上涨，在价格下跌的阶段，也会进一步加深危机的程度。所以这次金融危机中，对冲基金与危机的根源产生有一定联系，并且在危机不断发展的具体过程中，有推波助澜的作用（见图 4.7）。

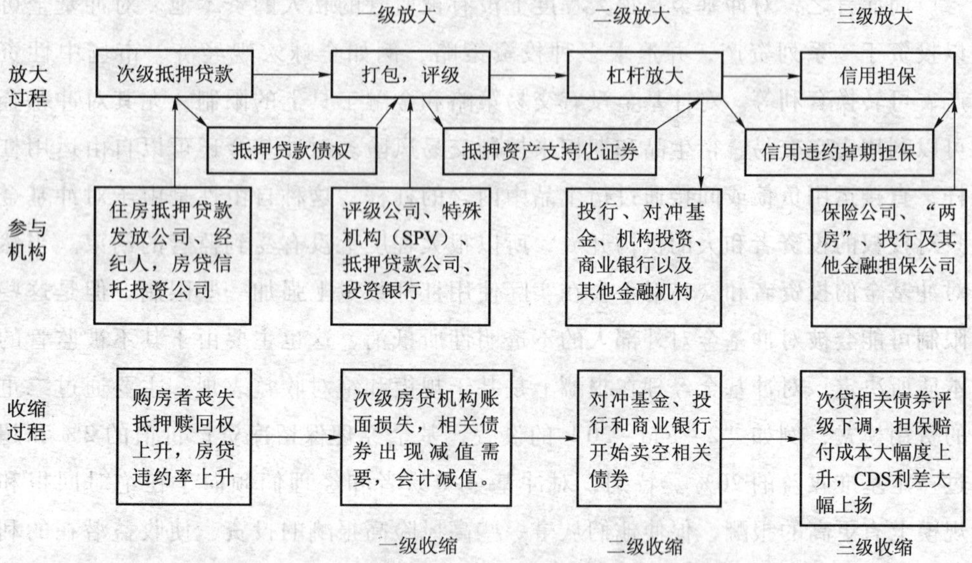

图 4.7　对冲基金在金融市场系统性风险放大中的作用

但金融危机中，对冲基金最终不能独善其身，尤其是麦道夫骗局之后，对冲基金的危机也愈演愈烈。专业检测全球 2 000 多家对冲基金的尤里卡对冲基金指数近日发布的数据显示，截至 2008 年 10 月份，全球对冲基金业今年损失了 1 000 亿美元。2008 年 9 ~ 11 月，投资者每个月从对冲基金行业赎回的资金都超过 400 亿美元。据摩根士丹利估计，今年全年投资者赎回资金的规模将达到 4 000 亿美元，这个曾经高达 2 万全多亿美元的行业目前已经下跌 45% 至 1.1 万亿美元，最高峰期，这个行业曾经有 10 000 多家基金。行业观察家们预计，半数基金在这场危机中可能倒闭。在麦道夫骗局之后，对冲基金行业的处境将更加艰难，投资者会进一步加大对冲基金的赎回，麦道夫的骗局意味着一场长达十数年的庞氏骗局①轰然倒塌，而这场骗局将会给这一行业带来更严重的信任危机，这个行业的高杠杆再也无法持续下去，而监管部门也势必对其进行更为严格的管制。

① 以高回报为诱饵，将新客户的钱付给旧客户当作投资利润，吸引更多的人入局。

次贷危机也令对冲基金损失惨重，但这也不是免于对其兴师问罪的理由，之前金融经济学家和政策制定者一直把银行作为可能产生系统风险的主要渠道，例如银行倒闭和随之产生的信用供给的减少，银行的这种特殊性已经成为银行监管的传统依据。但是伴随着金融市场的转变，这种关注已经转向对冲基金的潜在冲击，这种冲击最终导致金融机构、市场和总体经济的混乱，对冲基金对系统性风险产生的影响已经引起越来越多的关注。

第一，对冲基金对实体经济的联系可能直接通过银行对于对冲基金的风险敞口产生。银行对于对冲基金的风险敞口程度依然不明确，BIS 估计银行直接对于对冲基金的风险敞口已经同对冲基金行业自身规模成比例的增加。但是注意到，银行对于对冲基金的风险敞口很大程度上是有担保的，金融稳定论坛（2007）估计主要银行对于对冲基金目前和潜在的有担保的风险敞口总体上是比较适度的。另外，每个银行从自身利益出发，愿意管理并减少这类风险。第二，对冲基金的运作可能扰乱金融市场行为，打断资本市场的有效运作，阻碍更大范围的信用供给。对冲基金的不透明性和激励结构上的特殊性产生了严重扰乱市场的可能，对冲经理们倾向于高风险策略，并且这种策略含有大量尾部风险。杠杆交易反过来会加大一定冲击的影响，导致更大更严重的损失，过多的杠杆是对冲基金产生系统风险的主要因素。交易工具的复杂性和异质性可能使平仓更加困难，最终会阻碍及时有效的补救，加重市场冲击。第三，通过银行系统间接的运行，大的商业银行和交易商给对冲基金提供大量的流动性，对冲基金自身的问题会引起这些商业银行流动性的紧张，该银行为弥补对冲基金冲击对其流动性的损失，可能会减少对其他对冲基金或其他银行的信用供给，进而产生连锁反应，进一步扰乱了金融市场和信用供给，这种银行资产负债表的内在联系产生复杂的动态效果，放大了初始的价格冲击。

面对对冲基金可能产生的系统性风险，比较行之有效的控制措施是交易对手风险管理（Counterparty Credit Risk Management，CCRM），对冲基金通过很多方式同被监管的金融机构和金融中介相互接触，包括初始佣金关系，一般金融机构向对冲基金提供诸如交易、执行、清算、保管、通过保证金和回购协议提供融资等服务。这种关系的一个重要部分是其他金融机构向对冲基金提供的信用扩展，这样金融机构的交易对手风险就暴露出来。因此，传统的交易对手风险管理

（CCRM）系统就成了不受监管的对冲基金和被监管的金融机构之间的第一道防线。

CCRM 必需的部分是保证金和担保规定，当金融机构为交易对手提供融资或衍生品合约而使自身风险增大时，CCRM 旨在通过一定的缓冲，减少交易对手在杠杆交易中的信用风险。总体上，一般金融机构要求价值不低于风险敞口的担保时才可能愿意为对冲基金提供信用。最终结算风险的减少增强了一般金融机构的信心，促进了对冲基金杠杆交易的积极融资行为。传统 CCRM 的其他形式包括一系列风险指标，主要有内部评级、持续的风险监测和评估指标压力测试、对特定风险及资金集中度的限制和交易过程结算方案的规定，这些帮助控制和减少交易风险。

麦道夫案已经使对冲基金的监管问题成为当务之急，而有效的监管需要准确识别和量化对冲基金的外部性，进而决定适当的政策，对对冲基金的认识主要基于对金融促进和市场扰乱两方面。

在金融促进方面，对冲基金可作为市场拓荒者，发现新的市场机会，推动市场发展。对冲基金还是一系列新兴市场的风险承受者，尤其在信用衍生品市场，对冲基金管理人凭借掌握的模型获得竞争优势，看准机会入市获利并带动其他投资者加入。因此，对冲基金以积极市场参与者的定位出现，有利于场外市场的拓展和流动性提升，改善风险分配。对投资者来说，对冲基金为市场提供不相关、低波动率的收益，对冲基金投资风格之间相关度较低，可以在股票债券市场涨跌过程中都提供有吸引力的收益，对冲基金还为市场提供长期投资解决方案，降低了传统市场周期的影响和必须准确选择买卖时机的压力。此外对冲基金可以卖空操作，在持续的熊市中，为市场提供资本保全机会，减少资本风险。由此可见，对冲基金对市场的作用不可小觑。

但同时，也不可忽视对冲基金的另一面，它同时威胁着金融市场的稳定。大型高杠杆对冲基金的失败对市场产生重大的冲击，与受监管金融机构不同，对冲基金投资并不存在杠杆上限。在危机时期，杠杆可以提高对冲基金违约的概率和损失严重程度，这次金融危机不断加深的一个很重要因素正是金融机构尤其是对冲基金的高度杠杆化。对冲基金的另一个消极影响就是以经纪业务为核心形成交易对手风险，信贷机构和证券公司提供的信贷敞口是对冲基金影响金融体系稳定性的最主要渠道，由于杠杆不受限制，大量从事高风险活动，对冲基金违约对受监管金融机构带来的风险更大。对冲基金还有一个威胁市场稳定的路径是拥挤性交易，即当这个市场下滑的时候，一旦触到止损点的时候，大家都采取相同的行为从而发生这种拥挤性交易，在短期之内造成这种市场的大起大落这会导致市场出现流动性风险，当市场处于稳定时期，对冲基金的出现可以提高流动性，而在压力条件下，当杠杆头寸出现损失时，对冲基金可能不愿意或者无法等待而成为第一个逃离市场者。随着越来越多对冲基金使用相似策略，其头寸日益相似而形成的交易拥挤正成为危机蔓延的一个重要因素。

对冲基金监管框架设计应符合对冲基金上面的这些特点，最基本原则应该不直接干预对冲基金投资策略和管理细节，不施加资本充足率管制。但应在投资者保护和信息披露方面提供适当指引，同时要监督控制影响金融稳定的关键变量，加强大规模对冲基金杠杆监控。规模与杠杆结合是系统性风险的导火索，因此杠杆监控机制的对象限于少量管理资产规模较大的对冲基金，加强对主经纪人对对冲基金敞口的监督。市场经济中约束风险的第一道防线是市场纪律，但鉴于存在利益冲突，这种市场纪律非常脆弱，因此监管者必须主动介入，加强和引导市场纪律。还要通过统计分析技术间接跟踪对冲基金交易情况，在压力时期，与其他对冲基金或市场主体的头寸相似性越高或越拥挤，市场流动性减少的风险就越高，为此需要运用统计技术采用间接方法来监测对冲基金交易的拥挤程度。同时尽量推进市场多元治理，强化间接监管措施，鉴于对冲基金策略复杂、运作不透明，要在有效控制系统性风险的同时保留其对金融稳定的独特贡献，积极推进行业协会、外部审计师、评级机构参与对冲基金行业的多元化治理，实现各种因素相互促进，共同改进对冲基金风险治理并提高金融市场应对冲击的稳健性。

成也对冲，败也对冲？

“精英合伙，高效分工，默契配合，迅速出击，利益分享”，是对冲基金的狼式合作方式，对冲基金世界拥有最聪明的人，最先进的制度，最敏捷而凶猛的行动，在外部世界的眼中一切都是神秘的，然而在内部人士的眼中一切都是透明和公平的，重要的是能不能赢过市场，裙带关系、豪华履历和学位证书没有任何意义。自创立以来对冲基金就凭借其高投资收益和较短的回报周期，日益发展成为全球范围内一股不可抵挡的投资风潮。

然而近两年来，对冲基金头顶的光环逐渐黯淡，一切不再那么顺风顺水。贝尔斯登的噩梦源于旗下高级信贷策略杠杆基金和高级信贷策略基金略基金的恶劣表现，基金经理乔菲和坦宁，因错估市场走势而遭受大量损失，两只对冲基金以CDOs交易为主，并运用高杠杆玩火，标榜虚幻的低风险、高收益；房市低迷步入困境后，基金经理不择手段的欺诈投资者，给投资者描绘瑰丽的图景，导致了彻底的崩溃，贝尔斯登试图以阻止赎回的方式赢得自救的时间，不过最终还是难逃劫难。2008 年 3 月，贝尔斯登公司成为了在次级债券危机中垮掉的首家著名投行。

2008 年 6 月，早已卖空大笔雷曼股票的对冲基金经理艾因霍恩在 CNBC 电视节目上出现，指责雷曼的财务报告“严重低估了损失”，并且没有对其抵押债券和房地产投资组合的风险做足够的披露。不到一个星期之后，雷曼就提前宣布2008 年第二季度将有 28 亿美元的亏损，并且需要从资本市场融资 60 亿美元。这引起了投资者更大的恐慌，人们越发认为雷曼的高管在隐瞒损失情况，严重的市场恐慌直接导致了雷曼的破产。

对冲基金的卖空使贝尔斯登和雷曼兄弟陷于破产一度成为众矢之的，一些市场人士认为对冲基金是导致美国股市大幅跳水的重要推手，在很短的时间内造成了市场极大的波动。

咨询公司 Hennessee 集团的最新数据显示，对冲基金 2008 年平均亏损率为 19.2%，为对冲基金业最为惨淡的一年。堪称业内领先者的几家对冲基金公司遭受沉重打击。尽管如此，对冲基金的亏损率还是远低于股票共同基金平均 38% 的亏损率。在现今如此困难的市场震荡环境中，对冲基金相对于其他传统的理财产品具有其独特的优势，显示出更加稳定的长期收益，数据显示，自 2001 年至今，HFN 对冲基金总平均值的年平均收益率为 10.01%，而同时期的标准普尔指数的年收益率则仅为 -0.37%。

一方面对冲基金因为其创新的投资策略被市场人士认为极大的扰乱了金融市场，而另一方面对冲基金在危机中的表现相对于整体市场又具有独特的优势，对冲基金的角色到底是银行打劫者，金融危机的罪魁祸首，还是全球金融危机的替罪羔羊？

在此，我们有必要进一步了解一下对冲基金本身的法律结构和经济意义，探讨对冲基金本身存在的价值和对市场可能带来的风险。将于 2009 年 9 月在巴克莱商法杂志（Berkeley Business Law Journal）上发表的《对冲基金的法律和经济问题——金融创新与投资者保护》（The Law and Economics of Hedge Funds: Financial Innovation and Investor Protection）中，George Mason University 的高级研究员 Houman B. Shadab 对对冲基金适用的法律结构，对冲基金的金融创新和其在危机时对投资者的保护情况作了详细的介绍。

对冲基金采用非公司治理结构，对冲基金有限合伙人企业由有限合伙人和一般合伙人构成，有限合伙人仅是对冲基金的出资方，而一般合伙人是基金的投资管理者，对基金的活动有完全控制权，基金经理在处理内部事务和执行投资策略时有很大的灵活性，一般合伙人也会在自己管理的基金中共同投资一定比例，1994 至 2002 年，管理层的平均投资比例约为 7.1%。

对冲基金的管理和顾问公司会按月或按季收取占基金净值 1%～2% 的管理费，用来支付基金的运营和管理费用，收取管理费在资产管理行业很普遍，对冲基金的报酬机制特殊之处在于向经理发放绩效奖金，按年发放净利润的 15%～20%，绩效奖金受两个合同规定的限制，一是高水位（High Water Mark），规定只有当投资资本产生正收益时才发放绩效报酬，二是必要收益率（Hurdle Rate），规定投资报酬率高于一定水平时才发放绩效报酬。

投资者赎回或转让对冲基金份额要受到一定的限制，比如规定投资者赎回资产前必须提前30~90天给出通知，最初投资后一定时期内（一个季度甚至两年）禁止赎回，或者规定每次赎回的数额。这些规定可以使基金在长期内受益，防止赎回打乱基金的投资策略。

通过私募向符合条件的投资者配售，对冲基金可以规避投资公司法和投资顾问法的全面监管以及避免向SEC注册，不受关于使用杠杆、卖空和衍生品交易，以及向投资者披露基金管理的基本信息的限制，这也是对冲基金区别于其他资产管理公司最大的不同之处，由于其受到的法律约束较少，对冲基金经理可以根据经济形势更加灵活的设计交易策略，而且对冲基金的运作也相应具有了一定的不透明性。

金融创新能通过增加投资机会，提高关于风险和收益的信息质量和降低交易成本使投资者获取投资收益。多样化投资能降低投资风险，增加风险调整后收益，尽管存款性金融机构和共同基金也可以通过金融创新减少交易成本和个体风险，使投资者获益，对冲基金金融创新的特殊之处在于它可以灵活的运用杠杆、卖空和衍生品投资，运用新颖的投资策略减少市场风险。

而前面提到的对冲基金的法律机制从两个方面促进了它的创新，一是对冲基金受到的法律限制较少使其能根据经济形势不断创新，二是其治理机制极大的激励经理进行金融创新。对冲基金经理的激励主要源于共同投资和绩效报酬，另外对冲基金采取扁平的组织结构，管理层较少，投资决定不受外部市场的监督和干预，这种灵活的治理结构使基金能够迅速吸收新信息，随经济条件变化改变投资策略，从而有利于基金进行创新。

对冲基金自创立以来，不断地开发和实践创新的交易策略，早在1949年，Alfred首先使用绝对收益策略基金（Long-short Equity），通过做多认为价格会上涨的股票，做空认为价格会下跌的股票获利，其他交易策略还有相对价值基金（Relative Value），利用两种证券的价差进行套利来获利，比如可转债套利基金就是利用可转换债券和标的股票的价差套利；公司事件驱动基金（Event-driven），通过买卖处于特殊事件如兼并，破产等事件中的公司的证券获利，比如做多被兼并公司的股票，做空兼并公司的股票来套利；趋势基金（Directional Funds），通过对不同国家的宏观条件，如GDP、汇率等进行分析，在全球范围内投资，如全球宏观基金。对冲基金的创新还体现在它是创新型金融工具的积极交易者，如债券抵押贷款（CDO），信用违约担保（CDS），对冲基金可以灵活的运用这些交易工具获利。

对冲基金交易策略创新的结果是减少了基金本身对市场风险和对系统性风险的暴露程度，图 4.8 中可以看出，不管是从整体上还是具体的投资策略看，对冲基金的 β 值都低于共同基金。进一步把市场风险分解为不同的系统性风险因素后，Fung 和 Hsieh 运用 APT 模型发现对冲基金对标准化系统性风险因素相关性较低，但表现出与一些非标准化风险因素如大盘股和小盘股的收益差的相关性。虽然对冲基金降低了对市场风险和标准系统性风险因素的敏感性，但它也有一些交易成本，如绩效费和赎回约数，为了充分衡量对冲基金对整体投资风险的影响，可以运用下跌风险来度量，计算一定时期内投资者可能受到的最大损失。

Lhabitant 通过比较 1994 年 1 月到 2005 年 12 月对冲基金与其他资产的最大损失发现，除了政府债券外对冲基金是损失最小的，NSDAQ 和 SP500 股指最大损失量分别为 75.03%，46.28%，而充分分散风险的对冲基金最大风险为 13.81%，这说明对冲基金的金融创新整体上降低了投资风险。

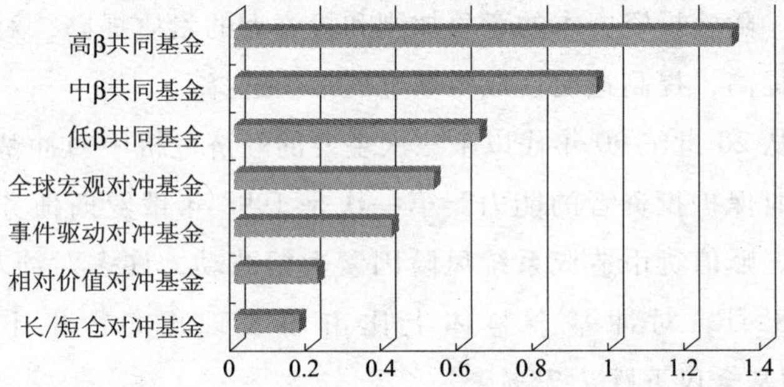

图 4.8　对冲基金与共同基金的 β 比较

虽然对冲基金的创新交易策略降低了自身的投资风险，随着金融系统交易活动的日益紧密，对冲基金经营活动的外部性也不容忽视，由于对冲基金的迅速发展，它在金融市场上已是一支足够强劲的力量，一旦它的投资发生错误，在清仓过程中将会影响基金以外的投资者的利益，而大型对冲基金向银行的借款更是加大了外部性，银行与对冲基金存在着利益关系，因为提供金融衍生工具的收入已经成为银行利润的一个重要来源，一旦对冲基金破产会损害银行存款人的利益。

日前臭名昭著的纳斯达克前主席麦道夫被揭露涉嫌巨额欺诈的消息震动华尔街，也震动了从欧洲到亚洲身陷其“庞氏骗局”的投资机构和个人，他通过操纵一只对冲基金给投资者损失大约至少500亿美元。汇丰银行在案件中涉及金额约10亿美元，成为该案最大受害者之一。苏格兰皇家银行、法国巴黎银行和西班牙桑坦德银行等都成为麦道夫欺诈案的受害者。瑞士金融业很有可能将是最大的受害者，亏损额可能超过50亿瑞郎。由此可见对冲基金的经营风险可以通过跟银行的直接交易和资本市场上其他交易主体的间接联系得以扩散，增加对系统性风险的累积效应。

由于对冲基金不受法律注册和披露的约束，基金经理对其投资策略保密，基金的运营相对来说不够透明，但是从法律和实际来看基金对自身的投资者做了足够的信息披露，证券法、交易法和顾问法下要求基金不得进行虚假和误导性陈述，基金私募时向投资者提供的信息必须与注册公司注册时披露的信息一致。另外为了满足投资者要求，对冲基金一般向潜在的投资者提供私募备忘录，包括公开注册文件中包括的信息以及基金的基本信息，如投资目标、投资策略，购买的证券类型、相关的风险、费用如何计算、基金的管理和组织、投资者如何赎回，财务报表等等。随着投资资本的竞争加剧和投资者的素质提高，对对冲基金披露的要求也相应提高，提高透明性成为基金的最佳选择。

我们可以从20世纪90年代以来三次主要的经济危机中对冲基金的表现来看其在市场动荡时保护投资者的能力。第一次是1998年俄罗斯债务危机，俄罗斯政府违约债务，贬值货币造成系统风险因素大幅波动，许多对冲基金遭受损失，然而1998年8月，对冲基金整体上比市场表现出色，相比S&P500下跌14.46%，对冲基金仅下跌7.75%。

第二次是2000~2002年技术股破灭后的萧条期间，S&P500和NASDAQ复合指标年度损失分别为15.5%和30.6%，与此同时，对冲基金的年度收益为正的3.4%，图4.9比较了对冲基金与整体市场1997~2007年的年收益，结果表明对冲基金的收益在绝对水平上通常低于市场收益，但是市场遭受重大损失时能更好保护投资者的财富。对冲基金对年度股市损失提供保护，还可以在月度基础上保护投资者，据估计1994年1月至2005年12月，统计所有S&P500下跌的月份后，平均损失为3.53%，而同月份对冲基金的平均损失仅为0.3%。

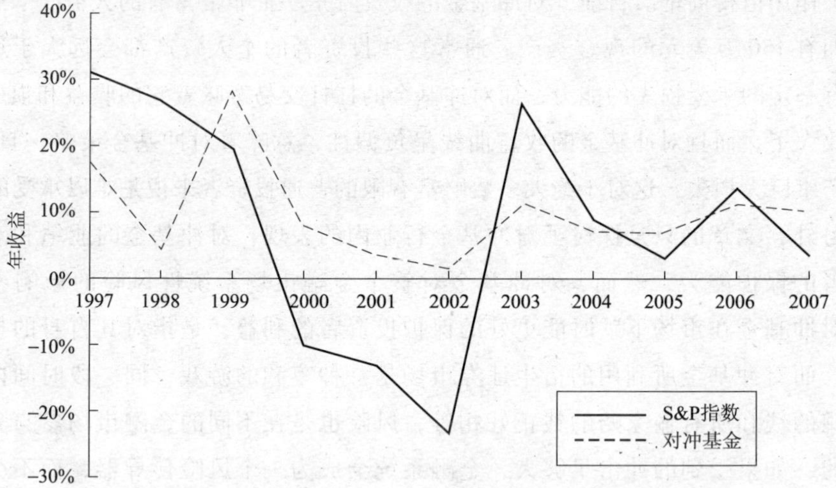

图 4.9　1997～2007 年 S&P 指数与对冲基金年收益比较

第三次是 2007 年 7 月开始由次级抵押市场引起的全球性金融危机，对冲基金因为投资于 CDO 产品和其它抵押证券市场而遭受损失，许多对冲基金遭受大量损失甚至倒闭，然而从 2007 年 6 月 1 日到 2008 年 5 月 30 日，对冲基金的收益估计为 1.83% 到 4.97%，另外，自 2007 年 6 月 1 日以来的 12 的月内，银行业和整个金融行业遭受巨大损失的同时，对冲基金策略指数中主要投资于房地产相关证券的样本基金平均收益为 30.06%。几家对冲基金运用创新的交易策略从次级贷款危机中大获其利。

Houman 认为当金融中介机构的法律机制允许其灵活运用投资策略，投资者和创新者的激励高度一致时，金融创新能够完善保护投资者的目标。对冲基金保护投资者的作用表明对冲基金应该面向更广泛的投资者，让更多的投资者能在市场下跌时得到保护，或者减少投资于对冲基金的财富要求。政策制定者也应考虑是否要改变对共同基金关于收取绩效费，运用杠杆、买空和衍生品的限制，从而更好地保护投资者。

通过考察对冲基金的法律结构，创新活动和在市场下跌时对自身投资者的保护来看，对冲基金由于其特殊的法律机制，积极的交易创新，其表现确实高于市场平均水平，这也与 20 世纪 80 年代以来对冲基金的快速发展相呼应。而是否应该通过降低财富要求进一步提高对冲基金的投资者范围，以让更多的投资者享受下跌时的保护作用值得商榷。目前，对冲基金的投资者是一批非常富有的人群，一般来说至少拥有 150 万美元的现金资产。通常这些投资者的个人资产都会远大于这个数字，有一定的承受损失的能力，而对冲基金的杠杆交易意味着它的收益和损失被成倍的放大了，而且对冲基金的收益曲线呈负偏性，意味着对冲基金策略一旦失败，将会产生巨大损失，这对于绝大多数财富有限的普通投资者来说是难以承受的。

另外，文章的只是探讨了对冲基金行业内的表现，对冲基金的业绩和对自身投资者的保护能力，然而，对冲基金对整个金融市场系统性风险的影响不可忽视。对冲基金在市场下跌时能更好的保护投资者的利益，是指对其自身的投资者而言，而对冲基金所利用的衍生证券市场是一种零和的游戏，同一段时间内所有赢家赚的钱和所有输家赔的钱正好相等，风险也是在不同的金融市场参与者之间转移的，如果受到的冲击足够大，金融系统会成为一个风险传导器，而不会分散风险。同时，作为对冲基金杠杆交易及衍生品交易的交易对手，正是那些投资银行、商业银行及其他资本管理机构，借贷经营和金融衍生品交易使得对冲基金的风险放大到极高的水平，如果对冲基金使用银行业提供的杠杆进行交易，做出了错误的市场判断从而导致巨大损失，很可能引起银行业的损失，使银行业更趋于风险厌恶，产生惜贷情绪从而影响到实体经济。

对冲基金实行的共同投资和绩效报酬机制极大的激励基金经理追求高收益，可能通过采用高杠杆交易增加收益，为了保持可观的收益，不少对冲基金经理不得不寻找新的、往往是更冒险的投资方法和渠道，创新的重点放在了交易方式本身而往往忽略其对系统的影响，一些大型对冲基金为了获得更高的收益，通常不是基于对市场走向的预测进行投机，而主要是通过影响市场走向、加大市场震荡的手法牟利，这样就同时扩大了投资风险和系统性风险。为了防范对冲基金交易策略外部性过大的潜在风险，对冲基金的运营应当逐步透明化，更重要的是，对冲基金的交易对手应该加强风险管理，避免过多的风险暴露。

目前，对冲基金正面临前所未有的困境，一边是来自客户的越来越大的赎回压力，一边是来自政府的怀疑和监管收紧，对冲基金面临的困局，正体现了市场信心的缺失。而对冲基金作为一种特殊的投资管理机构，是否能顺利熬过市场危机的寒冬，继续发挥其自身优势，还是在市场谣言和监管收紧中逐渐丧失其法律机制带来的特殊地位，只能靠时间向我们证明了。

对冲基金与私募股权基金的差异和趋同

2008年全球金融危机爆发之前，充裕的市场流动性造就了全球资本市场与商品市场一片非理性的“繁荣景象”。其间，对冲基金与私募股权基金在数量与规模上迅速膨胀。《对冲基金情报》调查显示，截至2008年初，全球对冲基金管理的资产规模已达2.65万亿美元；国际咨询机构Preqin的统计数据显示，全球新募集私募股权基金数量和金额在2007年曾达到高峰，分别为1 024只新基金和6 325亿美元。与此同时，对冲基金经理与私募股权基金管理人成为了财富与传奇的象征，他们的一举一动都可能对资本市场的发展产生影响。《Alpha杂志》调查显示，2006年全球排名前25位的对冲基金经理的总收入接近150亿美元，这个数值超过了约旦当年的国民收入。对冲基金经理2006年的要想进入这份榜单，其年收入必须超过2.4亿美元，而华尔街当年收入最多的总裁——高盛集团首席执行官布兰克费恩的年收入也仅为5 430万美元。然而，就在人们为不断膨胀的资产价格欢呼雀跃并且更加疯狂的时候，金融危机的爆发打破了人们一切美好的幻想，市场走势急转直下，对冲基金与私募股权基金也未幸免于难，损失惨重。美国对冲基金研究所（Hedge Fund Research）的统计数据显示，截至2008年末，全球对冲基金资产规模已骤降至1.4万亿美元；同时，私募股权基金也急速“瘦身”，风光锐减。

长期以来，对冲基金与私募股权基金被认为是两种截然不同的另类投资类型（Alternative Investment），二者在诸多方面存在差异，近年来，二者也逐渐产生一些趋同特征。2006年《布法罗法律评论》（BUFFALO LAW REVIEW，Vol. 54）上刊登的JONATHAN BEVILACQUA教授的《对冲基金和私募股权基金的模糊界线：差异与趋同》（Convergence and Divergence Blurring the Lines Between Hedge

Funds and Private Equity Funds）对此进行了阐述与分析。正如美国证券交易委员会 SEC 的报告中所说的，我们可以通过对比一系列因素来初步了解对冲基金与私募股权基金的差异（见表 4.15）。

表 4.15　　对冲基金与私募股权基金的比较

	对冲基金	私募股权基金
募集方式	非公开募集（私募）	非公开募集（私募）
投资策略	投资于公开市场，所投资资产流动性较强，并且常使用卖空策略进行交易	投资于非公开市场，所投资资产流动性较差
投资周期与交易频率	投资周期较短，频繁交易	长期持有，追求长期资本增值
是否采用对冲策略	90% 的对冲基金使用对冲交易策略	一般不使用对冲策略
金融工具	使用公开市场交易的金融工具，例如：股票、债券、衍生品等	特殊情况下会使用衍生金融工具来保护未实现的收益
杠杆比率	较高	较低
投资者	机构投资者与富人	几乎全部是机构投资者
投资组合中企业数量	通常很少（例如，至多三家公司），因为对冲基金会使用特殊的方法精挑细选投资机会，而并不采搜寻潜在投资机会的系统性方法	所投资对象一般很多（例如，十个以上），通过分散化来降低投资风险
所投资企业的特征	未上市公司及上市公司	大多数为未上市公司
持有比例	所占比例很小	通常持有大量权益
是否参与所投资公司管理	不参与公司管理	密切关注或积极参与公司管理
是否限定投资范围	不受限制	受到限制 （1）基金协议会对所投资企业的地点、行业、单一企业最高投资额度等做出限制 （2）基金管理者专长于某一行业的投资以及合伙人的关系网络等限制

续表

	对冲基金	私募股权基金
是否进行联合投资	基金管理者投入大量自由资金	管理者进行投资，但通常数额较少
结构安排	定期开放，投资者可以申购或赎回	是一种封闭式基金，除监管要求外，不得申购或赎回
佣金支付程序	投资者预先向管理者支付佣金	当基金管理者要求支付时，投资者向管理者支付佣金
报酬方式	追求绝对收益	追求绝对收益，但依赖于所投资企业的发展
费用结构	2% 管理费加 20% 绩效报酬	2% 管理费加 20% 绩效报酬，但通常要求最低收益率在 8% 以上

其中，对冲基金与私募股权基金最为显著的差异在于以下两点：

第一，二者的投资期限不同。私募股权基金通常以类似封闭式基金的方式组建并规定一定期限的锁定期，通常为十年左右，包括投资期与持有期。其中，前三至五年为投资期，基金管理者在此期间确定目标投资组合并做出投资；此后五至七年为持有期，其间投资人很少追加新的投资，只对现有投资组合进行管理。同时，私募股权基金一旦做出投资，则一般不会允许投资者在锁定期内从基金中赎回资金，而只有当资产变现时才会允许投资者进行赎回并对变现所得收益进行分配。然而，大多数对冲基金规定的初始锁定期通常低于两年，并且在整个运作期内对冲基金通常会允许新投资者加入，并且其通常允许投资者每月或者每季度赎回资金。因此，私募股权基金的投资期限要明显长于对冲基金的投资期限。

第二，二者的投资策略与投资对象不同。正是由于对冲基金与私募股权基金在投资期限方面存在显著差异，所以二者的投资策略与投资对象大相径庭。私募股权基金一旦募集成功，其资金将会受到较长锁定期的限制。因此，私募股权基金可以将所募集资金用于长期投资，投资期限通常在几年以上。同时，私募股权基金作为长期投资者，其主要关注于非上市企业，以期从企业长期成长之中获得价值增值。此外，私募股权基金为了能够影响企业的运营管理以及战略制定，通常以获得所投资企业的相对多数股权为目标并对所投资企业进行大额投资。与之相反，由于对冲基金的锁定期通常低于两年，因此这也导致了其在投资策略上的“短视主义”（Shorttermism）。对冲基金无法像私募股权基金一样从长期才会得到纠正的错误定价中获利，也无法制定长期的战略性的投资计划，其仅能通过短期内会被纠正的错误定价来获取利润。因此，对冲基金更加注重资产的短期流动性，通常投资与流动性较强的证券，交易较为频繁，并且通过卖空及高杠杆策略谋求在短期内抓住稍纵即逝的市场失灵机会。此外，对冲基金不以获得企业控制权为目标，通常不会持有某一公司的大量权益，因为短期之内一般无法很顺利的出售某一公司的大量股票。总的来看，我们可以得出一个结论，即对冲基金的投资行为并不会创造出新的价值，而私募股权基金则可以创造出新的社会价值（Hedge Funds Make Money，Private Equity Funds Create Value）。

实际上，尽管上述差异依然存在，但是随着对冲基金与私募股权基金的不断发展，两者之间的界限正在变得越来越模糊，对冲基金与私募股权基金之间的“趋同现象”（Convergence）不断显现。一方面，部分私募股权基金正在将对冲基金加入到其产品线中；另一方面，促进此种趋同变化更为重要的原因则来自于对冲基金在结构以及投资策略方面的转变。由于竞争的不断加剧，对冲基金行业即将进入优胜劣汰时期，传统对冲基金行业的基本经济学正在发生变化。在可预见的未来，对冲基金经理将成为价格接受者，而非制定者。因此，为了保持一定的收益水平，一些对冲基金开始投资于低流动性证券，并且持有非上市公司的大量权益，开始转向由私募股权基金所主导的投资领域。Carlyle 的 David Rubenstein 曾表示，目前已有多只对冲基金将大笔资金投入到私募股权投资领域当中，其中包括：Cerberus、Highland Capital、Och-Ziff Capital 以及 George Soros 等。然而，对冲基金在向私募股权投资领域发展的过程中却面临着很多结构上的问题与挑战。

首先，对冲基金合伙或运作协议必须重新做出调整，以便解决与私募股权投资相关的长期性非流动投资问题。在此之前，一般的对冲基金协议会允许投资者定期赎回资金。如果对冲基金投资于流动性较低的资产，一旦出现大量投资者要求赎回的情况，对冲基金很可能无法及时进行支付，那么其将不得不将资产在短时间内以低于预期收益率的价格出售，这将使投资人遭受损失。

对于上述问题的解决办法主要有以下三点：（1）限制对冲基金进行私募股权投资的资金额度；（2）延长锁定期（Lock-up Period）的期限；（3）对可赎回资金的比例做出上限规定（Gate）来避免投资者过度赎回的发生。

其次，在上述问题得到解决的同时很有可能产生新的问题。由于对冲基金持有的流动性较低的非上市公司权益价值一般无法准确衡量，这就使得基金资产净值失去了准确性。因此，对冲基金可能无法准确决定管理费用、绩效薪酬以及投资者进行申购或赎回的具体价格。

一种解决上述估值难题的办法就是对流动性较低的投资设立“侧袋账户”（Side Pocket），“侧袋账户”是指将一定比例基金资产用于与其首要目标不同的投资的单独账户。当计算管理费、绩效薪酬以及进行申购或赎回时，对“侧袋账户”进行单独处理。此外，对冲基金协议通常会规定无限的锁定期，从而使得投资者赎回的金额仅限于“侧袋账户”中持有的低流动性资产被出售的金额。

对冲基金与私募股权基金之所以能够根据金融市场的变化采取如此灵活的投资策略，这是与二者长期处于较为宽松的监管环境密不可分的。

目前，国际上并没有专门针对对冲基金与私募股权基金的监管法规，大多数国家仅是参考一些相关法律法规来进行监管。在美国，规范对冲基金与私募股权基金的法规主要包括1933年《证券法》、1934年《证券交易法》、1940年《投资顾问法》以及1940年《投资公司法》。虽然对冲基金与私募股权基金之间存在差异，但在美国联邦证券法律框架下，两者受到类似的对待，依靠相同的豁免条款（Exemptions）来规避有关信息披露与注册登记等相关监管规定。

比如，《证券法》第五条规定公开发行证券的市场主体不得在SEC填写登记信息之前从事任何证券发行与交易活动，非公开发行证券的市场主体不受此条款的限制；《证券交易法》要求经纪商和交易商必须进行登记注册，并且规定某一类型权益证券的持有人在500人以上而且资产规模在1 000万美元以上的市场主体必须对其证券进行登记；《投资公司法》在第三条监管对象中排除了流通证券投资人不超过100人并且其证券未公开发行的市场主体；《投资顾问法》规定如果投资管理机构的“客户”数目少于15人则无需在SEC注册。虽然美国证券监管当局出于加强投资者保护的目的于2006年对《投资顾问法》进行了修改，要求大多数对冲基金经理必须到SEC进行注册，并且改变了以往可以将某一类投资者视为同一个客户的规定，要求将每一个股东、有限合伙人、会员、受益人等作为单独的一个客户来看待。因此，如果在连续十二个月内投资者数目超过 14 人，则此对冲基金将无法豁免《投资顾问法》中的注册规定，而大多数私募股权基金则仍然可以通过将某一类投资者视为同一个客户来规避相关的注册规定。然而，由于对冲基金与私募股权基金均为私募性质的基金；其投资人一般较少；且均不是经纪商或交易商，因此，对冲基金与私募股权基金成功地规避了上述监管规定，成为了最为神秘且极具影响力的金融市场参与者。

在宽松的监管环境下，对冲基金与私募股权基金的投资行为已经渗透到金融业的各个领域。从而，一旦某大型基金持有的资产组合出现暴跌或者流动性缺失，往往容易引发资产价格的过度波动以及整个金融市场的流动性风险。由此可见，对冲基金与私募股权基金对系统性风险的影响正在日益加深，因此，改革现行金融监管体制，加强对对冲基金与私募股权基金等以往未被列入主要监管框架的主体的监管成为了近期主要国际会议的主要议题。G20 工作组在最新的报告中呼吁加强对所有具有系统重要性的机构、市场和工具的监管力度，包括对冲基金以及其他私有资本机构。该报告同时指出，对冲基金经纪公司及其他私有资本机构应被要求在金融当局进行注册并公布可用于对其构成风险进行评估的相关信息。美国哈佛大学教授本杰明－弗里德曼近期也表示，美国愿意要求对冲基金也向监管机构进行信息披露以及遵守其他的一些规则，以此来实施更为严格的监管。然而，一旦美国这么做了，很多对冲基金的活动就会迁移到海外。所以，全球应该有协调一致的行动来确保对冲基金的有效监管。不过弗里德曼对此并不看好，他表示从现实角度讲，不可能让世界上所有的国家都参与到这样的监管中，不可避免的会有一些地方允许对冲基金继续不受监管。

由此可见，加强对对冲基金与私募股权基金等市场主体的监管并非一蹴而就，这需要所有国家齐心协力，扩大信息沟通与信息共享的范围，实施更为完善的联合监管与跨国监管措施。